《岭南理论视野丛书》
编委会

主　任：杨汉卿

副主任：余甫功　方　真

委　员：陈　述　孙燕青　林盛根　杨　劲　周　峰
周立彩　赵　祥　陈家刚　吴育珊　伍俊斌
梁道刚　欧海龙　吕晓阳　宋儒亮　张海梅
刘　朋　张　谨　段华明　郑志国　李　云
李　青

# 基金管理视角下
# 失业保险制度优化设计研究

Research on Optimization of Unemployment Insurance Program from the Perspective of Fund Management

陈天红 著

# 《岭南理论视野丛书》
# 总　序

习近平总书记在全国党校工作会议上指出：党校姓党，决定了党校科研要紧紧围绕党的中心工作展开，在党的思想理论研究方面有所作为，为坚持和巩固党对意识形态工作的领导、巩固马克思主义在意识形态领域的指导地位作出积极贡献。党校要根据时代变化和实践发展，加强理论总结和理论创新，为发展21世纪马克思主义、当代中国马克思主义作出努力。党校要聚焦党和国家中心工作、党委和政府重大决策部署、社会热点难点问题进行深入研究，及时反映重要思想理论动态，提出有价值的对策建议。党校要成为党和国家的重要智库。习近平总书记的重要讲话，为在新形势下提高党校科研能力和水平，做好党校理论研究工作指明了方向，具有很强的指导性和现实针对性。

当今世界正处在大变革大调整大发展之中，出现许多新情况和新问题。如果不深入研究，就无法掌握经济社会发展的新特点、新规律，就无法掌握工作的主动权，面对困难时就会束手无策。理论研究既有助于我们实现对客观世界的准确把握和对未来发展趋势的深刻洞察，又有助于我们紧跟时代发展步伐，不断以新的研究成果指导新的实践，以新的实践印证新的理论。因此，加强理论研究和学习，无论是对理论工作者还是对领导干部来说，都显得尤为重要。

《岭南理论视野丛书》是由中共广东省委党校（广东行政学院）有关专家学者研究、撰写，由校院资助出版的丛书。每年出版一套共五部。这套丛书重视理论性和学术性，在对重大现实问题的研究上注重理论提升，力图形成以理论性和学术性为基础，具有岭南视野与党校和行政学院特色的系列著作。我们希望丛书的出版，对理论工作者尤其是领导干部学习研究中国特色社会主义理论体系，提高逻辑思维和理论分析水平，深入理解当代中国特别是广东经济社会发展的现状和趋势，将会有所补益。

学无止境，探索真理的道路是漫长而又艰辛的，对《岭南理论视野丛书》的作者们来说，情形亦是如此。没有批评，就没有进步。我们期待着各界方家大师的指点。

本书编委会

2019 年 4 月

# 前　言

失业保险基金是失业保险制度的物质基础和经济支撑，同时也是失业保险制度良好运行的关键所在。随着中国失业保险制度覆盖人数的增加和基金规模的逐年增长，失业保险基金的优化管理和高效运行日益显得重要。中国失业保险基金累积结余增长表明失业保险制度在参保人数和基金筹集方面取得了较大发展，但是过高的失业保险基金累积结余凸显了中国失业保险基金利用率过低的问题。

本书以中国失业保险制度为研究对象，剖析影响失业保险基金收支的核心问题，即失业保险覆盖面及参保率、失业保险基金筹资、失业保险基金管理和投资运营、失业保险金给付标准、失业保险金给付期限、失业保险促进再就业的功能实现机制等问题。对以上问题的深入透彻研究，能够帮助我们从根本上理清失业保险制度的功能、目标、运行机理、制度优化方向和路径等问题，从而认识失业保险制度的本质特征、变化规律及发展趋势。

失业保险制度是应对失业风险的社会化风险化解机制。本书的理论基础部分首先对失业的概念、失业分类、失业风险的可保性等进行概述。其次对失业保险制度产生的渊源、推动失业保险制度发展演进的动力、当今全球失业保障制度的类型、中国失业保险制度发展历程、失业保险制度的特征和功能等进行阐述，旨在分析失业保险制度产生和发展的规律以及失业保险制度的本质功能定位。再次，运用收入—闲暇模型、工作搜寻理论等分析失业保险与再就业的关系，从理论上分析失业保险金对失业者再就业行为的影响。

本书的第三章至第八章贯穿失业保险基金收支的主线，分别从失业保险覆盖面及参保率、失业保险筹资、失业保险基金管理及投资运营、失业保险金给付标准、失业保险金给付期限、失业保险金与再就业问题等方面进行专题研究。

失业保险覆盖面影响到失业保险基金收入和失业保险基金支出。失业保险参保率表明，中国一半以上的城镇就业人员没有参加失业保险制度，失业保险制度远未实现将大部分劳动力人口纳入保障范围的目标。中国失业保险参保率低且覆盖人群失衡。失业保险覆盖人群失衡对失业保险基金的影响表现在：国有企业和事业单位职工是就业状况和工作收入均相对稳定的群体，其失业保险参保率高，交纳了大量的失业保险费，但是这部分人群的失业率非常低，对失业保险金的需求较小，从而在失业保险基金收入和支出两个维度上都加重了失业保险基金的失衡；农民工和失地农民等失业风险较高群体的失业保险参保率较低，甚至未被纳入失业保险制度覆盖范围，这一方面减少了失业保险基金的缴费来源，另一方面也极大降低了失业保险基金对高失业风险人群的保障支出，未能有效发挥失业保险基金缓解失业带来的收入冲击的作用。随着我国城镇化进程的不断发展，城镇周边的大量农民失地又失业的风险在不断提高，将失地农民这一庞大的特殊群体纳入失业保险制度体系，一方面可以扩大失业保险制度覆盖面，扩充失业保险基金来源；另一方面通过发放失业保险金的方式保障农民失地又失业时的基本生活，可以有效提升失业保险基金的使用效率。本书第三章对农民失业保险制度进行了探析，首先介绍了英国和美国等发达国家的农民失业保险制度，国际经验表明应该将农村劳动力纳入到失业保险制度的覆盖范围。其次对中国失地农民失业保险制度需求进行了分析，并使用二元 Logistic 回归模型分析影响中国失地农民失业保险参保意愿的因素，探究将失地农民纳入失业保险制度体系的必要性和可行性。

失业保险筹资方式分为失业保险统一税（费）率和失业保险差异化税（费）率两类。中国目前绝大部分地方实行的是失业保险统一费率制度，失业保险统一费率制度带来的参保负激励问题影响失业保险基金收入，而目前部分地区盲目甚至攀比性地降低失业保险费率的操作，必然影响到失业保险基金长期的财务可持续性。失业保险经验税率制度能在一定程度上规避失业保险统一费率制度带来的参保负激励问题，同时能够实现失业保险税率的自动化调整，为完善中国失业保险费率确定和调整提供了优化改革思路。本书对失业保险经验税率制度发展历程、制度构成以及失业保险经验税率的计算方法进行深入系统的分析。本书第四章进一步提出，在中国实行失业保险经验税率制度有待建立和完善以下配套措施，如建立对中国各行业的失业率的动态调查统计，完善我国各用人单位及其职工失业保险缴费、失业保险金申请、失业保险金发放等各环节的信息库建设和管理，规范失业保险经验费率计算方法，确定合理的失业保险费率调整上下限。

我国失业保险虽然实行的是现收现付制，但为了应对可能出现的失业高峰和支付高峰，必须保持一定规模的基金积累。失业保险基金累积结余系数表明中国失业保险基金累积结余量大，且各省份的失业保险基金累积结余系数差距大，各地失业保险基金发展不平衡。在失业保险基金管理和投资运营方面，银行存款和购买国债的方式难以有效实现失业保险基金的保值增值。为了确保失业保险基金的安全性和保值增值，需要研究失业保险基金管理和投资运营问题，具体来看，需要对失业保险金统筹层次、失业保险基金管理体制、失业保险基金预算管理、失业保险基金投资管理等进行分析。

在失业保险金给付标准确定方面，中国大部分地方采用均一制方法，根据当地最低生活保障标准或者最低工资标准确定失业保险金给付标准。中国失业保险金给付标准抛弃了工资替代率概念，使得失业保险制度的功能从收入维持转变成为缓解贫困。改革中国失业保险金给付标准均一制的确定方法，采用薪资比例法，还原失业保险制度的收入替代功能，是完善中国失业保险制度的题中之义。本书第六章运用扩展线性支出系统模型测算失业保险金替代率，为制定科学的失业保险金给付标准提供依据。首先测算出城镇居民的基本生活消费支出，并以此测算失业保险金维持失业者基本生活的替代率。测算结果表明城镇居民人均基本生活消费支出占工资性收入的比重基本维持在40%左右。此外，考虑到失业保险金不仅影响到失业者失业后的基本生活，而且会影响到其家庭收入来源和家庭成员的生活状况，本书将就业者负担人数纳入测算模型，并考虑失业者及其家庭成员之间存在的规模经济效应。在此假设下测算出 2012 年就业者及其负担者的总基本生活消费支出占人均工资性收入的比重为 55. 3%。这两个替代率数据的测算为各地制定科学合理的失业保险金给付标准提供了依据和参考。

失业保险金给付期限的确定与调整方法主要有以下四种：由政府确定统一的给付期限、根据失业保险交税情况确定、根据失业者的年龄调整、根据失业率调整等。目前中国采用的是根据缴费年限划分的固定给付期限，这极大地降低了失业保险制度平滑经济周期的功能的实现。本书第七章从失业持续时间和失业率变动的角度分析失业保险金给付期限的确定与调整机制，指出确定失业保险金给付期限时应该考虑平均失业持续时间，并随着失业率的变动对失业保险金给付期限进行调整。本研究对美国建立的与失业率关联的失业保险金给付期限调整机制进行了全面深入分析，并提出从以下方面完善中国失业保险给付期限调整机制：建立与失业率关联的失业保险金给付期限调整机制；建立兼顾全国失业率和省级失业率的延长给付期限的启动机制；建立全国性的失业保险应急基金。

本书第八章对失业保险金给付管理与再就业问题进行研究。这一章重点对失业保险金给付资格条件及管理、中国失业保险金申领管理及受益率现状、失业保险金支出范围与再就业服务等方面的研究，以探讨如何实现失业保险制度“保基本、防失业、促就业”三位一体功能。

# 目　录

# 第一章 绪 论

## 第一节 研究的背景和意义

失业保险制度是整个社会保障体系的重要组成部分，是为了应对失业风险而建立和发展起来的社会保障机制。中国的失业保险制度是伴随着市场化改革而建立起来的，是深化国有企业改革的前提条件和配套措施。1986 年国务院颁布的《国营企业职工待业保险的暂行规定》标志着中国失业保险制度初步建立。至 1998 年年末，全国参加失业保险的人数为 7928 万人①。1999 年国务院颁布《失业保险条例》，将失业保险制度覆盖范围从国有企业内部职工扩大到城镇所有企事业单位及其职工，并规定城镇企业事业单位招用的农民合同制工人也可以参加失业保险。

历经 30 多年的发展，中国失业保险制度取得了较大发展（见表 1-1）。2000 年年末失业保险参保人数为 10408 万人，2016 年年末则增长至 18089 万人，比 2000 年年末增加 7681 万人，增长率为 73.8%（见表 1-1）。其中，2015 年年末参加失业保险的农民工人数为 4219 万人，比 2014 年年末增加 148 万人②。2016 年年末领取失业保险金

---

① 《中国统计年鉴 2015》，参见 http：//www. stats. gov. cn/tjsj/ndsj/。

② 《2015 年度人力资源和社会保障事业发展统计公报》，2016 年 5 月 30 日，参见 http：//www. mohrss. gov. cn/SYrlzyhshbzb/dongtaixinwen/buneiyaowen/201605/t20160530_240967. html。

人数为230万人，领取失业保险金人数占失业保险参保总人数的1.27%。

表1-1 中国失业保险概况

| 年份 | 参加失业保险人数（万人） | 领取失业保险金人数（万人） | 失业保险基金收入（亿元） | 失业保险基金支出（亿元） | 失业保险基金累积结余（亿元） |
| --- | --- | --- | --- | --- | --- |
| 2000 | 10408 | 330 | 160.4 | 123.4 | 195.9 |
| 2001 | 10182 | 469 | 213.4 | 182.6 | 253.8 |
| 2002 | 10355 | 657 | 187.3 | 156.6 | 226.2 |
| 2003 | 10373 | 742 | 249.5 | 199.8 | 303.5 |
| 2004 | 10584 | 754 | 290.8 | 211.3 | 385.8 |
| 2005 | 10648 | 678 | 340.3 | 206.9 | 519.0 |
| 2006 | 11187 | 598 | 402.4 | 198.0 | 724.8 |
| 2007 | 11645 | 539 | 471.7 | 217.7 | 979.1 |
| 2008 | 12400 | 517 | 585.1 | 253.5 | 1310.1 |
| 2009 | 12716 | 484 | 580.4 | 366.8 | 1523.6 |
| 2010 | 13376 | 432 | 649.8 | 423.3 | 1749.8 |
| 2011 | 14317 | 394 | 923.1 | 432.8 | 2240.2 |
| 2012 | 15225 | 390 | 1138.9 | 450.6 | 2929.0 |
| 2013 | 16417 | 417 | 1288.9 | 531.6 | 3685.9 |
| 2014 | 17042.6 | 207.2 | 1379.8 | 614.7 | 4451.5 |
| 2015 | 17326 | 226.8 | 1367.8 | 736.4 | 5083 |
| 2016 | 18089 | 230 | 1229 | 976 | 5333 |

资料来源：中华人民共和国国家统计局历年《中国统计年鉴》，参见http://www.stats.gov.cn/tjsj/ndsj/。

由表1-1中失业保险基金收入和支出的数据可知，自2001年以来，连续多年的失业保险基金收入大于支出，使得失业保险基金累积结余大幅增加：2000年失业保险基金累积结余为195.9亿元，到2007年失业保险基金累积结余量增长至979.1亿元；2008年国际金融危机冲击之后中国失业保险基金累积结余也一直保持增长趋势，

2016 年年末失业保险基金累积结余达 5333 亿元。

相比之下，国际金融危机期间，由于失业率剧增，领取失业保险金人数增加，世界各国的失业保险基金普遍面临较重的支出压力，失业保险基金财务可持续性受到严重影响。例如，2008 年美国失业保险基金收入和支出分别为 317 亿美元和 515 亿美元，由于 2009 年失业率激增至 9.13%，失业保险基金收入和支出分别为 371 亿美元和 1329 亿美元①，2009 年失业保险基金支出高出当年基金收入近 2.6 倍。

失业保险基金是失业保险制度的物质基础，是失业保险制度发展的关键。随着中国失业保险制度覆盖人数的增加和基金规模的逐年增长，失业保险基金管理日益重要。失业保险基金累积结余反映了失业保险制度的财务可持续性。失业保险基金累积结余较多，能够更好地应对失业保险基金支出需求，尤其是经济危机时期随着失业人口增加而带来的失业保险基金需求，但是过高的失业保险基金累积结余凸显了中国失业保险基金利用率过低的问题。

2007 年以来中国经济增速逐年下滑，需求刺激效果甚微。需求不足仅是表象，供需错配才是实质，因而需要从供给侧着手改革。2015 年起，“供给侧结构性改革” 成为一个热词。习近平总书记在中央经济工作会议上指出：“推进供给侧改革，是适应和引领经济发展新常态的重大创新，是适应国际金融危机发生后综合国力竞争新形势的主动选择，是适应我国经济发展新常态的必然要求。”② 供给侧结构性改革旨在调整经济结构，使“劳动力、土地、资本、创新” 四大

① 郑秉文：《中国失业保险基金增长原因分析及其政策选择——从中外比较的角度兼论投资体制改革》，《经济社会体制比较》2010 年第 6 期，第 1 页。

② 《中央经济工作会议提出 2016 年五大任务》，2015 年 12 月 22 日，参见 http://news.xinhuanet.com/fortune/2015-12/22/c_128554414.htm。

要素实现最优配置，提高中长期潜在经济增长率，提升经济增长的质量和数量。习近平在 2015 年 11 月中央财经领导小组会议中明确指出：要促进过剩产能有效化解，促进产业优化重组；要降低成本，帮助企业保持竞争优势；要化解房地产库存，促进房地产业持续发展；要防范化解金融风险，加快形成功能健全的股票市场。① 此次会议明确将“去产能、去库存、去杠杆、降成本、补短板”作为今后一个阶段的五大重点任务。去产能与化解产能过剩，已成为中央、企业和社会各界普遍关注的热点问题。去产能的调整，带来的并非个别企业、个别领域的用工变动，而是较为广泛的职工分流，规模性的职工安置，乃至走向暂时性甚至长期性失业②。桂桢（2016）指出化解过剩产能、兼并重组、国企改革、最严环保制度等一系列重大改革政策全面实施，不可避免会有一些企业被淘汰，行业性、区域性失业风险增加③。据统计，2016 年化解钢铁、煤炭行业过剩产能过程中安置 72.6 万人，2017 年化解过剩产能大约需要安置职工 50 万人④。供给侧改革过程中，完善失业保险和就业保障制度，妥善解决劳动力转移安置工作，关系到劳动者的切身利益和社会的和谐稳定。

此外，在供给侧结构性改革的过程中，帮助企业降低成本、降低社会保险费、研究精简归并“五险一金”等成为重要的议题。2015 年 2 月，人力资源和社会保障部、财政部下发《关于调整失业保险费

① 《习近平主持召开中央财经领导小组第十一次会议》，2015 年 11 月 10 日，参见 http：//news. xinhuanet. com/politics/2015-11/10/c_ 1117099915. htm。

② 栗燕杰：《去产能背景下的失业保险制度改革契机》，《中国人力资源社会保障》2016 年第 6 期，第 24 页。

③ 桂桢：《失业保险助力化解产能》，《中国人力资源社会保障》2016 年第 6 期，第 9 页。

④ 《人社部发布会亮点：今年化解过剩产能需安置 50 万人》，2017 年 3 月 1 日，参见 http：//finance. sina. com. cn/roll/2017-03-01/doc-ifyazwha3388220. shtml。

率有关问题的通知》，明确从 2015 年 3 月 1 日起，失业保险费率暂由现行条例规定的 3%降至 2%，单位和个人缴费的具体比例由各省、自治区、直辖市人民政府确定。[①] 仅 2015 年前 10 个月，全国就减少失业保险费收入 294 亿元，减轻了企业负担[②]。2016 年 4 月，人力资源和社会保障部、财政部下发《关于阶段性降低社会保险费率的通知》（人社部发〔2016〕36 号），决定从 2016 年 5 月 1 日起，失业保险总费率在 2015 年已降低 1 个百分点基础上可以阶段性降至 1%—1.5%，其中个人费率不超过 0.5%，降低费率的期限暂按两年执行[③]。2017 年 2 月，人力资源和社会保障部联合财政部下发《关于阶段性降低失业保险费率有关问题的通知》（人社部发〔2017〕14 号），决定：从 2017 年 1 月 1 日起，失业保险总费率为 1.5%的省（自治区、直辖市），可以将总费率降至 1%，降低费率的期限执行至 2018 年 4 月 30 日；在省（自治区、直辖市）行政区域内，单位及个人的费率应当统一，个人费率不得超过单位费率；具体方案由各省（自治区、直辖市）研究确定[④]。原有失业保险费率是 1.5%的有 22 个省份，包括新疆生产建设兵团，在确保失业保险金按时足额发放、稳岗补贴顺利实施的基础上，费率可以降低 0.5 个百分点。[⑤] 在降低社会保险费率过

① 《关于调整失业保险费率有关问题的通知（人社部发［2015］24 号）》，2015 年 2 月 27 日，参见 http：//www.mohrss.gov.cn/gkml/xxgk/201503/t20150306_153344.htm。

② 桂桢：《适应经济社会发展〈失业保险条例〉修订在即》，《中国人力资源社会保障》2016 年第 6 期，第 42 页。

③ 《关于阶段性降低社会保险费率的通知（人社部发［2016］36 号）》，2016 年 4 月 19 日，参见 http：//www.mohrss.gov.cn/gkml/xxgk/201604/t20160419_238366.html。

④ 《关于阶段性降低失业保险费率有关问题的通知（人社部发〔2017〕14 号）》，2017 年 2 月 17 日，参见 http：//www.mohrss.gov.cn/gkml/xxgk/201702/t20170217_266309.html。

⑤ 《今年起再阶段性降低失业保险费率可降低企业成本 200 亿》，2017 年 3 月 1 日，参见 http：//news.xinhuanet.com/politics/2017-03/01/c_129498913.htm。

程中，失业保险费率数次降低，这说明与其他社会保险项目相比，失业保险的缴费水平和基金积累都有较大的调整空间。但是需要注意的是，“失业保险降低费率只是一个表象，其背后问题的关键是要进行制度改革和创新，要适应新常态”①。

供给侧结构性改革是适应和引领经济发展新常态的重大创新，其主要任务之一是减轻企业成本，降低社会保险费率；降费的主要目的在于为实体经济让利，为经济稳定增长营造公平的微观环境；降费的本质是进一步正税清费，旨在降低制度性交易成本②。从供给侧结构性改革的角度看，除了降低社会保险费率外，还需要进行社会保险制度的结构性改革，达到降费不减制度收入、降费不减职工待遇、降费仍坚持精算平衡的目的③。在供给侧结构性改革的时代背景下，如何更加充分地发挥失业保险制度保障基本生活和促进失业者再就业的功能，值得研究。

本研究基于中国社会经济发展形势和供给侧结构性改革的背景，从失业保险基金管理视角，立足于失业保险基金收支管理这条主线，探讨失业保险制度的运行机理和失业保险制度的结构性改革路径。通过深入研究失业保险覆盖面、失业保险筹资、失业保险基金管理及投资运营、失业保险金给付标准和给付期限、失业保险给付条件及失业保险促进再就业的实现机制等问题，进而提出完善失业保险制度的对策建议。

---

① 郑秉文：《为农民工建立失业保险特殊制度》，《工会博览》2017年第16期，第26页。

② 郑秉文：《供给侧：降费对社会保险结构性改革的意义》，《中国人口科学》2016年第3期，第2—3页。

③ 郑秉文：《供给侧：降费对社会保险结构性改革的意义》，《中国人口科学》2016第3期，第3页。

## 第二节 文献综述

关于失业保险金的现有研究主要集中在：失业保险覆盖面研究、失业保险基金筹资研究、失业保险金给付标准和给付期限研究、失业保险与再就业问题等方面。

### 一、失业保险覆盖面研究

中国失业保险制度的覆盖面不断扩大，但是目前参加失业保险制度的主要是国有企业和事业单位有稳定就业岗位的职工，而非国有企业就业者、非正规就业者的失业保险参保率低。郑秉文（2010）①、陈丰元（2011）② 对中国失业保险基金大量结余问题进行研究表明，覆盖人群失衡、制度内缴费和给付失衡造成了失业保险基金结余。

在扩大失业保险制度覆盖面的过程中，学者们对农民工和高校大学生等特殊群体的失业保险问题进行了研究，并重点对影响以上两类人群参加失业保险制度的因素、如何设计符合这两类特殊人群特征和需求的失业保险制度等问题进行了研究（如韩伟和朱晓玲（2011）③、樊晓燕（2010）④、李通等（2010）⑤ ）。

---

① 郑秉文：《中国失业保险基金增长原因分析及其政策选择——从中外比较的角度兼论投资体制改革》，《经济社会体制比较》2010 年第 6 期，第 1—20 页。

② 陈丰元：《失业保险基金大量结余问题分析》，《河南社会科学》2011 年第 3 期，第 84—87 页。

③ 韩伟、朱晓玲：《农民工对失业保险的潜在需求研究——基于河北省的社会调查》，《人口学刊》2011 年第 1 期，第 54—58 页。

④ 樊晓燕：《农民工失业保险需求影响因素研究——基于深圳市农民工调查的分析》，《西北人口》2010 年第 3 期，第 13—16、21 页。

⑤ 李通、刘慧侠、史蓉娟：《中国大学生失业保险的需求与供给研究》，《西北大学学报（哲学社会科学版）》2010 年第 6 期，第 80—84 页。

### （一）农民工失业保险研究

2006年发布的《国务院关于解决农民工问题的若干意见》指出，要积极稳妥地解决农民工社会保障问题：依法将农民工纳入工伤保险范围；抓紧解决农民工大病医疗保障问题；探索适合农民工特点的养老保险办法①。但对于农民工的失业保险，还没有给予足够的重视。上海市人力资源和社会保障局于2015年发布了《关于本市农村户籍人员参加失业保险有关问题的通知》（沪人社就发〔2015〕17号）以规范农民工失业保险。该文件明确规定：上海市行政区域内的用人单位招用本上海农村户籍人员，单位和个人按照与用人单位招用城镇户籍人员相同的缴费比例缴纳失业保险费；上海市法定劳动年龄段内，有劳动能力，有就业要求的农村户籍劳动者，失业后可到户籍或居住所在地的街道、乡镇就业服务机构进行失业登记；上海市农村户籍人员失业登记后，与城镇登记失业人员享受同等的失业保险待遇②。

农民工是中国城镇化进程中出现的一类特殊群体，数量庞大，而且工作流动性大，是失业保险制度扩面中的重点。调查显示，33.5%的农民工在城市有过失业的经历③，农民工因为其工作的不稳定性、季节性等特点，面临较大的失业风险。韩伟等（2010）④对河北省农民工失业问题的实践调查表明，农民工失业后主要是通过自我保障与家庭保障度过难关，但是农民工的自我保障和家庭保障提供的保障能

① 《国务院关于解决农民工问题的若干意见》，2006年3月27日，参见http://www.gov.cn/jrzg/2006-03/27/content_237644.htm。

② 《关于本市农村户籍人员参加失业保险有关问题的通知（沪人社就发〔2015〕17号）》，2015年7月21日，参见http://www.12333sh.gov.cn/2009wza/zcfg/03/201507/t20150721_1211663.shtml。

③ 国务院研究室课题组：《中国农民工调研报告》，中国言实出版社2006年版，第426页。

④ 韩伟、徐蕾等：《农民工失业保险制度研究》，《中国软科学》2010年第8期，第37—45、185页。

力都处于明显不足状态。将农民工纳入失业保险制度，能够在更多的社会成员内分散个人失业后的生存风险，失业保险制度的保障能力高于自我保障与家庭保障①。

参加失业保险制度和领取失业保险金是农民工群体应该享有的合法权益，但是据统计，中国农民工参加失业保险的比例非常低，2012年全国农民工总量达到26261万人，比上年增加983万人，其中参加失业保险的农民工人数仅为2702万人，近六年参加失业保险的农民工人数占农民工总数比例最高的是2012年的10.29%，这意味着全国接近90%的农民工在遭到失业困境时得不到失业保险制度的保护和帮助②。

由于我国对企业失业保险费的征缴监察力度不够，加之农民工群体流动性比较强、权益意识和谈判能力相对较弱、就业周期短、社保意识淡薄等因素影响，导致很多农民工并不知道自己可以享受失业保险待遇。很多用人单位特别是中小型企业和私营企业，为降低人工成本，也没有给农民工交纳失业保险费，客观上导致多数农民工失业后不能领取失业保险金，游离于国家失业保险制度之外。一些学者对影响农民工参加失业保险制度的因素进行了实证研究。樊晓燕(2010)③ 对深圳市农民工失业保险现状与需求的调查研究分析表明：农民工的文化程度、消费支出水平、再就业的难易程度、在城市的工作年限和对未来生活的预期等是影响农民工参加失业保险的主要影响因素；随着农民工文化程度的提高，在城市工作年限的延长，再就业

① 韩伟、徐蕾等：《农民工失业保险制度研究》，《中国软科学》2010年第8期，第40页。

② 聂爱霞：《中国失业保险制度与再就业问题研究》，中国社会科学出版社2014年版，第137—138页。

③ 樊晓燕：《农民工失业保险需求影响因素研究——基于深圳市农民工调查的分析》，《西北人口》2010年第3期，第13—16、21页。

难度的加大和在城市定居意愿的增强，他们对失业保险的需求越来越迫切；因此将农民工纳入失业保险范围是保障农民工权益和避免他们陷入生活困境的必然要求，加强对农民工的教育培训和拓展就业途径则是有效避免失业的手段。此外，中国在城镇职工失业保险制度的基础上衍生出来的农民工失业保险制度，存在以下问题，使得农民工失业保险参保率低：以上年度在岗职工平均工资的60%为最低缴费基数的规定使得农民工失业保险参保门槛过高；最低缴费年限为1年的规定对农民工来说过长；一次性生活补助金难以保障农民工失业后的基本生活以及促进其再就业。韩伟等（2010）[①] 提出以个人实际工资为缴费基数、设计梯度缴费率、缩短缴费年限规定、实行与个人缴费档次关联的失业保险待遇计算方法，进而建立和完善农民工失业保险制度。

高和荣和杜选（2014）指出各地农民工失业保险制度模式主要有三种类型：第一种模式是农民工本人不交纳失业保险费，即当农民工合同期满未续订或者提前解除劳动合同的，由社会保险经办机构根据单位为其缴费年限长短给其支付一次性生活补助（广东采用该模式）；第二种模式是农民工本人交纳失业保险费模式，将农民工视同城镇职工，企业和农民工个人按照统一规定交纳失业保险费（江苏采用该模式）；第三种模式是农民工是否参加城镇职工失业保险制度采取自愿的方式，即农民工个人交纳了失业保险费则可以享受失业保险待遇，未交纳失业保险费则申请一次性生活补助费（福建采用该模式）。[②] 该研究通过对这三种模式的公平性、有效性和可

① 韩伟、徐蕾等：《农民工失业保险制度研究》，《中国软科学》2010年第8期，第42—45页。

② 高和荣、杜选：《我国农民工失业保险模式比较与选择——基于福建、江苏、广东三地的数据》，《中国人力资源开发》2014年第1期，第84—88页。

持续性进行比较分析，得出江苏模式是农民工失业保险制度适宜之选的结论。

### （二）大学生失业保险研究

1999年以来中国高校不断扩招，2001年中国高校毕业生为115万，2012年达到680万[①]，高校毕业生就业形势日益严峻。自2006年以来，政府推行大学生失业登记制度，对毕业后未就业且生活困难的学生提供最低生活保障，但是该制度未能发挥很好的效果。失业救助只是针对家庭困难且进行失业登记的大学生，申请过程烦琐、条件苛刻，最后仅能领到为数不多的救助金。李通等（2010）[②]指出大学生失业风险符合大数法则，其对大学生失业保险供给模式进一步分析，提出由人力资源和社会保障部门将大学生纳入失业保障管理体系，教育部门负责在大学生入校时参加失业保险。从责任主体看，政府的责任表现在为大学生提供失业保险制度并且由地方政府作为管理主体为大学生提供失业登记、发放相关补贴以及就业培训服务等；学校的责任体现在承担学生失业保险费的代收代缴业务；学生本人按年交纳失业保险费[③]。对于如何筹集大学生失业保险基金，胡舒和潘峰（2008）[④]、李通等（2010）[⑤]提出大学生失业保险应该由个人、学校和政府三方负担，且由于失业风险的社会性，政府应当承担大部分保

① 聂爱霞：《中国失业保险制度与再就业问题研究》，中国社会科学出版社2014年版，第138页。

② 李通、刘慧侠、史蓉娟：《中国大学生失业保险的需求与供给研究》，《西北大学学报（哲学社会科学版）》2010年第6期，第80—84页。

③ 段美枝：《构建我国大学生就业导向型失业保险制度研究》，《中国劳动关系学院学报》2014年第1期，第41—43页。

④ 胡舒、潘峰：《大学生失业保险制度建设初探》，《当代经济》2008年第3期，第120—121页。

⑤ 李通、刘慧侠、史蓉娟：《中国大学生失业保险的需求与供给研究》，《西北大学学报（哲学社会科学版）》2010年第6期，第83页。

险费，其中大学生本人缴费按人头每学年交纳固定金额，学校出资来源于学费，政府出资部分由中央财政和地方财政分担。李通等（2010）结合其2010年对大学生失业保险需求和参保意愿的实践调查，提出大学生失业保险待遇领取等待期为3个月，大学生失业保险待遇包括基本生活费用和职业培训费用两部分，失业保险金给付期限为6个月至12个月①。罗立满（2016）建议采用递减序列的支付方式给付大学生失业保险金，即“失业保险金给付水平随着大学生失业时间的延长逐级下降，比如：大学生失业时间0—3个月，按当地法定最低工资标准的80%发放；大学生失业时间3—6个月，按当地法定最低工资标准的70%发放，大学生失业时间为6—9个月，按当地法定最低工资标准的60%发放；大学生失业时间9—12个月，按当地法定最低工资标准的45%发放”②。

## 二、失业保险基金筹资研究

我国1999年颁布的《失业保险条例》规定，我国实行失业保险统一费率制度，即城镇企业事业单位按照本单位工资总额的2%交纳失业保险费，职工按照本人工资的1%交纳失业保险费。城镇企业事业单位招用的农民合同制工人，其本人不交纳失业保险费，用人单位缴费比例为2%。乐章和陈璇（2002）③ 对中国失业保险基金承受能力进行评估，认为1999年颁布的《失业保险条例》规定的3%的总缴

① 李通、刘慧侠、史蓉娟：《中国大学生失业保险的需求与供给研究》，《西北大学学报（哲学社会科学版）》2010年第6期，第83页。

② 罗立满：《大学生就业问题与大学生失业保险制度的构建》，《闽南师范大学学报（哲学社会科学版）》2016年第2期，第152—153页。

③ 乐章、陈璇：《并轨过程中失业保险基金的支撑能力研究》，《中国人口科学》2002年第5期，第41—48页。

费率能够维持失业保险基金收支平衡。丁煜（2008）[1]、孙洁和高博（2010）[2] 指出中国目前实行的统一费率忽视了企业效益差异，使得效益好、失业人员少的用人单位，也必须按照工资总额的统一比例交纳失业保险费，降低了企业的缴费积极性，而且可能促使用人单位减少雇用。

针对统一费率制度存在的问题，学者对失业保险浮动费率制度进行了探讨。失业保险浮动费率制度包括行业差别费率制度和企业差别费率制度。实行行业差别费率的主要是欧洲国家，亚洲国家实行行业差别费率的有日本和韩国。在实行行业差别费率的国家和地区，大多数国家不分雇主和雇员，均按照自己所属的行业执行行业差别费率。如挪威的失业保险行业费率在0.66%—6.63%之间，其中最低的是银行业，费率为0.66%；最高的是临时就业人员多的公司，浮动费率为6.63%，费率每年调整一次[3]。日本的行业浮动费率变动情况为：一般行业雇员交纳的失业保险税率为0.5%，农业、林业、渔业和清酒酿造业的雇员交纳比例是0.6%；一般行业雇主交纳比例是0.85%，农业、林业、渔业、清酒酿造业雇主交纳比例为0.95%，建筑业雇主交纳比例为1.05%[4]。

部分学者提出中国建立基于风险失业率的行业差别费率制度的建议，即失业风险程度越高的行业，失业保险费率也相应越高，以增进

---

① 丁煜：《完善我国失业保险制度的政策研究——以促进就业为导向》，《经济理论与经济管理》2008年第2期，第40—44页。

② 孙洁、高博：《我国失业保险制度存在的问题和改革的思路》，《西北师大学报（社会科学版）》2011年第1期，第122—127页。

③ 费平：《国外实施失业保险浮动费率的研究》，《中国劳动》2015年第1期，第39页。

④ 美国社会保障署，“Social Security Programs Throughout the World: Asia and Pacific 2012”，http://www.ssa.gov/policy/docs/progdesc/ssptw/。

失业保险制度的运行效率（如彭壁玉（2000）[①]、丁煜（2008）[②]、孙洁和高博（2010）[③]）。失业保险行业差别税率制度需要对各行业的失业风险程度进行衡量。各行业的失业风险程度受短期劳动力需求因素、长期劳动力需求因素以及宏观环境和外在因素的制约：短期的劳动力需求因素包括劳动力的边际生产力、边际产量、边际收益产量及劳动力的平均工资水平等因素；长期劳动力需求因素则包括技术进步、生产率改变、劳动力需求弹性及资源的替代效应等方面的内容；宏观的因素还有经济周期的影响和社会消费潮流的改变等[④]。由于各行业失业风险程度受到以上各种因素的影响，各行业的风险失业率难以确定，学者建议将各行业在上一年度的平均失业率作为本年度的风险失业率（彭壁玉（2000）[⑤]、丁煜（2008）[⑥]）。

吕学静（2010）[⑦] 则提出中国实行失业保险弹性费率，即中央政府规定一个费率幅度，各统筹地区在这一幅度内，可以视失业保险基金的结余情况及时调整费率。该改革建议与失业保险行业差别费率的不同之处在于，以统筹地区为单位，对各统筹地区的失业保险费率进

① 彭壁玉：《论我国失业保险的费率制度创新》，《华南师范大学学报（社会科学版）》2000 年第 5 期，第 47—51+58 页。

② 丁煜：《完善我国失业保险制度的政策研究——以促进就业为导向》，《经济理论与经济管理》2008 年第 2 期，第 40—44 页。

③ 孙洁、高博：《我国失业保险制度存在的问题和改革的思路》，《西北师大学报（社会科学版）》2011 年第 1 期，第 122—127 页。

④ 彭壁玉：《论我国失业保险的费率制度创新》，《华南师范大学学报（社会科学版）》2000 年第 5 期，第 47—48 页。

⑤ 彭壁玉：《论我国失业保险的费率制度创新》，《华南师范大学学报（社会科学版）》2000 年第 5 期，第 47—51+58 页。

⑥ 丁煜：《完善我国失业保险制度的政策研究——以促进就业为导向》，《经济理论与经济管理》2008 年第 2 期，第 40—44 页。

⑦ 吕学静：《中国失业保险的稳定就业促进就业政策——从临时措施到长效机制的思考》，《社会保障研究》2010 年第 6 期，第 55—63 页。

行弹性调整的同时，同一统筹地区范围内的企业仍然保持统一的失业保险费率。

美国实行企业浮动税率即失业保险经验税率制度，该制度将雇主失业保险税率与雇主解雇的人数以及失业保险金支出关联起来。如果公司裁员多，税率就提高，但是达到一定上限之后就不再提高。反之，公司裁员少，税率就降低。从理论上说，该项制度能够起到减少失业、稳定就业的作用。美国实行的是失业保险不完全经验税率制度而不是完全经验税率制度，这突出表现在设置了失业保险税率的最低值和最高值，即当雇主的失业保险税率达到最高值时，雇主解雇雇员的数量不再影响到该雇主的失业保险税率。失业保险不完全经验税率制度对雇主的解雇行为产生影响，同时带来不同失业率行业间的再分配效应。菲尔德斯坦（Feldstein，1976）指出由于美国失业保险经验税率制度的不完全性，当雇主失业保险税率达到最高值且经济不景气时，雇主可通过解聘更多的临时雇员以降低经营成本①。伯德特和赖特（Burdett & Wright，1989）② 对菲尔德斯坦（Feldstein，1976）的研究提出质疑，指出较高的经验税率确实可以减少临时性解雇，但是同时会减少雇主雇佣联结型工人（Attached Workers）的数量，以降低劳动成本。卡德和莱文（Card & Levine，1994）③ 的实证分析也表明美国失业保险不完全经验税率制度在减少失业、稳定就业的功能上有所减弱，经验税率的程度与雇主解雇雇员的数量之间呈反向关系，

---

① Feldstein, M., "Temporary Layoffs in the Theory of Unemployment", *Journal of Political Economy*, Vol. 84, No. 5 (1976), pp. 937-957.

② Burdett, K., Wright, R., "Optimal Firm Size, Taxes and Unemployment", *Journal of Public Economics*, Vol. 39 (1989), pp. 275-287.

③ Card, D., Levine, P. B., "Unemployment Insurance Taxes and the Cyclical and Seasonal Properties of Unemployment", *Journal of Public Economics*, Vol. 53, No. 1 (1994), pp. 1-29.

即在经济危机时期，由于失业保险经验税率的不完全性，雇主可能增加解雇雇员数量。失业保险不完全经验税率不仅影响到雇主的解雇行为和失业率，同时也会带来不同行业之间的再分配，建筑业、制造业、采矿业、农业和渔业等失业率高的行业雇主交纳的失业保险费不足以支付其失业保险金支出，往往得到来自失业率低的金融、保险、服务业等的再分配转移支付（Anderson & Meyer，1993）①。法思和富斯特（Fath & Fuest，2003）提出，如果实行失业保险完全经验税率制度，较高的失业保险经验税对永久性地解雇工人的企业来说是一个额外的负担，它可能加速这些企业或部门的萎缩②。

费平（2015）对部分国家采用失业保险浮动费率模式的原因进行分析，指出选择企业浮动费率还是行业差别费率一般与本国的管理模式、文化传统和严格的就业保护措施等密切相关，如：瑞典、芬兰等国家选择行业差别费率与这些国家通过行业工会管理失业保险制度的模式有着深刻的历史渊源；日本终身雇佣的文化传统使得决定失业保险费率水平的应该是不同行业人员流动的情况；欧洲国家实行严格的就业保护措施，有的欧洲国家针对某些企业出台企业浮动费率的做法。③

关于失业保险筹资方式的现有研究表明，失业保险统一费率制度实施起来较为简单，但是存在明显的弊端：失业保险缴费和失业保险

---

① Anderson，P. M.，Meyer，D. B.，“The Unemployment Insurance Payroll Tax and Interindustry and Interfirm Subsidies”，In *Tax Policy and the Economy*，Poterba James M.（ed.），Cambridge：MIT Press，1993，pp. 111-144.

② Fath，J.，Fuest，C.，“Unemployment Insurance and the Rate of Re-employment of Displaced Workers”，*The Review of Economics and Statistics*，Vol. 6，No. 4（2005），pp. 472-483.

③ 费平：《国外实施失业保险浮动费率的研究》，《中国劳动》2015年第1期，第38—41页。

金领取之间缺乏关联，由此缺乏对雇主的雇佣激励，降低了失业保险制度预防失业功能的发挥；此外失业风险较低行业的职工缴费积极性也不足，存在参保时的逆向选择问题。失业保险经验税率制度将失业保险缴费和解雇的雇员数量及领取的失业保险金相关联，一定程度上弥补了失业保险统一税率制度的不足。但是失业保险浮动费率制度一定程度上削弱了失业保险基金的风险共担机制。在经济危机时期，危机会导致整个行业、企业出现大规模的裁员，在这种情况下，无论实行行业差别费率还是企业差别费率制度，不仅不能通过降低费率减轻行业或企业的成本，反而要通过提升费率来增加行业或企业的成本①。

## 三、失业保险金给付研究

目前中国采用的是低失业保险金给付标准、较长失业保险金给付期限的模式。即大部分地方根据最低工资标准或者最低生活保障标准的一定比例确定失业保险金给付标准，根据累计缴费年限的不同，失业保险金给付期限为 12 个月至 24 个月，失业保险金给付期限不与经济周期关联。现有研究表明中国失业保险金给付标准过低，不能有效地保障失业者的基本生活，同时也是失业保险基金累积结余不断增加的原因之一（吕学静（2010）②、郑秉文（2010）③）。柳清瑞和于婷婷（2009）④ 对中国失业保险金支出水平进行测度，其测度结果表明

---

① 费平：《国外实施失业保险浮动费率的研究》，《中国劳动》2015 年第 1 期，第 40 页。

② 吕学静：《中国失业保险的稳定就业促进就业政策——从临时措施到长效机制的思考》，《社会保障研究》2010 年第 6 期，第 55—63 页。

③ 郑秉文：《中国失业保险基金增长原因分析及其政策选择——从中外比较的角度兼论投资体制改革》，《经济社会体制比较》2010 年第 6 期，第 1—20 页。

④ 柳清瑞、于婷婷：《中国失业保险支出水平的测度模型与实证分析》，《社会保障研究》2009 年第 1 期，第 21—27 页。

全国失业保险金替代率水平约为20%，失业保险金给付水平较低。部分学者对中国各地失业保险金给付标准的决定因素进行了理论和实证分析。郑新业和王晗（2011）[①] 运用2003—2007年的省级面板数据，利用可行的广义最小二乘法模型，研究结果表明人均失业保险基金收入和失业保险参与人的失业率是影响失业保险金给付标准的因素，且人均失业保险基金收入和失业保险金给付标准呈正相关，而失业保险参与人的失业率与失业保险金给付标准呈负相关。杨翠迎和王国洪（2014）[②] 则在郑新业和王晗（2011）的研究基础之上，进一步加入了各地最低工资标准和各地城镇最低生活保障标准两个变量，其研究表明最低工资、最低生活保障、职工的平均工资、人均GDP对失业保险金给付标准的影响显著为正。王国洪和杨翠迎（2015）[③] 通过构建空间Durbin双向效应模型，结果表明各地的失业保险金给付标准存在显著的空间依赖性，各省份失业保险金给付标准的提高主要受邻近省份最低工资、最低生活保障、在职职工的平均工资、人均GDP的提高和该省份的最低工资的提高以及参保人员失业率降低等因素的影响。梁书毓和薛惠元（2016）[④] 对2015—2035年期间失业保险给付标准进行测算，得出失业保险金给付标准至少要达到最低工资标准的75%—110%。

---

① 郑新业、王晗：《失业保险金标准的决定因素》，《世界经济》2011年第2期，第103—118页。

② 杨翠迎、王国洪：《我国失业保险金标准影响因素研究》，《商业研究》2014年第4期，第57—63页。

③ 王国洪、杨翠迎：《我国失业保险金标准的空间差异与影响因素分析——省级面板数据的空间计量》，《现代财经（天津财经大学学报）》2015年第1期，第60—68页。

④ 梁书毓、薛惠元：《费率降低背景下失业保险保障水平的确定——基于基金平衡的视角》，《西北人口》2016年第1期，第63—69页。

关于我国失业保险金给付标准改革的研究中，王乔和李春根等（2013）[①] 建议将失业保险金给付标准设定为失业保险金领取者失业前12个月平均缴费基数的40%—50%，但是缺乏对该给付标准的测算。陈世金和李佳（2011）[②] 提出以实际工资的一定比例为调控目标，根据失业人口的年龄、家庭结构和赡养情况设计出动态的递增或递减的失业保险金发放标准。郑新业和王晗（2011）[③] 对失业保险金给付标准的决定因素进行研究之后只提出失业保险金给付标准有较大的提升空间，但是未对如何确定合理的失业保险金给付标准进行分析。梁书毓和薛惠元（2016）[④] 指出失业保险金给付标准应同个人工资挂钩。

从国外的研究来看，贝利（Baily，1977）[⑤] 和弗莱明（Flemming，1978）[⑥] 较早对最优的失业保险金给付标准进行研究。他们指出失业保险金一方面可以帮助失业者平滑失业时期的消费（Consumption Smoothing），但是同时也可能对失业者的再就业行为产生负面影响，最优的失业保险金给付标准应该在这两种效应之间达到最佳平衡点。贝利（Baily，1977）重点分析了失业保险金的消费平滑功能，认为最

① 王乔、李春根、杨珊等：《我国失业保险金标准比较分析及科学确定》，《财政研究》2013年第1期，第40—43页。

② 陈世金、李佳：《我国失业保险金待遇调整探索——以河北省为例》，《人口与经济》2011年第4期，第70—76页。

③ 郑新业、王晗：《失业保险金标准的决定因素》，《世界经济》2011年第2期，第103—118页。

④ 梁书毓、薛惠元：《费率降低背景下失业保险保障水平的确定——基于基金平衡的视角》，《西北人口》2016年第1期，第63—69页。

⑤ Baily，M. N.，"Unemployment-Insurance as Insurance for Workers"，*Industrial & Labor Relations Review*，Vol. 30，No. 4（1977），pp. 495-504.

⑥ Flemming，J. S.，"Aspects of Optimal Unemployment Insurance：Search，Leisure，Savings and Capital-Market mperfections"，*Journal of Public Economics*，Vol. 10，No. 3（1978），pp. 403-425.

优的失业保险金给付标准应该使得失业时期消费下降（失业前的消费水平和失业后的消费水平的差值）带来的福利损失等于失业保险金带来的就业负激励效应引起的福利损失。贝利（Baily，1977）认为，在大多数情况下，失业保险金领取者的岗位搜寻努力程度对失业保险金的替代率是敏感的，最优的失业保险金替代率应保持在65%左右。弗莱明（Flemming，1978）研究不同的资本市场情境下，失业保险金标准的最优替代率，其研究表明：当资本市场很完善时（即劳动者可以通过工资、自身储蓄、家庭成员间的借款等帮助、银行贷款等获得较好的流动性），最优失业保险金替代率小于50%；当资本市场不充分时，最优失业保险金替代率可高达75%。

部分学者还从生命周期的角度分析不同年龄失业者的最优失业保险标准的确定。在实现再就业的过程中，由于存在着工作搜寻摩擦，失业者需要付出再就业成本。一个理性的失业者是否会选择寻找工作，取决于寻找工作付出的成本和再次就业带来的收益的对比。由于工资水平、财富积累状况、消费水平和消费习惯以及失业持续时间等在个体生命周期的不同时点存在着差异，失业者寻找工作的意愿以及再就业能力在整个生命周期内也存在着差异①。年轻失业者和年老失业者对失业保险金水平、失业持续时间以及再就业后的工作持续时间的预期都存在着较大的差异。切蒂（Chetty，2008）② 关于美国失业保险金影响不同年龄的劳动力就业行为的实证研究表明，失业保险金水平对年轻失业者的再就业率影响较小，这主要是因为年轻失业者具有较强的再就业意愿；与此相反，失业保险金水平对年老失业者的再

① Michelacci，C.，Ruffo，H.，“Optimal Life Cycle Unemployment Insurance”，http：//www.cemfi.es/~michela/.

② Chetty，R.，“Moral Hazard Versus Liquidity and Optimal Unemployment Insurance”，*Journal of Political Economy*，Vol.116，No.2（2008），pp.173-234.

就业有显著影响，年老失业者领取的失业保险金水平越高，其再就业率越低。米凯拉奇和鲁福（Michelacci & Ruffo，2013）[①] 则从个人积累和消费平滑的角度指出，由于年轻失业者往往有较少的经济积累，失业保险金对年轻失业者而言更能发挥平滑失业期间的消费的作用。由于老年失业者内生的再就业动力不足问题，很多 OECD 国家放松对老年劳动力领取失业保险金的资格要求，比如比利时、芬兰、法国等国家规定老年劳动力达到一定年龄之后，则不受失业后继续寻找工作的规定约束。[②] 而且在这些欧洲国家，老年失业者可以一直领取失业保险金直至其达到法定退休年龄，由此失业保险成为提前退休的一种方式[③]。由此，海伦尔特和朗戈等（Hairault & Langot，2012）建议，对于老年劳动力，当其达到一定年龄时，失业保险金水平应该不变。

国外学者对失业保险金给付标准的决定因素进行研究。迪泰拉和迈克库罗奇（Di Tella & MacCulloch，2002）对 1971 — 1989 年期间 OECD 国家的失业保险给付水平进行实证分析表明，滞后一期的失业率水平是决定失业保险给付水平的基本要素，而且滞后一期的失业率水平越高，当期的失业保险金给付标准越低[④]。美国失业保险待遇以周为计算周期，且规定了周失业保险待遇最高值，佛罗曼（Vroman，2007）研究表明美国失业保险金替代率水平与周失业保险待遇最高值

① Michelacci，C.，Ruffo，H.，"Optimal Life Cycle Unemployment Insurance"，http：//www.cemfi.es/~michela/.

② Hairault，J.O.，Langot，F.，Menard，S.，et al.，"Optimal Unemployment Insurance for Older Workers"，*Journal of Public Economics*，Vol.96，No.3（2012），p.509.

③ Gruber，J.，Wise，D.，"Social Security and Retirement：an International Comparison"，*American Economic Review*，Vol.88，No.2（1998），pp.158-163.

④ Di Tella，R.，MacCulloch，J.R.，"The Determination of Unemployment Benefits"，*Journal of Labor Economics*，Vol.20，No.2（2002），pp.404-434.

之间呈显著相关，即失业保险给付水平受周失业保险待遇最高值的影响[①]。布朗克和卡德（Blank & Card，1991）[②] 以及麦考尔（McCall，1995）[③] 的研究则表明失业保险金替代率水平越高，则失业保险金实际领取率也提高，因此，失业保险给付水平的设置不仅影响到失业保险替代率，同时影响到失业保险金实际领取率，关系到失业保险制度及失业保险基金的运行效果。史密斯和威戈（Smith & Wenger，2013）则从失业保险基金收入和支出之间的关联强度分析失业保险基金偿付能力对失业保险金给付标准的影响[④]。其研究表明由于美国财政失业保险投入以及不完全经验税率制度的影响，美国失业保险基金收入和失业保险基金支出之间不是完全关联的，失业保险基金偿付能力高的各州的失业保险金替代率越高。

## 四、失业保险与再就业问题研究

失业保险金是对失业带来的工资损失进行部分替代。大量的经验研究表明，失业保险金延长了工作搜寻的时间：平均而言，每月实际失业补贴增加 10%会使个人的失业期限延长半周到一周[⑤]。失业保险

① Wayne, V., Brusentsev, V., "Replacement Rates and UC Benefit Generosity", Institute for the Study of Labor-Fondazione Rodolfo DeBenedetti (IZA-fRDB) workshop in Bonn, Germany on July 2007.

② Blank, R. M., Card, D., "Recent Trends in Insured and Uninsured Unemployment: Is There an Explanation?", *The Quarterly Journal of Economics*, Vol. 106, No. 4 (1991), pp. 1157-1189.

③ McCall, Brian, P., "The Impact of Unemployment Insurance Benefit Levels on Recipiency", *Journal of Business & Economic Statistics*, Vol. 13, No. 2 (1995), pp. 189-198.

④ Smith, D. L., Wenger, J. B., "State Unemployment Insurance Trust Solvency and Benefit Generosity", *Journal of Policy Analysis and Management*, Vol. 32, No. 3 (2013), pp. 536-553.

⑤ Atkinson, B. A., Micklewright, J., "Unemployment Compensation and Labor Market Transitions: a Critical Review", *Journal of Economic Review*, 1991, pp. 1679-1727.

金和失业持续时间的正向关系已在加拿大被证明，较高的失业补贴会延长失业期限[①]。因此，一旦失业保险金的给付时间结束，失业者再次找到工作的可能性立刻增加[②]。盖理（Gary，1979）指出失业保险金一方面能够保障失业者的基本生活，稳定经济发展，但是延长失业保险金给付期限降低了失业者的劳动力供给[③]。迈耶（Meyer，1990）研究了在失业保险金发放终止前，失业人员再就业可能会显著增加的现象，认为较高的失业保险金发放对失业人员再就业具有显著的负影响[④]。夏维尔和韦斯（Shavell & Weiss，1979）认为失业者具有异质性，政府应该提供多种失业保险金支付期限，允许不同类型的失业者结合自身情况选择不同的失业保险金给付期限，以实现失业保险制度的促进就业功能[⑤]。格鲁伯（Gruber，1997）[⑥]、勃朗宁和克罗斯利（Browning & Crossley，2001）[⑦]、美国国会预算办公室（Congressional Budget Office，2004）[⑧] 等的研究则表明随着经济周期变动对失业保险金给付期限进行调整有其合理性。美国和加拿大是根据失业率状况调

---

① Ham，C. J.，Rea，A. S.，"Unemployment Insurance and Male Unemployment Duration in Canada"，*Journal of Labor Economics*，1987，pp. 325-353.

② Katz，L.，Meyer，B.，"Unemployment Insurance，Recall Expectations and Unemployment Outcomes"，*Quarterly Journal of Economics*，1990，pp. 993-1002.

③ Gary，S.，"Labor Supply Effects of Extended Unemployment Benefits"，*Journal of Human Resources*，No. 14（1979），pp. 247-255.

④ Meyer，B.，"Unemployment Insurance and Unemployment Spells"，*Econometrica*，No. 4（1990），pp. 757-782.

⑤ Shavell，S.，Weiss，L.，"The Optimal Payment of Unemployment Insurance Benefits over Time"，*Journal of Political Economy*，No. 6（1979），pp. 1347-1362.

⑥ Gruber，J.，"The Consumption Smoothing Benefits of Unemployment Insurance"，*American Economic Review*，Vol 87，No. 1（1997），pp. 192-205.

⑦ Browning，M.，Crossley，T. F.，"Unemployment Insurance Benefit Levels and Consumption Changes"，*Journal of Public Economics*，Vol. 80，No. 1（2001），pp. 1-23.

⑧ Congressional Budget Office，"Family Income of Unemployment Insurance Recipients"，2004 March，http：//www. cbo. gov/publication/15338.

整失业保险金给付期限的两个国家[①]。

国内的相关研究中，王元月和马驰骋（2005）[②] 实证分析表明领取失业保险金的人的失业持续时间要长于不领取失业保险金的人。张燕等（2008）[③] 研究了失业保险金给付方式对失业者就业行为的影响，通过对失业保险递减支付模式和固定支付模式进行对比分析，指出前者能够更好地激励失业者再就业。聂爱霞（2008）[④] 对厦门市的实证分析表明失业保险金降低了失业保险金领取者的再就业积极性。由于存在着道德风险，失业保险管理机构难以对失业保险金领取者的再就业行为进行有效监督。苟兴朝（2015）进一步指出："要充分发挥递减支付模式的激励再就业功能，必须以失业者面临流动性约束为前提，即失业者失业期间主要收入来源为失业保险金，而不是个人储蓄或借贷。事实上，通常情况下，失业者都拥有或多或少的私人储蓄，也可以通过借贷方式实现自我保障。因此，在失业初期，递减支付模式的激励再就业功能不甚明显；只有随着失业时间的延长，失业者日益感受到流动性约束时，递减支付模式的激励再就业功能方能逐渐显现。"[⑤] 乔雪和陈济冬（2011）[⑥] 分析了存在隐性就业时失业保险

---

① Jeremy, S., "Do Temporary Extensions to Unemployment Insurance Benefits Matter? The effects of the US Standby Extended Benefit Program", *Applied Economics*, No. 9 (2003), pp. 1167-1183.

② 王元月、马驰骋：《失业保险给付期限差异下的失业持续时间研究》，《中国管理科学》2005 年第 6 期，第 113—117 页。

③ 张燕、王元月、车翼等：《失业保险支付序列的变化对促进就业的影响》，《人口与经济》2008 年第 1 期，第 26—30 页。

④ 聂爱霞：《失业保险对失业持续时间影响研究综述》，《人口与发展》2008 年第 3 期，第 103—105、111 页。

⑤ 苟兴朝：《我国失业保险制度的反经济周期功能研究》，《求实》2015 年第 8 期，第 52 页。

⑥ 乔雪、陈济冬：《失业保险政策对隐性就业规模和社会产出的影响》，《世界经济》2011 年第 2 期，第 87—102 页。

制度对失业人员的工作搜寻和就业分布的影响，研究指出提高失业保险税可能增加隐性就业，而且当存在较高的隐性就业时，政府降低失业保险税能够减少隐性就业。

除了失业保险金给付标准和给付期限会影响到失业者的再就业行为外，失业保险金的支出范围也会对失业者的再就业行为和再就业质量产生影响。如李颖（2016）指出在我国2005—2014年的失业保险金支出中，职业培训补贴在历年失业保险支出中的占比从未超过6%①；李元春（2011）推算出历年来我国用于职业介绍补贴和职业培训补贴的支出总和不会超过失业保险支出总额的30%②。与此相对比，德国失业保险基金的支出中，除60%用于失业保险给付外，余下40%中的大部分被用于职业介绍、职业培训及其补贴、补助企业雇佣等促进就业的工作上③。中国失业保险制度促进再就业的功能发挥不足。吕学静和牛博杰（2015）指出在经济新常态下："适时增加失业保险促进就业的支出项目。不断完善补充促进就业的有关条款，建议设立促进就业支出项目，包括长期失业者就业补贴、青年实习补贴、有家庭困难的失业者就业补贴、创业资助、异地就业补贴、特殊时期的就业和生活补贴、灵活使用失业保险基金，用于所有登记的失业人员的职业介绍和职业培训费用。"④

为了促进中国失业保险制度充分发挥预防失业和促进就业的功

① 李颖：《促进就业视角下的失业保险基金支出调整研究》，《市场周刊（理论研究）》2016年第7期，第86页。

② 李元春：《国外失业保险的历史与改革路径：政治经济学视角》，中国财政经济出版社2011年版，第211页。

③ 黎大有、张荣芳：《从失业保险到就业保险——中国失业保险制度改革的新路径》，《中南民族大学学报（人文社会科学版）》2015年第2期，第109页。

④ 吕学静、牛博杰：《经济"新常态"失业保险应着力促进就业》，《中国人力资源社会保障》2015年第7期，第38页。

能，黎大有和张荣芳（2015）建议将失业保险制度升级为就业保险制度，能有效克服失业保险制度保障失业有余、促进就业不足，失业保险制度难以与就业促进等无缝衔接的问题；就业保险制度尝试用保险的方式解决就业问题，具有保险覆盖的范围更广，失业给付的附加条件增多，预防失业及就业促进更为积极，政府出资的范围明确，追求财务独立，整合政府就业促进部门及失业保险经办机构的职能等特点①。实际上，发达国家较早将失业保险制度转型为就业保险制度，如加拿大 1996 年实现将消极的失业保障改为就业保险制度②。加拿大的就业保险制度做了如下改革：第一，改革领取失业保险金的资格标准，将工作时间的周标准改为小时标准，使得流动性大或者兼职工作的劳动者纳入到失业保险覆盖范围中；第二，延长领取失业保险金的最短工作时间要求，缩短受益期限，即要求申领主体在申请失业保险金之前必须至少工作 420 小时并持续交纳失业保险费，给付期限由 50 周削减至 45 周，这有利于激发劳动者就业与失业后再就业的积极性；第三，实施就业援助服务、专项工资拨款、自主创业计划、技能发展计划等促进失业者再就业的项目计划③。英国于 1996 年将失业保险制度改为求职者津贴制度，包括交纳保费型求职者津贴和家计调查型求职者津贴④。日本于 1975 年施行《就业保险法》，旨在“谋求工人生活安定的同时，使求职活动容易进行，促进其就职并有助于工人职业

① 黎大有、张荣芳：《从失业保险到就业保险——中国失业保险制度改革的新路径》，《中南民族大学学报（人文社会科学版）》2015 年第 2 期，第 108—112 页。

② 谭金可：《从失业保险转向就业保险的加拿大经验与启示》，《财经问题研究》2016 年第 3 期，第 81 页。

③ 魏莉、张晓歌：《国外失业保险制度的经验借鉴》，《中国财政》2016 年第 20 期，第 70 页。

④ 杨斌、丁建定：《国外就业保障的发展及对中国的启示——以美国、英国和德国为例》，《理论月刊》2016 年第 5 期，第 178 页。

的稳定，从而预防失业，增加雇用机会，改善雇用结构，开发和提高工人的能力，增进工人的福利”①。

## 五、简要述评

失业保险基金是失业保险制度的物质基础，失业保险基金运行状况能够直接反映出失业保险制度的运行状况。现有研究表明，中国失业保险覆盖人群失衡，实行失业保险统一费率制度，失业保险金给付水平低，失业保险金给付期限固定，失业保险制度带来较强的参保负激励和就业负激励效应，中国失业保险制度处于低效率运行状态。但是现有研究中鲜有关于农民及失地农民失业保险的研究，也尚未对失业保险经验税率制度的内在逻辑以及该项制度在中国的可行性进行深入系统的分析，同时缺乏从失业保险制度反经济周期功能的视角分析失业保险金给付标准和给付期限问题。

中国失业保险制度的优化，核心在于提高失业保险基金的使用效率。失业保险制度优化改革反映在失业保险基金管理的关键环节，具体表现在：（1）扩大失业保险制度的覆盖面，失业风险较大和失业风险较小群体都纳入失业保险制度的覆盖范围，一方面有助于扩大失业保险基金来源，另一方面可以通过增加失业保险基金支出的方式提高失业保险基金的使用效率，有助于实现失业保险基金的收支平衡；（2）深入系统地研究失业保险经验税率制度的内在逻辑以及该项制度在中国的可行性，同时评估中国部分地区试点的失业保险费率调整对失业保险基金可持续性的影响，提出完善中国失业保险筹资方式的对策建议；（3）从失业保险的反经济周期功能出发，分析失业保险基金

① 黎大有、张荣芳：《从失业保险到就业保险——中国失业保险制度改革的新路径》，《中南民族大学学报（人文社会科学版）》2015 年第 2 期，第 108 页。

支出与经济周期及失业率之间的关系，研究失业保险金给付标准和给付期限的确定与调整机制，进而强化失业保险给付和失业保险功能之间的关联，提高失业保险基金的使用效率。本研究将从失业保险基金管理的视角，重点对以上问题进行分析，以优化中国失业保险制度设计。

## 第三节 研究概述

### 一、研究内容

失业保险基金是失业保险制度的物质基础和经济支撑。本研究以中国失业保险制度为研究对象，以失业保险基金管理为研究视角，剖析影响失业保险基金收支的核心问题，即失业保险覆盖面及参保率、失业保险基金筹资、失业保险基金管理和投资运营、失业保险金给付标准、失业保险金给付期限、失业保险促进再就业的功能实现机制等问题。对以上问题的深入透彻研究，能够帮助我们从根本上理清失业保险制度的功能、目标、运行机理、制度优化方向和路径等问题，从而认识失业保险制度的本质特征、运动规律及发展趋势。本研究主要包括以下内容：

第一，失业保险理论基础。失业保险制度是应对失业风险的社会化风险化解机制。本部分首先对失业的概念、失业分类、失业风险的可保性等进行概述。其次对失业保险制度产生的渊源、推动失业保险制度发展演进的动力、当今全球失业保障制度的类型、中国失业保险制度发展历程、失业保险制度的特征和功能等进行阐述，旨在分析失业保险制度产生和发展的规律以及失业保险制度的本质功能定位。再次，运用收入—闲暇模型、工作搜寻理论等分析失业保险与再就业的关系，从理论上分析失业保险金对失业者再就业行为的影响。

第二，失业保险覆盖面及参保率问题研究。失业保险覆盖面及参保率直接影响到失业保险基金的收入来源，同时也是衡量失业保险制度发展状况的重要指标。由于对失业人员界定的不同，以城镇登记失业人员为基数计算的失业保险参保率难以准确反映中国失业保险的实际参保率。本研究以城乡经济活动人口和城乡就业人口为基数，估测城乡失业人数总量，并以此为基数，测算中国城乡劳动力的失业保险参保率。结果表明中国失业保险参保率低且覆盖人群失衡，“有保无险”和“有险无保”问题并存。扩大失业保险覆盖面是中国失业保险今后发展的重要方向。本研究对农民失业保险制度进行探析，首先介绍英国和美国等发达国家的失业保险制度，国际经验表明应该将农村劳动力纳入到失业保险制度的覆盖范围。其次，从失业保险覆盖面的角度分析失地农民对失业保险制度的需求以及影响失地农民参加失业保险意愿的因素。从失业保险基金角度看，将农民（失地农民）纳入失业保险制度，一方面可以扩大基金来源，另一方面可以提高失业保险基金的使用效率。

第三，失业保险筹资问题研究。失业保险筹资管理包括基金来源、筹资方式、筹资比例与分担、财务模式等方面。失业保险筹资方式分为失业保险统一税（费）率和失业保险差异化税（费）率两类。中国目前绝大部分地方实行的是失业保险统一费率制度，存在着效益好的企业缴费积极性低、降低失业保险统一费率缺乏科学测算等问题。本研究重点分析失业保险经验税率制度的构成、失业保险经验税率的计算方法，以明晰失业保险经验税率的运行逻辑，并在此基础上分析失业保险经验税率制度在中国的可行性。

第四，失业保险基金管理及投资运营问题研究。我国失业保险虽然实行的是现收现付制，但为了应对可能出现的失业高峰和支付高峰，必须保持一定规模的基金积累。为了确保失业保险基金的安全性和保值增值，需要研究失业保险基金管理和投资运营问题。这部分对失业保险基金统筹层次、失业保险基金管理体制、失业保险基金预算管理、失业保险基金投资管理等进行分析。

第五，失业保险金给付标准问题研究。失业保险给付水平的确定与失业保险制度的功能定位密切相关，确定失业保险金给付标准时需要坚持需求原则和激励原则。目前世界各国采用的失业保险金给付标准确定的方法有薪资比例法、均一制和混合制三种。目前中国绝大部分地区参照城市最低生活保障标准或最低工资标准，采用均一制的方法确定失业保险金给付标准，由此确定的失业保险金给付水平较低。中国失业保险金给付标准抛弃了工资替代率概念，使得失业保险制度的功能从收入维持转变成为缓解贫困。改革中国失业保险金给付标准均一制的确定方法，采用薪资比例法，还原失业保险制度的收入替代功能，是完善中国失业保险制度的题中之义。本研究运用扩展线性支出系统模型，测算出城镇居民的基本生活消费支出，并以此测算失业保险金维持失业者基本生活的替代率。测算结果表明城镇居民基本生活消费支出占工资性收入的比重基本维持在40%左右。

第六，失业保险金给付期限问题研究。失业保险金给付期限的确定与调整方法主要有以下四种：由政府确定统一的给付期限、根据失业保险交税情况确定、根据失业者的年龄调整、根据失业率调整等。目前中国采用的是根据缴费年限划分的固定给付期限，这极大地降低了失业保险制度平滑经济周期的功能的实现。本研究从失业持续时间和失业率变动的角度分析失业保险金给付期限的确定与调整机制，指出确定失业保险金给付期限时应该考虑平均失业持续时间，并随着失业率的变动对失业保险金给付期限进行调整。在分析失业保险金给付期限的确定与调整时，提出将平均失业持续时间作为确定失业保险给付期限的因素之一，并根据失业率变动调整失业保险金给付期限。本研究对美国建立的与失业率关联的失业保险金给付期限调整机制进行全面深入分析，并提出从以下方面完善中国失业保险给付期限调整机制：建立与失业率关联的失业保险金给付期限调整机制；建立兼顾全国失业率和省级失业率的延长给付期限的启动机制；建立全国性的失业保险应急基金。

第七，失业保险金与再就业问题研究。这部分重点对失业保险金给付资格条件及管理、中国失业保险金申领管理和受益率现状、失业保险促进再就业功能的实现机制及构建等方面研究如何充分发挥失业保险和就业服务体系的衔接以及优化失业保险制度促进再就业功能的实现。

全书共分为九章，具体安排如下：

第一章：绪论。介绍全书的研究背景和意义以及相关的文献综述。

第二章：失业保险金理论基础。对失业和失业保障制度的相关理论问题进行概述，同时分析失业保险和再就业关系的理论基础。

第三章：失业保险覆盖面及参保率问题研究。对中国失业保险覆盖范围及参保率现状、问题及原因进行分析，并探析农民失业保险制度。重点对失地农民的失业保险需求和参保意愿进行研究。

第四章：失业保险筹资问题研究。分析失业保险筹资相关理论基础、筹资方式分类以及我国失业保险筹资现状及存在的问题。重点研究失业保险经验税率制度的内在运行机理及在中国实行的可行性。

第五章：失业保险基金管理及投资运营问题研究。对失业保险金统筹层次、失业保险基金管理体制、失业保险基金预算管理、失业保险基金投资管理等进行分析。

第六章：失业保险金给付标准问题研究。对确定失业保险金给付标准的原则和方法进行理论分析，并对中国失业保险金给付标准存在的问题及原因进行剖析，最后采用扩展线性支出系统模型测算失业保险金替代率。

第七章：失业保险金给付期限问题研究。首先，对失业保险金给付期限的确定和调整方法进行概述，并分析中国失业保险金给付期限确定方法存在的问题。其次，重点研究与失业率关联的失业保险金给付期限确定和调整机制。

第八章：失业保险金与再就业问题研究。这一章重点对失业保险金给付资格条件及管理、中国失业保险金申领管理及受益率现状、失业保险金支出范围与再就业服务等方面进行研究，以探讨如何实现失业保险制度“保基本、防失业、促就业”三位一体功能。

第九章：结论与政策建议。

## 二、研究方法

本研究综合采用了以下四种研究方法，分别是文献研究法、比较分析法、定量分析法和系统分析法。

### （一）文献研究法

本研究采用文献研究法，了解中国失业保险制度发展历程以及中国失业保险制度现状；此外通过阅读大量的外国文献，对国外失业保险制度以及失业保险基金管理的相关研究进行总结，以分析失业保险制度及失业保险基金管理的研究动态和最新发展。

### （二）比较分析法

本研究在分析失业保险筹资方式、失业保险金给付标准、失业保险金给付期限等时，采用国际比较的分析方法，对全球失业保障制度的类型、失业保险筹资方式的类型、部分国家的失业保险金给付标准和失业保险金给付期限的确定与调整机制等进行分析。通过以上比较分析，有助于更为全面地认知全球失业保险制度发展概况，以及中国失业保险制度的特征和发展现状。

### （三）定量分析法

本研究通过结构式调查问卷的方式获取失地农民对失业保险制度需求程度以及影响失地农民失业保险参保意愿的一手数据资料，并采用二元 Logistic 回归分析方法，对失地农民失业保险问题进行实证分析。此外，本研究运用扩展线性支出系统模型（ELES）测算失业保险金替代率，为制定科学的失业保险金给付标准提供了依据。测算结果表明城镇居民人均基本生活消费支出占工资性收入的比重基本维持在 40%左右；将就业者负担人数纳入测算模型，并考虑失业者及其家庭成员之间存在的规模经济效应，就业者及其负担者的总基本生活消费支出占人均工资性收入的比重为 55. 3%。这两个替代率数据的测算为各地制定科学合理的失业保险金给付标准提供了依据和参考。

### （四）系统分析法

失业保险基金管理是失业保险制度体系中的一个子系统，通过分析中国失业保险基金管理概况和存在的问题，以及影响失业保险基金收支的各类因素，有助于更系统、更深入地分析中国失业保险制度存在的问题，对失业保险制度进行系统性地优化。一方面，通过辨析筹资主体、失业保险筹资方式、筹资比例及责任分担、失业保险金给付条件、给付标准和给付期限等因素对失业保险基金的影响，进而提出完善失业保险制度设计的对策建议。另一方面，通过完善失业保险费率厘定机制等，也有助于降低失业率，进而优化失业保险制度运行环境。采用系统分析法，有助于理清中国失业保险基金管理中的关键环节。

## 三、主要创新点

本书从失业保险基金管理的视角对中国失业保险制度进行重新审视。全书以失业保险基金收支管理为主线，分析影响失业保险基金收入、基金支出和基金累积结余的关键因素，并以提高失业保险基金使用效率为出发点，提出完善中国失业保险制度的对策建议。本研究的主要创新点如下：

第一，在对失业保险覆盖面进行分析时，本书探究将失地农民纳入失业保险制度体系的必要性和可行性，研究内容较新。随着我国城镇化进程的不断发展，城镇周边的大量农民失地又失业的风险在不断提高，将失地农民这一庞大的特殊群体纳入失业保险制度体系，一方面可以扩大失业保险制度覆盖面，扩充失业保险基金来源，另一方面通过发放失业保险金的方式保障农民失地又失业时的基本生活，可以有效提升失业保险基金的使用效率。本书对失地农民失业保险制度需求进行了分析，并使用二元 Logistic 回归模型分析影响失地农民失业保险参保意愿的因素。

第二，本书对失业保险经验税率制度进行了深入细致的研究，弥补了现有研究的不足。本书对失业保险经验税率制度发展历程、制度构成以及失业保险经验税率的计算方法等进行分析，研究表明失业保险经验税率制度能在一定程度上规避失业保险统一费率制度带来的参保负激励问题，同时能够实现失业保险税率的自动化调整。本书结合中国失业保险统一费率制度自身及各地进行的失业保险费率改革中存在的问题，以及国外失业保险经验税率制度的实践经验，总结分析了失业保险经验税率制度在中国实施的可行性。

第三，本书提出采用薪资比例法确定失业保险金给付标准，并运用扩展线性支出系统模型测算失业保险金替代率，为中国制定科学的失业保险金给付标准提供了依据。测算结果表明城镇居民人均基本生活消费支出占工资性收入的比重基本维持在40%左右；将就业者负担人数纳入测算模型，并考虑失业者及其家庭成员之间存在的规模经济效应，就业者及其负担者的总基本生活消费支出占人均工资性收入的比重为55.3%。这两个替代率数据的测算为各地制定科学合理的失业保险金给付标准提供了依据和参考。此外，本书从失业风险和经济周期之间的关系以及失业保险制度内在的反经济周期功能出发，提出根据一定时期内的平均失业持续时间确定基准的失业保险金给付期限，然后考虑失业者的失业保险费缴纳情况、失业者的年龄以及失业率等因素对失业保险金给付期限进行特殊调整。其中，根据失业率对失业保险金给付期限进行调整，能够增强失业保险制度的反经济周期功能。科学合理的失业保险金给付标准和给付期限的确定与调整机制的建立，关系到失业保险制度的优化以及失业保险基金使用效率的提高。

# 第二章　失业保险理论基础

失业保险制度是为了应对失业风险而建立起来的社会化风险化解机制。本研究的理论基础部分首先对失业的概念、失业分类、失业风险的可保性等进行概述。其次对失业保险制度产生的渊源、推动失业保险制度发展演进的动力、当今全球失业保障制度的类型、中国失业保险制度发展历程、失业保险制度的特征和功能等进行阐述，旨在分析失业保险制度产生和发展的规律以及失业保险制度的本质功能定位。再次，运用收入—闲暇模型、工作搜寻理论等分析失业保险与再就业的关系，从理论上分析失业保险金对失业者再就业行为的影响。

## 第一节　失业概述

### 一、失业及相关概念界定

根据国际劳工组织的定义，失业是指有劳动能力并愿意就业的劳动者找不到工作这一社会现象，其实质是劳动者不能与生产资料相结合进行社会财富的创造，是一种经济资源的浪费①。中国对失业人员

① 袁志刚：《失业经济学》，格致出版社、上海三联书店、上海人民出版社2014年版，第10页。

的统计定义为：失业人员是指在法定劳动年龄内（男 16—60 岁，女 16—55 岁），有工作能力，要求就业而未能就业的人员。失业主体必须具备三个条件：（1）有劳动能力；（2）愿意就业；（3）没有工作。

世界上大多数国家把 16—65 岁的人口称为劳动年龄人口，即有劳动能力的人。处于法定劳动年龄段，目前没有工作，且不愿意工作的那部分人被称为不在劳动力人口。从劳动年龄人口中减去不在劳动力人口等于劳动力人口。劳动力人口根据其现在的就业状况分为就业人口和失业人口。劳动年龄人口、劳动力人口、不在劳动力人口、就业人口和失业人口的关系如图 2-1 所示。

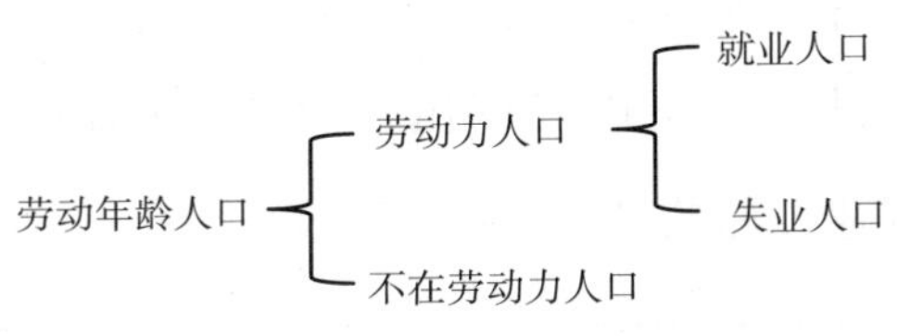


**图 2-1 劳动年龄人口划分**

在抽样调查中通常将失业人员表述为：16 周岁以上、有劳动能力、调查周内未从事有收入的劳动、当前有就业的可能并且正在以某种形式寻找工作的人。抽样调查统计中通常要求被调查者回答以下两个问题：（1）你是否拥有一份工作？如果答案是肯定的，被调查者就是一个就业者；如果答案是否定的，还需要继续问第二个问题。（2）你是否在寻找一份工作？如果答案是肯定的，就可以确定被调查者是一个失业者；如果答案是否定的，被调查者就是一个不愿意参加工作的人，如自愿留在家里的家庭妇女等，被调查者就不能被称作失业者，而称其为不在劳动力人口。

表面上看来，上述阐述清楚地划分了二种类型的人口，但是进一步探究就会发现，就业人口、失业人口和不在劳动力人口之间的边界难以清楚地界定，而且判断一个不工作的人是否是真正的失业者并不容易。主要原因在于，对以上三种类型的人口的划分是基于被调查者的回答做出的判断，被调查者对问题回答的客观性和准确性直接影响到对其就业状态的界定。比如，隐性就业人口在接受调查时若出于各种原因隐瞒自己的就业状态，调查将其界定为失业人口，而不是就业人口。此外，失业人口和不在劳动力人口的区别在于目前无工作者是否愿意继续工作，这很大程度上取决于被调查者的主观判断和回答。

在社会现实中，存在许多介于就业与失业、就业与不在劳动力人口、失业与不在劳动力人口之间的现象，我们很难明确地把它们简单地归入就业人口或者失业人口。在就业人口、失业人口和不在劳动力人口这三个概念之外，还可以发展出许多交叉的概念，如部分就业、部分失业、隐性就业、隐性失业等。

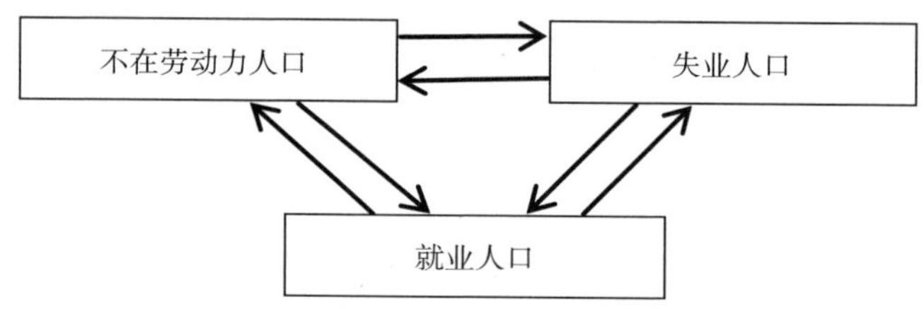


**图 2-2　劳动年龄人口的动态变化**

此外，上述分析的是从静态的角度看各类人口在一定时点上的存量。从动态的角度看，这些存量变量处于广泛的联系中，劳动年龄人口在就业人口、失业人口和不在劳动力人口之间存在动态变动关系（如图 2-2 所示）。例如，从某一时期来看，就业人口中有相当一部分人成为失业者，失业者中也会有相当一部分人重新找到工作，成为就业者。同样地，就业队伍中会有一部分人不愿意工作，主动进入不在劳动力人口；不在劳动力人口也有一部分一段时间后想寻找工作。如果他们找到了工作，就进入就业人口；如果他们找不到工作，就进入失业者队伍。最后，失业者队伍中也会有一部分人由于长期找不到工作，对重新找到工作失去了信心，如果他们主动退出劳动力市场，他们实际上就成了不在劳动力人口。[①]

## 二、失业的分类

根据不同的标准，可以把失业分为不同的类型。如根据人们的就业意愿，可将其分为自愿性失业和非自愿性失业。根据失业产生原因的不同，可将其分为摩擦性失业、周期性失业、技术性失业、结构性失业和季节性失业五类。

### （一）摩擦性失业

摩擦性失业是指人们在寻找工作或转换工作过程中面临暂时困难出现的失业现象，体现为人们寻找工作的行为和找到工作这一结果之间存在时间差。人们寻找工作过程中所面临的困难包括缺乏就业信息、就业能力不足、跨地区流动带来的时间差等，摩擦性失业的规模取决于这些困难的大小。摩擦性失业是一种经常性失业，不管在经济繁荣时期还是经济萧条时期都存在着摩擦性失业。它反映了劳动力市场经常的动态性变化，表明劳动力经常处于流动过程之中。

### （二）周期性失业

周期性失业是指由于经济的周期性变动而导致的失业。在经济发展过程中，经济的周期性波动不可避免。经济周期一般被分为繁荣、衰退、萧条和复苏四个阶段。经济繁荣时，就业机会增多，失业率下降；经济衰退和萧条时，产品的生产和需求下降，由此对劳动力需求减少，失业率上升。我国最近的一个经济周期从 2009 年开始，在

① 袁志刚：《失业经济学》，格致出版社、上海三联书店、上海人民出版社 2014 年版，第 14 页。

2010年达到峰值之后开始降落，GDP的增长率从2010年的10.4%下降到2014年的7.4%①。

## （三）技术性失业

技术性失业是指因为引进了节省劳动力的技术而导致的失业。一般来说，从短期效果来看，引进节省劳动力的技术，工人会被解雇，增加失业。但是从长期来看，如果引进的技术降低了一种产品的生产成本和销售价格，而这种产品的需求弹性又很大，则可能增加失业者的就业机会。对于受新技术直接排挤的工人来说，尤其是年龄较大的失业者，其失业持续时间可能会更长。

## （四）结构性失业

结构性失业是指由于经济结构变动而带来的失业，具体表现为由产业结构、产品结构、地区结构变动造成劳动力供给结构和劳动力需求结构失衡而引发的失业。在形成失业的原因方面，结构性失业和技术性失业存在着一定的重叠。例如，引进新技术可降低单位产品的生产成本，从而可使产品价格下降，若此类产品的需求弹性较大，产品需求因价格下降而增加，被新技术替代的工人会因生产规模扩大而重新就业。但是当此类产品需求弹性小或者无弹性时，即使产品价格下降，需求亦不增加，产品需求结构的变化导致技术性失业转换成结构性失业。此外，技术进步造成某些行业永久性地衰弱，即使工资下降也无法维持就业时，技术性失业等同于结构性失业。

我国正处在经济结构转型、产业结构调整的过程中，传统产业收缩与新兴产业扩张同时存在。在这种情况下，如果被传统产业排挤出来的大量的劳动力不能及时更新知识结构，并通过适当的渠道在新兴产业中找到就业机会，结构性失业就会产生。

① 《中国统计年鉴2014》，参见http：//www.stats.gov.cn/tjsj/ndsj/2014/indexch.htm。

### （五）季节性失业

季节性失业是指由于某些行业的生产条件或产品受气候条件的影响，使生产者对劳动力的需求呈现季节性的波动而形成的失业。季节性失业具有地域性、行业性、规律性和失业持续时间可预测性等。与其他类型的失业相比，由于季节性失业的失业时间是可以预期的。随着科学技术的进步，季节性失业有减少的趋势。例如，建筑业以前受季节变化的影响较大，但现在随着技术工艺的改进，受季节影响的程度已大为降低。

## 三、失业风险的可保性

保险是一项应对风险的机制。失业保险制度应对的是摩擦性失业风险、结构性失业风险、技术性失业风险和周期性失业风险等。值得注意的是，并不是所有类型的失业风险都可以通过失业保险制度来防范和化解。比如季节性失业可预见性高，因此可以有计划地在劳动力需求不足的时期谋求其他工作，减少因季节性失业带来的收入损失，这类失业不是失业保险制度设计时要应对的失业风险。

失业风险是否可保，失业保险机制能否有效运行，取决于以下几个方面：

（1）非自愿失业风险。保险机制应对的风险应该是非自愿风险，即非人为风险。为了使得失业保险机制有效运行，各国失业保险制度规定，失业保险制度只保障那些非自愿失业风险，即非自身因素造成的失业风险。但是由于各个国家对失业保险领取资格规定的不同，也存在着背离该原则的情形。

（2）存在经济损失。失业保险制度应对的是失业时工资收入减少的风险，因此存在因失业带来的经济损失。

（3）风险可检验性。各国往往通过雇主提供报告的方式证明雇员失业，即其失业风险可验证。但是仍然存在难以验证失业者是因为自身原因还是因为客观原因失业的情形，例如是失业者辞职还是被解雇造成的失业。此外，难以验证失业者是否仍然处于失业状态以及其是否仍然能够工作。因此，在失业保险制度中存在着道德风险问题。

（4）符合大数法则。由于失业保险制度覆盖面广，参保人数众多，符合大数法则。此外，如果实行全覆盖式的失业保险制度，则能够降低参保者的逆向选择。

（5）失业可预期。最后一项也是最重要的一项是失业风险是否可预期，这直接关系到失业保险制度设计。随着信息技术的发展，能够对失业的特点进行分析，同时对失业趋势进行预测。

以上分析表明，失业风险具有可保性，失业保险制度是遵循保险原则建立起来的。但是由于失业保险是社会保险项目之一，具有特定的社会目标，一定程度上影响到其保险特征。比如失业保险制度规定失业保险金给付标准的最低限，由此工资收入低的失业者的失业保险金替代率高于高工资收入的失业者的失业保险金替代率，此项规定旨在提高低工资收入者的失业保险金水平，从而保障其失业后的基本生活。此外，部分国家在为失业者提供失业保险金的同时提供抚养者津贴，以保障其家属的基本生活。而且特定情形下，由于自身原因造成的失业也能得到失业保险金。此外，失业保险待遇领取规定方面也有别于商业保险。如失业保险制度规定失业保险金领取期限与失业保险交税期限关联，且规定失业保险交税最短期限等。在商业保险中，往往不对交税期限长短以及待遇领取期限长短进行限定。失业保险由于其社会保险特性，使得其有别于纯粹的商业保险。但是失业保险制度发挥的社会功能，并不从本质上改变其保险特性，这主要表现在其筹资以及失业保险金发放等诸方面。

# 第二节　失业保障制度概述

## 一、全球失业保障制度的产生与发展历程

就业者自身、家庭、用人单位、工会和教会等组织以及政府等都是可能的应对失业风险的主体。对失业风险的承担和转移经历了一个历史性的过程。失业风险最早是由失业者个人及家庭承担的，后来发展到行会或工会组织互助互济及政府或教会用“济贫”的方式救助，再后来发展到实施自愿性的失业保险制度，最后才发展到用社会保险技术来分散失业风险①。具体来看，失业保障制度的产生和发展历程可以分为以下几个阶段②③：

### （一）公共失业救助阶段

英国工业化起步早，也较早开始失业救济。自人类进入工业社会以来，随着生产力的发展，机器在很多方面替代了劳动力，失业成为每个劳动者都可能面临的一种社会风险。

16世纪英国圈地运动迫使众多农民背井离乡，沦为流浪汉，失业现象日益严重。英国统治者被迫考虑救济贫民问题，伊丽莎白一世在前人制定的有关济贫规定的基础上，制定并颁布了英国历史第一部专门的济贫法——《伊丽莎白济贫法》，又称“旧济贫法”。它规定

① 林义：《社会保险》，中国金融出版社2003年版，第215页。

② Blaustein，S. J.，*Unemployment Insurance in the United States：The First Half Century*，Kalamazoo：W. E. Upjohn Institute for Employment Research，1993，pp. 85-90.

③ 从各类失业保障制度发展的起始时间来看，全球失业保障制度经历了文中分析的几个阶段，但是需要注意的是，部分国家存在同时采用多种失业保障方式的情况。

以教区作为济贫的基本单位，并将贫困者划分为三类：一类是无工作能力的老病残障者；一类是失去依靠的儿童；最后一类是有劳动能力者，对于这一类人不予救助，强制其做工自给。救济资金的来源则分为济贫税、自愿捐款以及罚款三项。

1834 年英国议会通过《济贫法（修正案）》，这是 1601 年以后最重要的济贫法，史称“新济贫法”。该法取消“斯皮纳姆兰制”的家内救济，规定受救济者必须是被收容在习艺所中从事苦役的贫民。习艺所内的生活条件极为恶劣，劳动极其繁重，贫民望而却步，被称为劳动者的“巴士底狱”。19 世纪末期工业化带来的贫困问题进一步凸显了济贫法的严厉性以及其救助的不足。而此时自愿性的慈善救助也难以解决日益严重的失业以及贫困问题。可见，将失业问题纳入到已有的公共救助体系，具有极大的局限性。

由于英国济贫法难以解决工业化发展时期严重的失业问题，而工会建立实施的失业金给付项目在覆盖面以及待遇水平等方面也存在着不足，英国政府于 1911 年建立起全国性的强制性失业保险制度，并将其作为《全国保险法案》（*National Insurance Act*）的一部分。后文将对英国强制性失业保险制度做具体介绍。

### （二）工会提供失业金阶段

随着工业化的发展，工会建立起失业金给付项目以应对工业化时期的失业风险，为成员提供失业金。该项目由雇员工作时期交纳一定的费用建立起失业基金，以用于失业金发放。1824 年，英国的蒸汽机制造协会为其成员提供失业金；1846 年，比利时打印机协会也为失业成员提供工作搜寻补贴①。为应对失业风险，1893 年瑞典印刷商协会

① Industrial Relations Counselors Inc. , *A Historical Basis of Unemployment Insurance*, Minneapolis: the University of Minnesota Press, 1934, p. 5.

(Swedish Typographers Assosiation) 设立了第一支失业保险基金——“互助基金”，资金主要来源于会员费，向满足条件的失业基金会员支付现金[①]。随后，瑞典其他许多工会陆续建立了类似的基金。

但是由于工会建立的失业金给付项目仅限于工会成员，而那些技能水平较低、未加入工会组织的工人则不能享受到失业保障；此外，由于工会建立的失业金给付项目的资金完全来源于雇员的缴费，经费有限，难以为失业成员提供较高水平的失业金给付，保障水平过低[②]。此外，没有财政支撑的失业保险基金抵御经济波动风险的能力不足[③]。

### （三）自愿性失业保险发展

由工会建立起来的失业金给付项目为后来政府建立的强制性失业保险项目提供了启示。为了使那些已经存在的失业互助团体更好地发挥作用，瑞典国会于1934年通过了有关自愿失业保险的第一个法案，该法案允许工会组建的失业保险基金到政府进行登记，从而获得国家的承认和资助[④]。在此之前的1890—1905年期间，在面临严重的失业问题时，欧洲大陆的几个城市，为那些非工会成员提供自愿性的失业保险项目。该项目由当地政府管理，其经费来源于政府补贴和工人缴费，并接受雇主以及其他人员的捐助。此阶段由政府部分组织并负责管理的自愿性失业保障制度项目有：1893年瑞士伯尔尼建立的由公共部门负责的自愿失业保险项目；1896年开始，德国科隆等一些城

---

① 杨伟国、李光耀、李欣：《瑞典失业保障政策：历史、现状与述评》，《教学与研究》2015年第1期，第27页。

② Industrial Relations Counselors Inc., *A Historical Basis of Unemployment Insurance*, Minneapolis: the University of Minnesota Press, 1934, p. 5.

③ 杨伟国、李光耀、李欣：《瑞典失业保障政策：历史、现状与述评》，《教学与研究》2015年第1期，第27页。

④ 杨伟国、李光耀、李欣：《瑞典失业保障政策：历史、现状与述评》，《教学与研究》2015年第1期，第27页。

市也开始建立类似的项目，即通过建立地方基金的方式提供失业保障，但是起初该制度只覆盖那些冬季失业的人群；1896 年意大利博洛尼亚建立了地方政府自愿性失业保险制度；1903 年德国莱比锡城建立了独特的失业保险制度，即根据失业风险将工人分为不同的类型，并且根据就业连续性设置不同的参保缴费和待遇水平①。

由于参保人数较少，且雇主和其他人员的捐助较少等，该类项目实施结果并不理想。此外，由于该类项目实施自愿原则，参加该类项目的人员多为失业风险较高的非正规就业的低技能人员，而失业风险相对较低的正规就业人员则不愿意参加。政府补贴的自愿失业保险制度因为难以应对日益增长的支出而很快宣告结束。

政府补贴建立的自愿性失业保险项目失败之后，部分地方实施由政府为工会提供补贴，由工会建立和管理的失业保险金项目。由工会建立失业保险制度的优势在于：参加同一个工会的工人往往具有相似的工艺，因此失业风险大小相近；工会成员更加熟悉彼此的情况。因此，政府开始资助工会建立失业保险制度。1896 年法国第戎市政府为工会失业基金提供定额的补贴，以鼓励工会建立失业保险制度②。政府提供的补贴与上一年度的失业保险金支出相关联。1901 年比利时根特市通过政府为工会成员直接提供补贴的方式建立失业保险项目，政府提供的补贴用于建立公共失业基金。在该项制度下，工会失业成员除了得到工会提供的失业保险金之外，同时得到公共失业基金提供的失业保险金。政府为公共失业基金提供的补贴是基于上一年的失业保险金支出情况来确定的。此后德国的其他城市以及意大利的部

① Industrial Relations Counselors Inc., *A Historical Basis of Unemployment Insurance*, Minneapolis: the University of Minnesota Press, 1934, p. 6.

② Industrial Relations Counselors Inc., *A Historical Basis of Unemployment Insurance*, Minneapolis: the University of Minnesota Press, 1934, p. 6.

分城市也开始建立类似的项目。[①]

以上自愿性失业给付项目得到了一定程度的发展，扩大了失业保险覆盖面，同时在经济不景气时期发挥了失业保险制度的保障功能。但是由于该类项目都局限于工会成员内部，非工会成员不能参加失业保险制度，此时的失业保险制度仍然存在着覆盖面较窄的问题，产业工人参加失业保险的比重不足50%[②]。

### （四）强制性失业保险发展

瑞典圣高尔公社最早于1894年尝试建立强制性失业保险制度，该制度规定工资收入低于一定水平的工人必须参加失业保险，且按照工资的一定比例交纳失业保险税，失业保险待遇水平和失业保险税交纳水平挂钩。该制度初期只在部分地区试行，有着稳定工作的人迁移至不需交纳强制性失业保险的地方工作，从而规避失业保险交税。由于参保人数的减少，该项制度于1897年停止实施[③]。

英国是第一个最早于1911年建立全国性强制性失业保险制度的国家[④]。在此之前，英国各界对于失业问题以及如何建立失业保障机制也经历过长时间的讨论。社会改革家指出英国救济制度认为有劳动能力的失业者应该为自身负责的理念存在问题，并提出失业者是工业化和社会需求不足的受害者，应该由社会来负责解决失业问题。1909年，威廉·贝弗里奇在剑桥大学的演讲中，首次公开倡导"失业：一

① Blaustein，S. J.，*Unemployment Insurance in the United States：The First Half Century*，Kalamazoo：W. E. Upjohn Institute for Employment Research，1993，p. 84.

② Industrial Relations Counselors Inc.，*A Historical Basis of Unemployment Insurance*，Minneapolis：the University of Minnesota Press，1934，p. 6.

③ Blaustein，S. J.，*Unemployment Insurance in the United States：The First Half Century*，Kalamazoo：W. E. Upjohn Institute for Employment Research，1993，p. 85.

④ Blaustein，S. J.，*Unemployment Insurance in the United States：The First Half Century*，Kalamazoo：W. E. Upjohn Institute for Employment Research，1993，p. 85.

个工业化带来的问题”的观点。①

1906 年，英国皇家调查委员会被任命研究英国济贫法改革。该委员会提出通过职业导向的教育、公共就业服务以及对就业进行监管的方式解决失业问题。而对于那些找不到工作的失业者，则通过公共救助的方式予以救济。该委员会同时提出建立失业保险制度，尤其是为低技能和无组织的雇员提供失业保险。该委员会提倡通过提供政府补贴的方式建立自愿性的失业保险制度。威廉·贝弗里奇也支持提供公共就业服务，但是其认为由于一些失业是不可避免的，因此支持建立强制性的失业保险制度以解决失业问题。

英国强制性失业保险制度建立初期覆盖失业率较高的行业，如建筑业、造船业、铸造业、机械工程业等。但是季节性的行业，如棉纺业以及采矿业工人则被排除在外。此时的失业保险金水平较低，且规定了较为严格的申请条件。1920 年英国失业保险制度覆盖范围扩大至除农业工人、家庭雇工、公务人员、铁路工人和其他公共机构就业人员以外的所有工人。② 1936 年英国将失业保险覆盖面扩大至受雇的农业工人、园艺工人和林业工人③。英国失业保险由雇主和雇员交税，同时由国家财政提供资金，建立全国性的失业保险基金。英国失业保险制度是一个真正较为完整的强制性失业保险制度雏形。

继英国之后，意大利、奥地利、澳大利亚（昆士兰）、波兰、保加利亚、德国、美国等纷纷效仿，陆续建立了强制性失业保险制度。

---

① Blaustein, S. J., *Unemployment Insurance in the United States: The First Half Century*, Kalamazoo: W. E. Upjohn Institute for Employment Research, 1993, p. 86.

② Blaustein, S. J., *Unemployment Insurance in the United States: The First Half Century*, Kalamazoo: W. E. Upjohn Institute for Employment Research, 1993, pp. 87-88.

③ Cohen, J. W., *Unemployment Insurance and Agricultural Labor in Great Britain*, Washington: Committee on Social Security, Social Science Research Council, 1940, p. 5.

20 世纪 30 年代初世界性经济危机造成了大规模失业，经济危机中失业保险制度发挥了保障失业者生活、促进失业者再就业和维护社会稳定的功能。大危机后，失业保险制度在欧洲、北美洲、大洋洲的工业化国家普遍建立起来。

如表 2-1 所示：至 1935 年，欧洲有 17 个国家建立了某种形式的失业保障制度，其中 7 个国家建立了全国性的强制性失业保险制度；美国威斯康辛州于 1932 年开始探索建立强制性失业保险制度，美国全国性的失业保险制度此时尚未建立；10 个国家实行由政府提供补贴，工会或者私人协会建立的自愿性失业保险制度；卢森堡、南斯拉夫和新西兰在 1935 年以前实行失业救助制度。据统计，1934 年参加强制性失业保险制度和自愿性失业保险制度的总人数为 4200 万左右；当时的工业化国家中，只有法国、加拿大、美国和澳大利亚没有建立全国性的强制性失业保险制度①。

**表 2-1　1935 年以前建立了公共失业保障制度的国家情况**

| 制度类型 | 国　家 | 第一部失业保障法颁布时间 |
|---|---|---|
| 强制性失业保险制度 | 英　国 | 1911 年 |
| | 爱尔兰 | 1911 年 |
| | 意大利 | 1919 年 |
| | 奥地利 | 1920 年 |
| | 澳大利亚（昆士兰） | 1922 年 |
| | 波　兰 | 1924 年 |
| | 保加利亚 | 1925 年 |
| | 德　国 | 1927 年 |
| | 美国（威斯康辛州） | 1932 年 |

① Industrial Relations Counselors Inc., *A Historical Basis of Unemployment Insurance*, Minneapolis: the University of Minnesota Press, 1934, p. 11.

续表

| 制度类型 | 国　家 | 第一部失业保障法颁布时间 |
| --- | --- | --- |
| 为自愿性失业保险制度提供补贴 | 法　国 | 1906 年 |
| | 挪　威 | 1906 年 |
| | 丹　麦 | 1907 年 |
| | 荷　兰 | 1916 年 |
| | 芬　兰 | 1917 年 |
| | 西班牙 | 1919 年 |
| | 比利时 | 1920 年 |
| | 捷克斯洛伐克 | 1924 年 |
| | 瑞　士 | 1924 年 |
| | 瑞　典 | 1934 年 |
| 失业救助制度 | 卢森堡 | 1921 年 |
| | 南斯拉夫 | 1927 年 |
| | 新西兰 | 1930 年 |

资料来源：Blaustein，S. J.，*Unemployment Insurance in the United States：The First Half Century*，Kalamazoo：W. E. Upjohn Institute for Employment Research，1993，pp. 82-83；Industrial Relations Counselors Inc.，*A Historical Basis of Unemployment Insurance*，Minneapolis：the University of Minnesota Press，1934，pp. 9-10.

### （五）当今失业保险制度发展方向：就业导向型失业保险制度

20 世纪 60 年代，发达的工业化国家都强调发展社会保障制度来建立福利国家。20 世纪 70 年代末以来，面临经济滞胀和居高不下的失业率，发达国家开始收缩社会保障制度，对失业保险制度进行改革，陆续修订失业保险法规，进一步明确其促进再就业的功能。进入 20 世纪 90 年代，失业保险制度改革的定位更加清晰，即建设“就业导向型”的失业保险制度，强调“从福利到工作”的改革（From Welfare to Work）。1988 年国际劳工组织制定的《促进就业和失业保护公约》也与此前失业保险方面的国际公约有很大不同，之前侧重强调为失业者提供基本生活保障，1988 年的公约则要求采取适当的步骤使失业保护制度与就业政策相协调，尤其要发挥失业津贴的作用，促进充分的、生产性的和自由选择的就业。

例如，20世纪90年代，美国、加拿大、英国、德国、日本、韩国等国家在现有的失业（就业）保险制度基础上实施积极的劳动力市场政策。

美国于1993年建立失业者档案以及再就业服务系统（Worker Profiling and Reemployment Services，WPRS）。这项制度要求美国各州就业服务机构建立对失业保险金领取者的特征进行统计分析的系统。通过这套系统可以更清楚地识别哪些是领取完失业保险金后还难以再就业的失业者。就业服务机构为这类失业者提供有针对性的再就业培训和服务。研究表明，美国建立的工人特征分析和再就业服务制度能够有效地减少失业保险金支出和缩短失业保险金领取周数①。美国1998年实施的《劳动力投资法案》（*Workforce Investment Act*）通过建立“一站式就业服务中心”（One-stop Centers）进一步整合了美国失业保险、就业服务、失业工人和年轻人就业培训、老兵就业和培训、职业培训等工作。② 美国失业保险制度改革还规定，失业者可以使用一部分失业保险津贴作为培训费用和再就业保证金。数据显示，2000年美国失业保险金支出占GDP比重为0.21%，失业保险金和其他就业服务支出占GDP比重为0.29%③。

---

① Yoo，K.，Chang，J.，*Active Labor Market Polices and Unemployment Insurance in Selected Countries*. Seoul：Korea Labor Institute，2002，p. 90.

② Yoo，K.，Chang，J.，*Active Labor Market Polices and Unemployment Insurance in Selected Countries*. Seoul：Korea Labor Institute，2002，p. 396.

③ Yoo，K.，Chang，J.，*Active Labor Market Polices and Unemployment Insurance in Selected Countries*. Seoul：Korea Labor Institute，2002，p. 35.

加拿大联邦政府于1940年通过颁布《失业保险法》（*Unemployment Insurance Act*）建立起全国性的失业保险制度①。该法规定失业保险金的领取条件是：有再就业意愿的失业者，且在过去180天内缴纳了失业保险费。此时失业保险金最长给付期限是1年。该法同时规定以下情况不能（或停止）领取失业保险金：参加过罢工的工人；由于自身过失失业、无正当理由的辞职、拒绝接受工作介绍等情况则在6个星期内不能领取失业保险金；由于疾病、工伤、怀孕等而失业的，不能领取失业保险金。此后加拿大《失业保险法》历经数次修改，如扩大失业保险覆盖面，将季节性工人纳入；将失业保险金给付期限由1年调整至36周。1957年至1962年期间，由于经济危机影响，加拿大失业率达到7%，加拿大政府意识到人力资源培训和安置更为重要，失业保险制度应该作出相应改革，由单一的失业保险金发放转向同时提供一定的再就业培训和安置服务②。1970年加拿大联邦政府公布了《20世纪70年代的失业保险制度》白皮书，提出调整失业保险制度，为失业者提供经济帮助的同时，提供积极的就业服务来帮助就业者适应劳动力市场的变化。加拿大强调劳动力市场的平等性，以上改革都是为了确保经济社会主流对所有的市场个体都是开放的③。1990年至1995年期间，加拿大联邦政府采取了一系列措施来缩减失业保险金支出：1990年缩短了失业保险金给付期限，1994年进一步缩短了给

① “Employment Insurance in Canada: History, Structure and Issues”, http://www.mapleleafweb.com/features/employment-insurance-canada-history-structure-and-issues.html.

② “Employment Insurance in Canada: History, Structure and Issues”, http://www.mapleleafweb.com/features/employment-insurance-canada-history-structure-and-issues.html.

③ “Employment Insurance in Canada: History, Structure and Issues”, http://www.mapleleafweb.com/features/employment-insurance-canada-history-structure-and-issues.html.

付期限，并且将失业保险金替代率降至55%[①]。1996年加拿大颁布了《就业保险法》（*Employment Insurance Act*），与此同时将失业保险更名为就业保险，以更加清晰地表明该项制度的基本目标是促进就业，而不是提供失业支持，强调劳动力市场政策应该由消极的资金帮助转向积极的再就业政策。加拿大《就业保险法》同时将失业者和参加就业保险的就业者纳入保障范围，将待遇分为失业保险金（失业补贴）和就业津贴（Employment Benefits）两类。就业津贴旨在帮助参保者维持或获得工作，包括以下类型的就业津贴：鼓励雇主雇佣工人，向雇主支付的津贴；鼓励工人就业的津贴，如临时补充收入（Temporary Earnings Supplements）；为失业者自主创业提供津贴；提供就业培训津贴以提高就业保险参保者的就业能力[②]。此外《就业保险法》强调建立全国性的就业服务体系，为就业者和雇主提供就业方面的信息。

20世纪90年代英国社会保障支出增长迅速，1994—1995财政年度社会保障支出总额占财政支出的三分之一[③]。为此，1994年开始英国对社会保障制度进行了如下改革：（1）更好地瞄准需要帮助的人；（2）鼓励自助；（3）激励就业。英国对失业保险制度的改革是英国社会保障制度改革的重要组成部分，1994年政府提出将失业保险制度改革为类似于就业者津贴的制度，以激励失业者尽快实现再就业。1995年英国颁布了《求职者法案》（*Jobseekers Act*），正式提出从1996

① Viprey, M., "Canada From Unemployment Insurance to Employment Insurance: the Disengagement of the State", http://www.etui.org/content/download/21687/181092/file/.

② *Employment Insurance Act* (Version of document from 2017-03-12 to 2017-04-12), http://laws-lois.justice.gc.ca/eng/acts/e-5.6/20170312/P1TT3xt3.html.

③ Wu J., "Unemployment-Related Benefits System in the United Kingdom", www.legco.gov.hk/yr99-00/english/sec/library/e15.pdf.

年开始将失业保险金制度改为求职者津贴制度（Jobseeker's Allowance），并将求职者津贴分为与交税关联的求职者津贴和非交税型求职者津贴。非交税型求职者津贴属于社会救助补贴，它附带了较为严格的家庭财产调查和就业行为调查，强调申请人必须积极努力地寻找工作。

2014 年英国与交税关联的求职者津贴发放标准为：25 岁以上者每周发放 72.4 英镑，25 岁以下者每周发放 57.35 英镑；该津贴等待期为 3 天，最长给付期限为 26 周①。非交税型求职者津贴由英国国家财政负担，具体来看分为基于家计调查的求职者津贴和基于家计调查的普遍性津贴，两者都是根据申请者的年龄、家庭收入来源和家庭结构确定发放标准。具体来看，基于家计调查的求职者津贴给付标准为 57.35 英镑至 72.4 英镑每周，最长给付期限为 26 周；基于家计调查的普遍性津贴的发放标准为 350 英镑至 500 英镑每周。②

英国《求职者法案》要求申请失业保险金者签订《求职者协议》（Jobseeker's Agreement）。该协议列明了津贴领取者能否就业、寻找工作的类型、求职者为找工作和提高就业能力做出的努力、就业服务机构能够提供的服务类型等。《求职者协议》一方面可以使得津贴申领者更清楚自己的职责，另一方面也为就业服务机构监督津贴申领者的再就业行为提供依据。除此以外，英国政府建立起"重回工作津贴"制度（Back to Work Bonus）来鼓励失业者从事兼职劳动。英国也建立起就业服务站（Job Center Plus）来提供综合性的就业服务，涉及

① 美国社会保障署，"Social Security Programs Throughout the World：Europe，2014"，http：//www.ssa.gov/policy/docs/progdesc/ssptw/。

② 美国社会保障署，"Social Security Programs Throughout the World：Europe，2014"，http：//www.ssa.gov/policy/docs/progdesc/ssptw/。

失业保险、就业服务、职业培训和公共救助等。此外，英国还实行就业服务新政（New Deal Programs），为失业者提供深入的、个性化的咨询服务，以提高失业者的再就业能力。[①]

## 二、全球失业保障制度类型

通过上一小节的分析可知，在失业保障制度发展过程中，失业救助、自愿性失业保险和强制性失业保险历经了先后发展过程，但是从全球范围来看，以上各类失业保障项目仍然同时存在。失业保障制度的建立和发展与工业化发展进程以及经济发展水平紧密联系。据国际社会保障协会（International Social Security Association）和美国社会保障署（Social Security Administration of the United States）的最新调查统计，在被调查的177个国家中建立了专门的失业保障制度的国家有81个，尚未建立失业保障制度或者未接受此次调查统计的国家有96个。各大洲建立失业保障制度的情况如表2-2所示：欧洲绝大部分国家建立了失业保障制度，且占全球建立了失业保障制度的国家总数的一半以上，而非洲建立了独立的失业保障制度的国家极少。

**表2-2　建立失业保障制度的国家数量及地区分布**

| 地区分类 | 建立失业保障制度的国家数量（个） | 未建立失业保障制度的国家数量（个） |
|---|---|---|
| 亚洲 | 21 | 28 |
| 欧洲 | 43 | 2 |
| 非洲 | 5 | 42 |

① Yoo, K., Chang, J., *Active Labor Market Polices and Unemployment Insurance in Selected Countries*. Seoul: Korea Labor Institute, 2002, p. 396.

续表

| 地区分类 | 建立失业保障制度的国家数量（个） | 未建立失业保障制度的国家数量（个） |
| --- | --- | --- |
| 美洲 | 12 | 24 |
| 总计 | 81 | 96 |

资料来源：根据美国社会保障署“Social Security Programs Throughout the World”相关资料整理而得，参见 http：//www. ssa. gov/policy/docs/progdesc/ssptw/。

通过对全球失业保障制度发展历程进行总结，当今失业保障制度可以分为失业救助、自愿性失业保险、强制性失业保险和双重性的失业保障制度四种类型。

## （一）失业救助（津贴）制度

失业救助（津贴）制度一般是由政府组织实施的，其特点是需要对失业人员的经济情况进行调查，失业救助金（失业津贴）只发放给符合经济情况调查规定的救济条件的失业人员①。澳大利亚、新西兰、巴西以及中国香港地区未建立专门的失业保险制度，而是实行失业救助（津贴）制度。

接下来以澳大利亚失业津贴制度为例进行分析。虽然澳大利亚昆士兰地区于 1922 年试行了强制性失业保险制度，但是并未在全国推开。澳大利亚于 1944 年建立起基于收入调查的失业津贴制度，雇主和雇员都不交纳失业保险税，失业津贴资金完全来源于政府的一般性税收收入。

澳大利亚失业津贴制度包括年轻人津贴（Youth Allowance）、新就业者津贴（Newstart Allowance）和育儿津贴（Parenting Allowance）等，每项津贴针对特定年龄，且收入低于一定水平的失业者，通过提

① 杨伟明、罗桂芬：《失业保险》，中国人民大学出版社 2000 年版，第 57 页。

供医疗补助、租房补助等方式提供失业津贴[①]。

澳大利亚的年轻人津贴是基于家计调查的，16 岁至 21 岁的未就业年轻人可以申请，但是该类人群必须参加教育或培训项目、在努力寻找工作、积极参加就业相关的活动。年轻人津贴的给付标准是每两周 220. 4 澳元至 527. 5 澳元，根据申请者的年龄、居住情况、婚姻状况、抚养子女情况来定[②]。

新就业者津贴的申请资格条件是：22 岁以上退休年龄以下的失业者；永久居住在澳大利亚且在领取新就业者津贴期间都在国内；失业者有就业能力和就业意愿。新就业者津贴给付标准如下：22 岁以上未就业夫妻可以领取的津贴为每两周 447. 7 澳元/每人；22 岁以上未就业的单身人士可以领取的津贴为每两周 492. 6 澳元；单身且有抚养者的失业者可以领取到的津贴为每两周 553 澳元；60 岁以上且未达到退休年龄的失业者可以领取到的津贴为每两周 533 澳元[③]。

澳大利亚育儿津贴的申请条件是：单身人士照顾 8 岁以下的子女或者夫妻照顾 6 岁以下的子女，且是澳大利亚公民。育儿津贴给付标准是：夫妻共同抚养子女的，每两周支付 447 澳元津贴；单独抚养子女的，每两周支付 663. 7 澳元津贴；因为生病或者监禁等分开的夫妻，每两周支付 533 澳元津贴[④]。此外，为育儿津贴申领者提供租房补贴、远距离交通补贴、医疗补助等。

---

① 美国社会保障署，“Social Security Programs Throughout the World：Asia and the Pacific，2012”，http：//www. ssa. gov/policy/docs/progdesc/ssptw/。

② 美国社会保障署，“Social Security Programs Throughout the World：Asia and the Pacific，2012”，http：//www. ssa. gov/policy/docs/progdesc/ssptw/。

③ 美国社会保障署，“Social Security Programs Throughout the World：Asia and the Pacific，2012”，http：//www. ssa. gov/policy/docs/progdesc/ssptw/。

④ 美国社会保障署，“Social Security Programs Throughout the World：Asia and the Pacific，2012”，http：//www. ssa. gov/policy/docs/progdesc/ssptw/。

## （二）自愿性性失业保险

自愿性性失业保险一般是由工会组织实施的，雇主、雇员自愿参加，由工会建立的失业保险基金会管理，由政府提供一定的资金支持。丹麦于1907年实行自愿性的失业保险制度。丹麦的失业保险制度覆盖范围较广，凡是雇员、自雇者、参加了至少18周的职业培训的人员、政府雇员以及军人等都可以参加失业保险制度。参加失业保险者按照本人月收入总额的8%交纳失业保险税和自愿性提前退休税①，同时根据失业保险基金的变动调整税率②。丹麦规定自雇者也可以参加失业保险制度，按工资或者收入的8%交纳失业保险税。雇主只为特定类型的雇员交纳失业保险税。政府为失业保险基金提供一定的补贴。

丹麦失业保险制度规定享受失业保险待遇的资格条件是：成为某一失业保险基金成员的时间长于12个月且在过去3年中工作了52周以上（或者工作1924小时以上），且非因个人原因失业③。丹麦规定的失业保险给付水平为：失业保险金为失业前12周的个人平均工资的90%，且最长领取期限为2年；年龄为55岁至59岁的失业保险金领取者可以领取失业保险金至60岁，即达到领取养老金年龄；失业保险金的最高额是4075克朗/每周④。此外，丹麦还规定了领取部分失业保险金的条件：在过去12个月里是某一失业保险基金的成员且工作时间超过34周（或者工作1258小时以上）。部分失业保险金是

---

① 丹麦将失业保险制度和提前退休制度合并实施，8%的交税比例同时用于这两项支出。

② 美国社会保障署，“Social Security Programs Throughout the World：Europe，2014”，http：//www. ssa. gov/policy/docs/progdesc/ssptw/。

③ 美国社会保障署，“Social Security Programs Throughout the World：Europe，2014”，http：//www. ssa. gov/policy/docs/progdesc/ssptw/。

④ 美国社会保障署，“Social Security Programs Throughout the World：Europe，2014”，http：//www. ssa. gov/policy/docs/progdesc/ssptw/。

全额失业保险金最高额的66.7%，即约为2718克朗/每周。

丹麦的失业保险制度由就业部和国家劳动部共同进行宏观指导和监管，由授权的失业保险基金会负责失业保险税征收和失业保险待遇发放等日常工作。

### （三）强制性失业保险

强制性失业保险是由政府制定实施的，凡是符合失业保险条件的人都必须参加失业保险[①]。瑞士于1924年开始实行强制性社会失业保险制度。瑞士规定居住在瑞士的受雇者都要参加失业保险制度，而自雇者则不被要求参加失业保险。受雇者交纳个人收入的1.1%作为失业保险税（最高额为10500法郎），同时交纳个人收入的0.5%作为社会团结税（Solidarity Contribution）；雇主按照相同比例交纳失业保险税和社会团结税（即受雇者工资收入的1.6%）；此外政府按照参保者工资收入总额的0.159%给予补贴，用于就业服务和劳动力市场相关服务支出，失业保险基金入不敷出时政府按照市场利率给予失业保险基金贷款[②]。

瑞士规定在过去2年中交纳失业保险税满12个月，非因个人原因失业，且有就业能力和就业意愿的失业者可以申请领取失业保险金。瑞士规定的全额失业保险金给付水平为失业前工资收入的80%；如果失业者无25岁以下的子女需要抚养，且每日领取的失业保险金超过140法郎，则失业保险金标准为失业前工资收入的70%[③]。瑞士规定的失业保险金发放期限为：交纳失业保险税12个月以上的，给付期限为260天；交纳失业保险税18个月以上的，给付期限为400天；

---

① 杨伟明、罗桂芬：《失业保险》，中国人民大学出版社2000年版，第56页。

② 美国社会保障署，“Social Security Programs Throughout the World：Europe，2014”，http：//www.ssa.gov/policy/docs/progdesc/ssptw/。

③ 美国社会保障署，“Social Security Programs Throughout the World：Europe，2014”，http：//www.ssa.gov/policy/docs/progdesc/ssptw/。

交纳失业保险税22个月以上，且55岁以上或者正在领取残疾退休金的，给付期限为520天；年龄低于25岁且无子女要抚养的，给付期限为200天；无交税时间长短要求的，给付期限为90天①。此外，由于连续18个月以上工作时间减少而引起收入损失时，可以申请部分失业保险金，部分失业保险金的给付标准为收入损失部分的80%。

瑞士强制性失业保险制度由以下主体参与管理：瑞士经济事务总局秘书处负责失业保险基金的批准和监管；瑞士联邦社会保险委员会负责监督失业保险税交纳；州和地区的失业保险基金会以及政府批准的失业保险基金会负责州、地方或者特定行业的失业保险制度运行；地区就业机构和政府部门批准的就业服务机构负责失业保险金领取者的再就业服务工作。

### （四）双重性的失业保障制度

双重性的失业保障制度又分为三类：一类是强制性失业保险制度和国家失业救助制度相结合的失业保障体系；一类是自愿性失业保险和失业救助相结合的失业保障体系；另一类是强制性失业保险和自愿性失业保险相结合的失业保障体系。目前大部分国家实行双重性失业保障制度。

#### 1. 强制性失业保险制度和国家失业救助制度相结合的失业保障体系

德国、法国等实行强制性失业保险制度和国家失业救助制度相结合的失业保障体系。

德国的失业保障制度可以追溯到19世纪。当时的经济危机导致大量失业，德国的工人们自发地组织起来，建立了劳动者福利中心，

① 美国社会保障署，“Social Security Programs Throughout the World：Europe，2014”，http：//www.ssa.gov/policy/docs/progdesc/ssptw/。

成为德国最早的失业保障机构。德国的失业保险制度最初是根据1927年颁布的《职业介绍法和失业保险法》建立起来的。80多年来，该法律经过几次较大的修正，德国失业保险制度的内容渐趋完善，其实施过程也更为规范。德国所有受雇者，包括家庭雇员、实习人员、接受培训人员等都被强制要求参加失业保险制度。灵活就业人员则不在强制性失业保险制度的覆盖范围。德国制度规定雇主和雇员都按照雇员收入的1.5%交纳失业保险税，同时由政府规定失业保险税基上限，2014年失业保险税基上限为71400欧元①。德国失业保险基金实行全国统筹管理，基金收入全部归到联邦劳动总局。德国失业保险基金主要用于失业保险金发放和促进就业。确定失业保险金的标准主要考虑两个因素：一是工资净收入；二是有无抚养子女。失业保险金发放标准为参保者净收入的67%（无子女需要抚养的失业者失业保险金为参保者净收入的60%），失业保险金给付期限根据参保年限和失业者年龄的不同分为6—24个月。德国失业保险基金收支原则上自求平衡，但入不敷出时，国家给予劳动部门财政补贴。

在德国，由于享受失业保险有较严格的资格条件审定和期限限制，使得有些失业者根本无权享受失业保险或到期失去失业保险领取资格。为了确保这部分人的基本生活需要，德国建立了失业救助制度。德国的失业救助制度由联邦财政和地方财政共同负担，雇主和雇员不负担，失业救助的适用范围包括失业保险以外的人员及虽然参加了失业保险但已无资格继续享受失业保险金的人员。根据失业者的家庭结构，失业救助标准分为每个月313欧元、353欧元和391欧元三个标准；此外为被救助者子女提供津贴，标准为：6岁以下者每个月229欧元，6岁

① 美国社会保障署，“Social Security Programs Throughout the World：Europe，2014”，http：//www.ssa.gov/policy/docs/progdesc/ssptw/。

至13岁者每个月261欧元，14岁至17岁者每月296欧元①。

法国从1905年开始实施一项针对失业人员的公共救助制度，其资金来源于政府一般性税收、工会和私人组织的资助。1958年，雇主协会和工会之间协商，并签订了《劳资失业保险协议》。这一协议由政府批准后，宣告了法国失业保险制度的正式创建。②

法国的家庭雇员、实习人员、儿童照顾者等受雇者都被强制要求参加失业保险制度，公务员和自雇者则被排除在外。此外，建筑工人、码头工人、商船船员、飞行员、门卫、记者、演员等群体则参加特殊的失业保险制度。参加失业保险的工人每月交纳2.4%的失业保险税，失业保险税基最高为12516欧元每月。雇主交纳4%的失业保险税，另外交纳0.3%的税最为企业破产时的工资发放储备金。对于那些签订短期劳动合同者，雇主交纳更高的失业保险税：一个月劳动合同者，雇主交纳7%失业保险税；一个月至三个月者，雇主交纳5.5%失业保险税；其他三个月以上短期合同者，雇主交纳4.5%失业保险税。政府则承担失业救助支出。法国失业保险金发放标准为过去12个月日平均工资的57.4%—75%，最高给付金额为12124欧元每月。失业保险金发放月数和交纳失业保险税的月数相同，最长为24个月（50岁以上者失业保险金最长给付期限为36个月）。③

法国的失业救助金也是实行家计调查制度，分为四类：特殊的团结津贴（Specific Solidarity Allowance）、暂时等待津贴（Temporary Waiting Period Allowance）、积极团结津贴（Active Solidarity Income）、

① 美国社会保障署，“Social Security Programs Throughout the World：Europe，2014”，http：//www.ssa.gov/policy/docs/progdesc/ssptw/。

② 冯英、杨慧源：《外国的失业保障》，北京中国社会出版社2008年版，第95页。

③ 美国社会保障署，“Social Security Programs Throughout the World：Europe，2014”，http：//www.ssa.gov/policy/docs/progdesc/ssptw/。

交通津贴（Solidarity Transportation Allowance）。其中特殊的团结津贴发放标准为：个人收入在 644.4 欧元至 1127.7 欧元之间，或者夫妻收入在 1288.8 欧元至 1772.1 欧元之间，该津贴的发放金额为个人收入或者家庭收入和 1127.7 欧元和 1772.1 欧元之间的差值。该津贴的最长给付期限为 12 个月。暂时等待津贴的发放标准为 340.5 欧元，最长给付期限也是 12 个月。积极团结津贴的发放标准为单身人士 499.31 欧元每月；两人家庭 748.97 欧元每月；夫妻加两个孩子的四人家庭为 1048.55 欧元每月；多于两个孩子的家庭，每增加一个孩子，每月增加 199.72 欧元。交通津贴的发放标准为 34.78 欧元每天。①

2. 自愿性失业保险和失业救助相结合的失业保障体系

瑞典和芬兰等国家实行自愿性失业保险和失业救助相结合的失业保障体系。

瑞典的失业保障制度是随着瑞典福利国家的建立而逐步建立起来的。瑞典政府采取的失业保险政策是国家资助，工会主办，个人自愿参加，具体实行的是国家补助的自愿保险和劳动力市场失业救济相结合的双重制度。② 瑞典实行的自愿性失业保险制度由雇员和雇主分别按照雇员工资的一定比例交税，政府不为该项制度提供补贴。领取失业保险金的资格条件是：失业者已经工作了至少 6 个月（每个月工作时间不少于 80 小时）或者至少 480 个小时，且是某个失业保险基金会成员的时间不短于 12 个月，失业者有就业的能力和意愿并且在公共就业服务机构进行过就业登记。瑞典自愿性失业保险制度规定的待遇为：前 200 天可以获得相当于失业前平均收入 80%的失业保险金，

① 美国社会保障署，“Social Security Programs Throughout the World：Europe，2014”，http：//www.ssa.gov/policy/docs/progdesc/ssptw/。

② 冯英、杨慧源：《外国的失业保障》，北京中国社会出版社 2008 年版，第 100 页。

此后的100天可以领取失业前平均收入70%的失业保险金，每天领取的失业保险金最高值为680克朗①。如果失业者有18岁以下的被抚养者，则失业保险金领取期限延长150天。

瑞典的失业救助制度是基本制度，由政府负担该项制度的支出，就业者不需要为该项制度交税。年龄在18岁至65岁，且不能领取失业保险金的失业者，可以申请领取失业救助金。瑞典根据失业者失业前每周工作时间的长短确定固定数额的失业救助金，如失业者失业前每周工作时间为40小时，则每天可以获得320克朗的失业救助金；每周工作时间少于40小时，失业救助金相应降低。失业救助金给付期限为300天，如果失业者有18岁以下的被抚养者，则领取期限延长150天。②

3. 强制性失业保险和自愿性失业保险相结合的失业保障体系

日本于1947年颁布实施《失业保险法》，正式建立失业保险制度。日本实行强制性和自愿性失业保险相结合的体系③。日本于1947年建立失业保险制度，1974年颁布的《雇用保险法》（*Employment Insurance*）规定强制性失业保险范围包括大多数的受雇人员，但是从事农业、林业、渔业且受雇人数低于5人者，可以自愿选择是否参加该项制度；每周工作时间少于20小时的受雇者以及自雇人员被排除在强制性失业保险制度参保范围之外；按日工作的临时工和季节性工人则自愿参加特殊的失业保险制度④。

---

① 美国社会保障署，“Social Security Programs Throughout the World：Europe，2014”，http：//www.ssa.gov/policy/docs/progdesc/ssptw/。

② 美国社会保障署，“Social Security Programs Throughout the World：Europe，2014”，http：//www.ssa.gov/policy/docs/progdesc/ssptw/。

③ 吕学静：《各国失业保险与再就业》，经济管理出版社2000年版，第275页。

④ 美国社会保障署，“Social Security Programs Throughout the World：Asia，2012”，http：//www.ssa.gov/policy/docs/progdesc/ssptw/。

日本并不实行全社会统一的失业保险费率，而是根据各行业的失业风险程度实行差别税率。失业保险税主要由单位和被保险人双方负担，按年工资的一定比例缴纳，国库适当进行补助。如一般行业的雇员按工资收入的 0.5%缴纳失业保险税，农业、林业、渔业、酿造业等行业雇员按工资收入的 0.6%缴纳失业保险税。一般行业的雇主缴纳 0.85%的失业保险税，农业、林业、渔业、酿造业等行业雇主缴纳 0.95%的失业保险税，建筑行业的雇主缴纳 1.05%的失业保险税。此外，日本政府负担失业保险金支出和特殊补贴的 13.8%。①

日本的失业保险金给付标准为参保者失业前六个月日平均工资的 50%—80%（工资低的失业者替代率更高）；如果失业者是 60 岁至 64 岁，则替代率为 45%—80%。失业保险金每日最低给付金额为 1864 日元，最高给付金额为 7890 日元。此外，还提供日津贴或月津贴用于支付职业培训支出、寻找工作交通补贴、搬家费用支出等。失业保险金的等待期为 7 天，领取期限根据参保期限、年龄、失业原因等分为 90 天至 330 天。②

## 三、中国失业保险制度发展历程概述

中国自 1986 年起，逐渐建立起强制性失业保险制度。中国失业保险制度的发展历程可以分为以下几个阶段：

### （一）失业保险制度初创阶段

从 1949 年到 1978 年，为适应计划经济体制的需要，中国逐步建立了招工方面的统包统配制度和用工方面的固定工制度。统包统配制

① 美国社会保障署，"Social Security Programs Throughout the World: Asia and Pacific, 2012"，http://www.ssa.gov/policy/docs/progdesc/ssptw/。

② 美国社会保障署，"Social Security Programs Throughout the World: Asia and Pacific, 2012"，http://www.ssa.gov/policy/docs/progdesc/ssptw/。

度来自于新中国成立初期的“包下来”政策和20世纪50年代中期的“劳动力统一调配政策”。此外，政府规定企业不得裁减职工，从而形成了用工制度方面的“固定工”政策。“统包统配”和“固定工”制度是中国计划经济体制时期就业制度的主要特征。

到计划经济年代末期，传统的统包统配制度积累的就业矛盾达到了相当尖锐的程度，政府不得不寻求更为灵活的解决措施。1980年8月，中共中央和国务院召开全国劳动就业工作会议，提出了“三结合”的就业方针，即实行劳动部门介绍就业、自愿组织起来就业和自谋职业相结合。从1982年开始，试点和推行劳动合同制。1983年2月，明确提出在新招收的工人中试行劳动合同制。实行劳动合同制度，必然出现劳动合同终止和解除的情形，进而出现失业。中国失业保险制度的产生和发展与经济体制改革过程紧密相关，是适应市场经济体制改革以及就业制度改革需要而建立起来的。在经济体制改革过程中，如何妥善解决下岗失业职工的基本生活问题至关重要。

1986年国务院批准发布了改革劳动制度的四项规定，即《国营企业实行劳动合同制暂行规定》《国营企业招用工人暂行规定》《国营企业辞退违纪职工暂行规定》和《国营企业职工待业保险暂行规定》①。其中《国营企业职工待业保险暂行规定》，标志着中国失业保险制度正式建立起来。该项规定确定了待业保险适用范围、基金筹集和管理、基金的使用和管理机构等。此时待业保险仅适用于以下四种人：宣告破产企业的职工、濒临破产企业在法定整顿期间被精简的职工、与企业终止和解除劳动合同的职工和企业辞退的职工。待业保险金给付期限根据职工的工龄确定，工龄不足5年的最长为12个月，

① 《国务院关于发布改革劳动制度四个规定的通知（国发〔1986〕77号）》，2012年9月21日，参见http：//www.gov.cn/zhengce/content/2012-09/21/content_7444.htm。

工龄5年以上的最长为24个月。待业保险金的发放标准以本人的标准工资为基数确定，且在发放期限内递减，具体为：领取待业保险金的第1至12个月，发放标准为本人标准工资的60%—75%；领取待业保险金的第13至第24个月，发放标准为本人标准工资的50%。从总体上看它是一种范围很小、层次很低的失业保险制度，从保险对象上看存在保险和风险不对称问题，从性质上看更接近于失业救助制度[①]。

## （二）失业保险制度发展阶段

随着国有企业的改革进一步深化，劳动就业制度和职工就业状况也发生了较大的变化。在1986年至1993年期间，为了适应新的情况，妥善处理失业问题，政府补充和调整失业保险制度的内容。1993年国务院颁布了《国有企业职工待业保险规定》，在覆盖范围、保障水平、基金承受能力和基金统筹层次等方面作了以下调整：（1）将待业保险的覆盖范围扩大，将保障对象从原来的4类人员扩大到国有企业的7类人员。即依法宣告破产的企业的职工；濒临破产的企业在法定整顿期间被精简的职工；按照国家有关规定被撤销、解散企业的职工；按照国家有关规定停产整顿企业被精简的职工；终止或者解除劳动合同的职工；企业辞退、除名或者开除的职工；依照法律、法规规定或者按照省、自治区、直辖市人民政府规定，享受待业保险的其他职工。（2）规定待业保险金的发放标准为社会救济标准的120%至150%。（3）将待业保险缴费比例由1%调整至0.6%—1%。（4）强调待业保险和再就业之间的联系。待业保险工作应当与职业介绍、就业训练和生产自救等就业服务工作紧密结合，统筹安排。（5）基金统

① 李珍：《社会保障理论（第三版）》，中国劳动社会保障出版社2013年版，第274—275页。

筹层次方面，规定待业保险基金实行市、县统筹，省、自治区可以集中部分待业保险基金调剂使用。直辖市根据需要，可以统筹使用全部或者部分待业保险基金。

《国营企业职工待业保险暂行规定》和《国有企业职工待业保险规定》都是当时历史条件下的产物，存在着诸多的不足，如覆盖面太窄，仅限于国有企业职工；失业救济基金的筹资机制不完善，仍然使用“待业”而不是“失业”的概念等①。所有这些都带有明显的过渡性，而随着经济体制改革的不断深入发展，其滞后性也逐渐显示出来。

### （三）失业保险制度完善阶段

1999 年，国务院颁布的《失业保险条例》，正式将制度命名为“失业保险”，是我国失业保险制度发展的一个里程碑，它标志着我国建立起了与市场经济相适应的失业保险制度。

《失业保险条例》是对此前的待业保险制度的进一步完善和发展：（1）将失业保险制度覆盖范围从国有企业内部职工扩大到国有企业、城镇集体企业、外商投资企业、城镇私营企业以及其他城镇企业、城镇事业单位及其职工。此外，该条例规定城镇企业事业单位招用的农民合同制工人也可以参加失业保险。单位招用的农民合同制工人连续工作满 1 年，本单位并已缴纳失业保险费，劳动合同期满未续订或者提前解除劳动合同的，由社会保险经办机构根据其工作时间长短，对其支付一次性生活补助。补助的办法和标准由省、自治区、直辖市人民政府规定。（2）提高了失业保险缴费率。将企业失业保险缴费率由 0.6%—1%提高到 2%，并增加了 1%的个人缴费，强化了个人的缴费

① 聂爱霞：《中国失业保险制度与再就业问题研究》，中国社会科学出版社 2014 年版，第 71 页。

责任。（3）失业保险金给付标准以城市居民最低生活保障标准和最低工资标准为最低限和最高限，由各地政府负责确定具体的给付标准。（4）进一步细化失业保险金给付期限的规定，根据缴费年限不同，将最长给付期限分为12个月、18个月和24个月三个档次。即“失业人员失业前所在单位和本人按照规定累计缴费时间满1年不足5年的，领取失业保险金的期限最长为12个月；累计缴费时间满5年不足10年的，领取失业保险金的期限最长为18个月；累计缴费时间10年以上的，领取失业保险金的期限最长为24个月”。（5）在失业保险基金统筹层次方面，失业保险基金在直辖市和设区的市实行全市统筹；其他地区的统筹层次由省、自治区人民政府规定；省、自治区可以建立失业保险调剂金，失业保险调剂金以统筹地区依法应当征收的失业保险费为基数，按照省、自治区人民政府规定的比例筹集；统筹地区的失业保险基金不敷使用时，由失业保险调剂金调剂、地方财政补贴，具体办法由省、自治区人民政府规定。

《失业保险条例》规定，失业保险基金的支出项目包括：（1）失业保险金；（2）领取失业保险金期间的医疗补助金；（3）领取失业保险金期间死亡的失业人员的丧葬补助金和其供养的配偶、直系亲属的抚恤金；（4）领取失业保险金期间接受职业培训、职业介绍的补贴；（5）国务院规定或者批准的与失业保险有关的其他费用。其中，失业保险金支出是失业保险基金支出的绝大部分。

与此同时，国务院于1999年1月通过并颁布了《社会保险费征缴暂行条例》，为失业保险基金征缴工作提供了法律依据，为失业保险制度的进一步完善做了必要的补充。

通过梳理中国失业保险制度发展历程可以发现，中国失业保险制度历经1986年、1993年和1999年的三次改革调整逐步完善，但是每次改革都只是对失业保险制度进行局部调整，并没有从根本上改变中国失业保险制度的框架体系。待业保险制度建立之初，由于下岗失业人数较多、失业保险基金储备不足，待业保险制度定位为保障下岗失业者的最基本生活，由此设定的待业保险金标准与最低生活保障标准相关联，发放的待业保险金待遇标准较低，发放期限较长。1999 年实施的《失业保险条例》规定的失业保险金给付标准仍然与最低生活保障标准挂钩，同时沿袭 1986 年以来规定的最长给付期限为 24 个月的规定。从待业保险制度转型而来的失业保险制度的基本目标仍然是保障失业职工基本生活，由此确定过低的失业保险金给付标准和过长的失业保险金给付期限。

### （四）“保生活、促就业、防失业”的“三位一体”失业保险制度发展阶段

为充分发挥失业保险制度促进再就业的功能，配合《国务院关于进一步加强就业再就业工作的通知》的落实，2006 年国务院发出的《关于适当扩大失业保险基金支出范围试点有关问题的通知》（劳社部发〔2006〕5 号），要求“自 2006 年 1 月起，在北京、上海、江苏、浙江、福建、山东、广东 7 省、直辖市开展适当扩大失业保险基金支出范围试点工作”。其中，明确规定将失业保险基金用于职业培训补贴、职业介绍补贴、社会保险补贴、岗位补贴和小额担保贷款贴息支出，且享受对象为领取失业保险金期间的失业人员。

2008 年国际金融危机对我国经济的影响不断加深，人力资源和社会保障部联合财政部下发的《关于采取积极措施减轻企业负担稳定就业局势有关问题的通知》（人社部发〔2008〕117 号）规定：失业保险实行“一缓一减两补贴”，即“允许困难企业在一定期限内缓缴社会保险费”“阶段性降低四项社会保险费率”“使用失业保险基金

帮助困难企业稳定就业岗位”和“鼓励困难企业通过开展职工在岗培训等方式稳定职工队伍”[①]。该文件要求失业保险基金结余较多的统筹地区在确保当前和今后一个时期按时足额支付失业保险待遇的前提下，在一定阶段内一次性降低失业保险费率以及扩大失业保险基金支出范围，鼓励企业尽量不裁员或者少裁员，实现保就业、保增长、保稳定的目标。对采取在岗培训、轮班工作、协商薪酬等办法稳定员工队伍，并保证不裁员或少裁员的困难企业，使用失业保险基金支付社会保险补贴和岗位补贴[②]。社会保险补贴标准参照当地就业资金对就业困难人员的社会保险补贴标准执行，岗位补贴标准参照当地失业保险金标准确定。据统计，2009 年“五缓四减三补贴”政策共减轻企业负担 410 亿元，其中涉及失业保险资金近 200 亿元，失业保险费缓减 120 亿元，用于支付社会保险补贴和岗位补贴为 80 亿元[③]。这些举措真正发挥了现代失业保险制度在经济周期“低谷”期的缓冲和保障作用。

2009 年东部 7 省（市）扩大失业保险基金支出范围试点期限满 3 年，为进一步发挥失业保险基金预防失业、促进就业的作用，人力资源和社会保障部联合财政部下发了《关于延长东部 7 省（市）扩大失业保险基金支出范围试点政策有关问题的通知》（人社发〔2009〕97 号），延长试点期限 1 年。该文件要求试点地区适当增加支出项目，主要用于预防失业、促进就业项目支出，具体项目由省级人民政

① 《人力资源和社会保障部财政部国家税务总局关于进一步做好减轻企业负担稳定就业局势有关工作的通知（人社部发〔2009〕175 号）》，2009 年 12 月 24 日，参见 http：//www.gov.cn/gzdt/2009-12/24/content_ 1495351.htm。

② 孟颖颖、李慧丽：《改革开放以来我国失业保险制度的政策回顾与述评》，《社会保障研究》2015 年第 5 期，第 78 页。

③ 聂爱霞：《中国失业保险制度与再就业问题研究》，中国社会科学出版社 2014 年版，第 73 页。

府统一制定，报国务院备案；试点地区努力提高失业保险基金统筹层次，继续完善省级调剂金制度，加大省级调剂金筹集和调剂使用力度[①]。延长东部7省（市）扩大失业保险基金支出范围试点政策，是国务院应对国际金融危机、稳定就业局势作出的重大决策，有利于发挥失业保险基金在保障失业人员基本生活、预防失业和促进就业方面的作用。

2012年，人力资源和社会保障部、财政部又出台了《关于东部7省（市）扩大失业保险基金支出范围试点有关问题的通知》（人社部发〔2012〕32号），明确了失业保险基金促进就业的支出项目包括职业培训补贴、职业介绍补贴、职业技能鉴定补贴、社会保险补贴、岗位补贴、小额贷款担保基金、小额贷款担保贴息；提出要进一步完善失业保险费率动态调整机制，适当降低失业保险费率，减轻企业负担；明确将2011年年底到期的东部7省（市）扩大失业保险基金支出范围试点政策延长至修订的《失业保险条例》正式实施之日[②]。

2014年11月，人力资源和社会保障部、财政部、发展和改革委员会、工业和信息化部联合发布《关于失业保险支持企业稳定岗位有关问题的通知》（人社部发〔2014〕76号），失业保险基金滚存结余具备一年以上支付能力和失业保险基金使用管理规范的地区，对采取有效措施不裁员、少裁员和稳定就业岗位的三类企业（实施兼并重组、化解产能过剩企业、淘汰落后产能企业）给予“稳岗补贴”，

① 《关于延长东部7省（市）扩大失业保险基金支出范围试点政策有关问题的通知》，2014年7月17日，参见http：//www.mohrss.gov.cn/gkml/xxgk/201407/t20140717_136167.htm。

② 《人社部关于东部7省（市）扩大失业保险基金支出范围试点有关问题的通知》（人社部发〔2012〕32号），参见http：//www.87188718.com/8718-utils-Content-166-61541-811.html。

“稳岗补贴”主要用于职工生活补助、交纳社会保险费、转岗培训、技能提升培训等相关支出，该政策执行到2020年年底①。

由此可见，自2006年以来，失业保险基金支出范围不断扩大，而且与社会经济形势以及经济改革密切相关，旨在充分发挥失业保险预防失业、促进就业的功能，完善“保生活、促就业、防失业”的“三位一体”失业保险制度。

## 四、失业保险制度的特征及功能

### （一）失业保险制度的特征

失业保险是社会保险项目之一，具有社会保险项目的共性，如强制性、互济性、社会性和福利性。此外，失业保险制度还具有以下特征。

1. 失业保险的对象是有劳动能力的劳动者

与养老保险、医疗保险等社会保险项目的保障对象不同，失业保险制度保障的对象是有劳动能力和劳动意愿，并积极寻找工作，但是目前没有工作的劳动者。只有同时符合以上三个条件，失业者才有资格申请和领取失业保险金。相比而言，其他社会保险项目不但可以以全体劳动者为保障对象，而且可以包括未进入劳动年龄的人和已超过劳动年龄退出劳动力市场的人。

2. 失业保险应对的是失业风险

失业保险项目针对的是非自愿失业风险。比如因产业结构调整、就业政策变动等带来的非自愿失业出现时，符合条件的失业者可以申

---

① 《人力资源社会保障部财政部国家发展和改革委员会工业和信息化部关于失业保险支持企业稳定岗位有关问题的通知》（人社部发〔2014〕76号），2014年11月17日，参见http：//hrss. huaihua. gov. cn/shbz/sybj/321099. htm。

请失业保险金。但是因劳动者自身原因造成的失业，或者失业后不再具有就业意愿的人员，失业保险制度不予以保障。相比而言，其他社会保险项目都针对的是永久或暂时丧失劳动能力的风险，如年老、疾病、伤残、生育等。

3. 失业保险金给付期限相对较短

在市场经济中，一定比例的失业率是正常现象，失业对于大部分劳动者来说也是一种暂时的现象。规定失业者享受失业保险给付的期限，有助于激励失业者尽快实现再就业。因此，各国的失业保险制度都规定了失业保险金给付期限。

4. 享受条件和就业意愿密切相关

失业保险的享受条件与失业者的就业意愿密切相关。自愿失业或无正当理由离职者、拒绝劳动部门介绍的合适工作者、故意放弃职业培训机会者一般不能获得失业保险金。而其他社会保险项目则只要满足既定的条件，如达到退休年龄并交纳养老保险费到一定年限则可以开始领取养老金。

5. 保险目的多元性

失业保险虽然与其他社会保险项目一样，其基本功能在于为失业者提供基本生活保障，但除此之外，失业保险还具有通过职业介绍、就业培训和引导等提高失业者的再就业能力，促进其尽快实现再就业的功能。

### （二）失业保险制度的功能

失业保险制度功能定位是失业保险制度发展过程中一直被探讨和存在争议的一个问题。从失业保险制度的发展起源来看，英国和欧洲其他国家较早建立失业保险制度的主要目的是缓解失业带来的贫困问题，并且克服失业救助制度的不足。美国较早主张建立社会保险制度的鲁比诺医生（Rubinow，1913）认为社会保险制度与社会救助的事后救助不同，社会保险可以在人们面临极度贫困前起作用，防止人们陷入贫困。[①] 但是，康芒斯教授（Commons，1922）认为欧洲国家建立的失业保险制度都是基于家长式（Paternalistic）观念，他认为雇主有责任减少失业，从而从根本上解决失业问题，而国家只能缓和失业带来的负面影响。[②] 康芒斯教授的观点影响到了 1932 年美国威斯康辛州失业保险制度立法，如采用失业保险经验税率制度来引导雇主减少裁员。由此可见，在美国失业保险制度正式建立之前，关于失业保险制度的功能就有争议，并且直接影响到制度模式的选择和建立。

历经两百多年的发展，关于失业保险制度功能的理论探讨和实践检验已经很充分，失业保险制度的功能主要体现在保障失业者基本生活、促进再就业和预防失业、优化劳动力资源配置和维护社会稳定等方面。

1. 保障失业者基本生活

失业保险的基本功能是向非自愿失业者提供失业保险金以保障其基本生活。这一保险功能使失业保险成为社会“安全网”和“稳定器”。对大多数劳动者来说，最重要的风险是被临时解雇。失业保险的目标就是对非自愿失业者提供物质帮助，主要的形式是通过失业保险机构向符合条件的失业者支付失业保险金，使失业者可以在一定时间获得一定数量的现金收入，以维持其失业时的基本生活。

2. 预防失业

如前所述，在 20 世纪 30 年代经济大危机时期建立的美国失业保险制度强调失业保险制度预防失业的功能，以尽可能减少失业。美国

① Rubinow, I. M., *Social Insurance with Special Reference to American Condition*, New York: Henry Holt and Company, 1913, pp. 480–481.

② Blaustein, S. J., *Unemployment Insurance in the United States: The First Half Century*, Kalamazoo: W. E. Upjohn Institute for Employment Research, 1993, p. 44.

失业保险制度预防失业的功能主要是通过两种方式来实现：其一，通过建立与雇主解雇人员数量相关的动态失业保险税率机制（即美国实行的失业保险经验税率）来尽可能降低失业率；其二，经济危机时期，向失业者支付的失业保险金有利于提高失业者的购买力，进而提高社会有效需求水平，刺激经济发展，减少失业。[①]

此外，失业保险制度可以通过实施工资性补贴和培训补贴等相关政策来预防失业。比如，对于参保缴费达到一定年限的企业，在企业不景气时期，可以通过缩短工时、降低工资等手段维持就业人数，并给与该类企业一定工资补贴，进而达到预防失业的目的。这也是近年来我国探索扩大失业保险基金支出范围、减少失业的重要举措。

3. 促进再就业

实现再就业是失业者的首要考虑。失业保险制度通过以下两个方面的制度设计来促进失业者再就业。首先，通过限定失业保险金给付标准和给付期限来降低失业保险金对再就业的负激励效应。由于失业保险金给付标准低于就业工资水平，失业者仍然有尽快实现再就业以获取更高工资收入的积极性。此外，随着失业保险金给付期限到期，失业者再就业的动力会更强。其次，失业保险制度规定的再就业意愿和积极寻找工作的要求会促进失业者再就业。当失业者进行失业登记，申请领取失业保险金时，可以获得关于工作机会的信息。此外，失业保险管理机构通过职业培训、职业咨询和指导等引导失业者尽快实现再就业。而严格领取失业保险金条件、逐步降低失业保险金给付标准、缩短失业保险金给付期限等手段也有助于引导失业者主动寻找工作。

① Blaustein, S. J., *Unemployment Insurance in the United States: The First Half Century*, Kalamazoo: W. E. Upjohn Institute for Employment Research, 1993, p. 56.

4. 优化劳动力配置，提高经济效率

失业保险制度优化劳动力配置的功能主要体现在：由于失业保险消除了失业者寻找新的工作岗位期间的后顾之忧，失业者可以尽可能地寻找合适的工作，从而有助于劳动者充分发挥潜能，以促进劳动力的合理配置，提高经济效率。

5. 维持社会稳定

一方面，失业保险为失业者提供了必要的生活保障，避免失业者因为完全丧失经济来源，心理严重失衡而采取危害社会的行为。另一方面，失业保险能够在经济衰退时期维持经济的稳定。在经济衰退时期，申请失业保险金的人数会迅速增加，失业保险金的发放维持了一定的消费需求，进而维持经济的稳定和发展。

通过以上分析，缓解失业者的困难、预防失业和促进再就业是失业保险制度的主要功能，其中保障失业者基本生活是最根本的目的。失业保险制度是一项多目标、庞大复杂的制度，这也是过去关于失业保险制度各目标重要性存在诸多争议的原因。实际上，失业保险制度力求同时实现多项目标，往往会带来冲突，如一方面失业保险金给付要足够多来保障失业者的生活，另一方面要通过限制失业保险金给付标准的方式来激励失业者尽快实现再就业。因此，如何平衡失业保险制度的多项目标是一个重要的议题，需要全盘考虑失业保险金待遇和成本、就业环境的变化和失业状况等其他情况。关于失业保险制度多项目标的分析，表明失业保险制度是一项非常重要的社会和经济保障制度。

## 第三节　失业保险与再就业

收入—闲暇模型和工作搜寻理论及相关模型可以为分析失业保险

对失业者再就业行为的影响提供理论解释和分析框架。

## 一、收入—闲暇模型和失业保险

人们所拥有的时间可以分为劳动和闲暇两部分。不同的个人，对可自由支配的劳动时间和闲暇时间的分配比例不尽相同，为了解释这种状况，需要引入效用这个概念。在劳动供给理论中，效用是指个人从劳动时间和闲暇时间的组合中得到的满足程度。人们之所以要对劳动时间和闲暇时间进行选择，是因为劳动和闲暇都能带来效用，人们的效用水平不仅受到劳动所带来的收入水平的影响，同时受到闲暇带来的精神享受的影响。劳动、闲暇和效用之间存在着一定的关系，用效用函数表达为：

$$u = f(h, y)$$

其中，$u$ 表示效用水平，$y$ 表示劳动带来的工资收入，$h$ 表示闲暇时间。

劳动收入和闲暇之间存在着一定的收入效应和替代效应。收入效应指的是工资率不变的情况下，由于收入变化而导致的闲暇时间分配的变化。替代效应指的是在收入不变的情况下，劳动工资率变化而导致的闲暇需求的变化。比如收入不变，工资率提高，闲暇的价格也提高，这时人们对闲暇的需求就会减少。

一个人的总时间是有限的，人们根据效用最大化的原则来分配劳动时间和闲暇时间。如图 2-3 所示，同一条等效用曲线的效用水平相同，由不同的劳动收入和闲暇时间组合而成。离原点越远的等效用曲线代表的效用水平越高，即效用水平 $u_1 < u_2 < u_3$ 。

人们除了在等效用曲线上进行劳动收入和闲暇时间的选择外，还受到预算约束线的限制。预算约束线是指个人可自由支配时间的总价

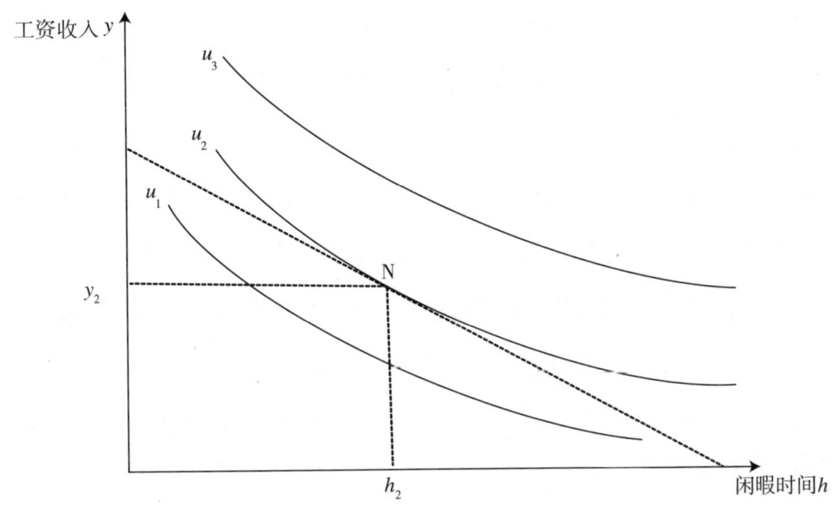


图 2-3　收入—闲暇一般模型

值量。用公式表示为：

$y_0 = y + hw$

其中，$y$ 表示工资收入，$h$ 表示闲暇时间，$w$ 表示闲暇时间的价格，即工资率，由于人们增加一小时的闲暇就要减少一小时的劳动工资。

从图 2-3 中的预算约束线可以看出人们的劳动收入和闲暇时间都是有限的，人们只能在有限的劳动收入和闲暇约束下选择自己的效用水平。预算约束线和等效用曲线 $u_2$ 的切点 N 即为效用最大化的点，即 N（$h_2$，$y_2$）为效用最大化时的闲暇时间和劳动收入组合。

将等效用曲线的公式变形，即 $y = y_0 - hw$ ，其中 $w$ 既是预算约束线斜率的绝对值，也代表闲暇和劳动的价格。因此，工资率的变动表现为预算约束线的斜率变化。工资率越高，预算约束线越陡直，说明单位闲暇时间能够替代的劳动收入越多，闲暇的价格提高，从而提高人们的工作积极性。

失业保险对再就业的影响实际上是通过劳动者在劳动时间和闲暇时间之间的选择来实现。对此，莫菲特和尼科尔森（Moffitt & Nicholson）早在 1982 年进行了研究①。在图 2-4 中，$W$ 为工资率水平。RQ 表示没有失业保险金给付时的预算约束线，此时失业持续时间增加一个单位带来的工资收入损失为 $W$，为了实现个人效用最大化，失业时间为 $h_1^*$。当存在失业保险金给付，且给付标准为 $B$ 时，失业者的预算约束线为 $RS_2P$。在 $RS_2$ 部分，工资率为 $W（1-r）$，即 $W-B$，其中 $r=B/W$，即失业保险金的工资替代率。此时失业带来的工资率损失为 $W（1-r）$，小于此前的工资率 $W$。存在失业保险金给付时，实现效用最大化的失业持续时间为 $h_2^*$（$h_2^* > h_1^*$）。因此，享受失业保险金的失业者的失业持续时间更长。

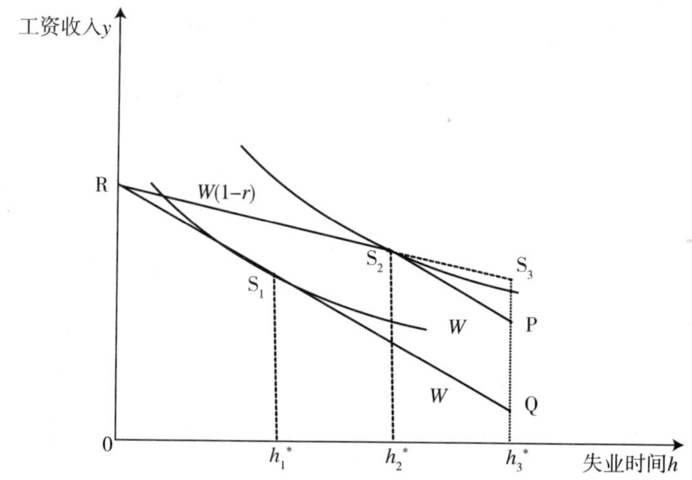


**图 2-4　加入失业保险金的收入—闲暇模型**

资料来源：转引自 Moffitt，R.，Nicholson，W.，"The Effect of Unemployment Insurance on Unemployment：The Case of FederalSupplemental Benefits"，*The Review of Economics and Statistics*，Vol. 64，No. 1（1982），pp. 3-4。

但是另一方面，各国的失业保险制度都设置了失业保险金的最长

---

① Moffitt，R.，Nicholson，W.，"The Effect of Unemployment Insurance on Unemployment：The Case of FederalSupplemental Benefits"，*The Review of Economics and Statistics*，Vol. 64，No. 1（1982），pp. 1-11.

给付时间，当失业者领取完失业保险金时（即越过效用最大化的时间点 $h_2^*$），如果其仍然选择不就业，则预算约束线调整为 $S_2P$，失业带来的单位工资损失为 $W$。可见，失业保险金给付期限的设置，激励失业者在给付期限内尽快实现再就业。

在图 2-4 的基础上，如果提高失业保险金发放标准，即失业保险金替代率 $r$ 增大，$W(1-r)$ 将缩小，由此失业保险金领取者面临的预算约束线将更平缓，失业持续时间将进一步延长。同理，如果失业保险金给付期限延长，即失业者预算约束线调整为 $RS_3$，失业者效用最大化的失业持续时间为 $h_3^*$。可见，失业保险金支付标准和给付期限都会影响失业持续时间。

## 二、工作搜寻理论和失业保险

工作搜寻是指求职者在劳动力市场中寻找满意工作职位的行为，即劳动者在劳动和闲暇之间的选择。那些想谋求工作的人必须寻找各种可能的工作，但是由于有关工作机会和劳动者特征的信息是不完善的，因此，要想在失业的劳动者和潜在的雇主之间达成工作匹配，就必须付出一定的时间和精力。工作搜寻理论就是在包括失业者在内的劳动力市场范围内，基于一些反映劳动力市场现状的假设条件，考察影响求职者工作搜寻行为的各种因素，以及这些工作搜寻行为对其自身和整个劳动力市场的影响①。

### （一）斯蒂格勒工作搜寻模型

美国经济学家斯蒂格勒（George J. Stigler）于 1961 年提出了最早的搜寻模型，他指出求职者找工作就像顾客购买商品一样，都是在信息不完全条件下进行最优选择。工作搜寻最优次数的决策同其他经济问

① 杨伟国：《劳动经济学》，东北财经大学出版社 2013 年版，第 120—121 页。

题一样由边际收益法则决定，即只要求职者增加一次搜寻的边际收益大于工作搜寻的边际成本，求职者就会增加搜寻工作的次数。当工作搜寻的边际收益等于工作搜寻的边际成本时，就达到工作搜寻的最优次数。

图 2-5 反映了斯蒂格勒工作搜寻模型。$MC_A$表示工作搜寻者 A 的工作搜寻边际成本，$MB_A$为工作搜寻边际收益。$MC_A$向右上方倾斜，表示随着工作搜寻次数的增加，工作搜寻边际成本上升，即不断地搜寻工作可能会增加工作搜寻的直接成本和机会成本。另一方面，工作搜寻的边际收益受到收益递减规律的约束，因此 $MB_A$所表示的工作搜寻边际受益曲线向右下方倾斜。如果失业者只进行 $N_1$次工作搜索，其并不能使收入最大化，因为额外增加一次工作搜寻的边际收益大于边际成本。由此失业者进行 $N_2$ 次工作搜寻，以使工作搜寻边际收益和边际成本相等。斯蒂格勒工作搜寻模型直观地阐释了失业者的最优工作搜寻次数，但是该模型的不足之处在于，工作搜寻者并不知道工作搜寻的总次数，也难以判断工作搜寻边际收益等于边际成本的时点。

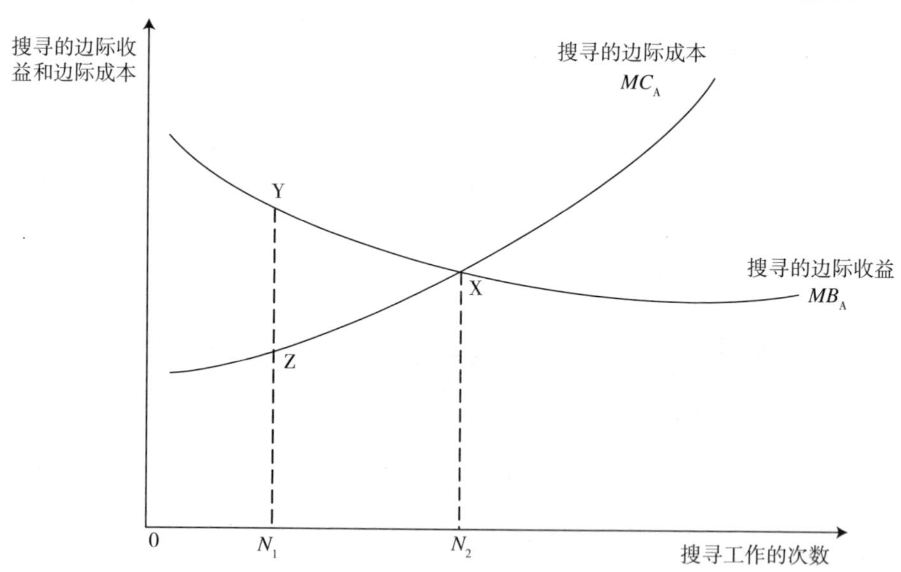


图 2-5　斯蒂格勒工作搜寻模型

### （二）麦考尔序列工作搜寻模型

麦考尔（John J. McCall）进一步发展了工作搜寻理论，并于1965年提出了序列工作搜寻模型和保留工资的概念。保留工资是指工作搜寻者在搜寻过程中接受某一工作的最低工资水平。该理论的前提假设在于：许多工作搜寻者并没有设定拟探访的企业数目，而是确定一个保留工资，然后逐个走访企业，并将企业所提供的工资和自己的保留工资进行比较，低于保留工资的企业都会被拒绝，一旦找到高于保留工资的企业，求职者的工作搜寻行为就结束。由此，求职者往往按先后顺序做出工作搜寻决策，当遇到第一份超过其保留工资的工作时，求职者就会接受这份工作。

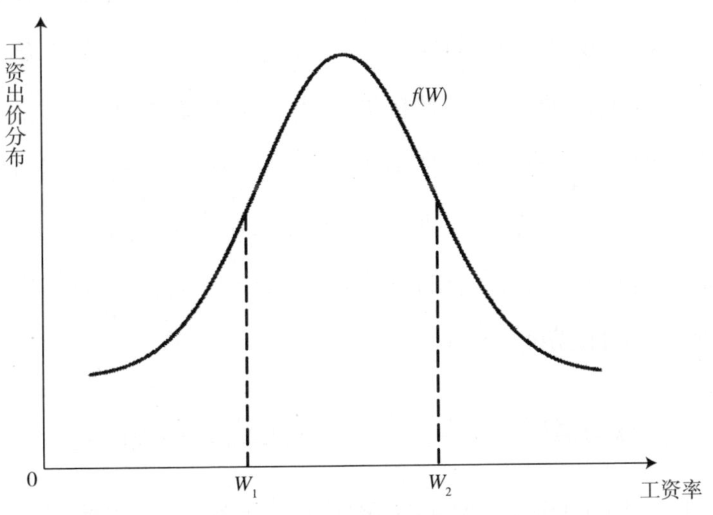


图2-6　工作搜寻模型中的保留工资选择

在序列工作搜寻模型中，首先假设雇主提供的工资水平是与某项工作的特征关联的。雇主提出的有关受教育水平、培训经历、工作经验等方面的要求构成某一工作的特征，且与工作特征相联系的工资率为 $W$。图2-6展示了工作搜寻模型中的保留工资选择。$W_1$表示工作搜寻者的保留工资水平，$W_2$表示与雇主最低雇佣标准相对应的工资率水平。

由于不同的雇主有不同的雇佣标准，序列工作搜寻模型暗含的另外一个假设是存在一个与劳动力市场上的各种职位空缺相对应的工资出价分布，在图 2-6 中用$f$（$W$）表示。由于$f$（$W$）代表了工资出价分布的概率，所以曲线以下部分的面积总和将等于 1，即这里包括了劳动力市场上 100%的全部工资出价。

在图 2-6 中，$W_1$和 $W_2$之间的面积就是失业者能够找到工作的全部出价情况，即这个求职者能够找到工作的概率①。显然，当雇主的雇佣标准不变，求职者的保留工资较低时，失业者能够找到工作的概率提高，相应地失业持续时间也会缩短。如果失业者提高保留工资水平，这一选择将会带来两种效应：一方面该失业者将会拒绝工资水平低于这一保留工资的工作，其预期工资水平提高；另一方面，拒绝工资水平低于保留工资的更多工作机会，这将会延长其失业持续时间。因此，每一位寻找工作的失业者会将其保留工资选择在这一边际上，即因失业持续时间延长带来的损失恰好等于再次找到工作后得到的较高工资所带来的预期收益。

## 三、失业保险对工作搜寻和再就业的影响

工作搜寻模型能够较好地解释了失业保险对工作搜寻的影响以及工作搜寻中失业保险制度的功能定位。工作搜寻模型关于失业以及失业保险的含义体现在以下几点：

① 通常情况下，$W_1$ 小于 $W_2$，即失业者的保留工资低于雇主最低雇用标准对应的工资率。当然也存在着一种极端情况，即最低雇佣标准对应的工资率低于失业者保留工资，在此情况下，失业者将找不到工作。

首先，工作搜寻本质上是一种人力资本投资，即工人在劳动力市场上流动以改善其工作状况。工作搜寻是以当前的失业为成本，以获得未来更高工资收益的工作的一项投资。实际上，失业保险制度的目标之一是为失业者提供一个寻找合适工作的机会，以提高工作匹配质量。

其次，工作搜寻模型表明任何减少失业成本的因素都会增加工作搜寻时间和失业持续时间。因为当失业成本下降时，失业者会提高自己的保留工资。显然，保留工资越高，求职者能够找到提供该工资水平的工作所花费的搜寻时间越长。失业保险金缓解了失业带来的收入减少问题，由此提高工作搜寻者的保留工资，导致失业者的失业时间延长。由此，失业保险金替代率和失业持续时间之间存在着一种正相关关系，即失业保险金替代率越高，失业持续时间越长。除了失业保险金给付标准外，失业保险金的领取资格也会对失业者的工作搜寻行为产生影响。当失业者即将领取完既定期限的失业保险金，不再具备领取失业保险金的资格时，失业者们接受一份工作的可能性大大提高。

正是因为失业保险金发放对失业者的再就业行为会产生影响，失业登记、职业培训和职业介绍等是降低失业者道德风险的重要举措，如《广东省失业保险条例》规定：公共就业服务机构负责办理失业登记工作，依法发放就业失业登记凭证，为失业人员提供就业服务和出具相关证明，并将失业人员就业、失业的相关信息告知失业保险关系所在地社会保险经办机构；社会保险经办机构和公共就业服务机构应当公开失业保险的有关规定和办事制度，严格审核有关情况，加强信息交换网络和设施建设，完善就业、失业等相关信息的交换机制。

# 第三章　失业保险覆盖面及参保率问题研究

失业保险制度是应对失业风险而产生的社会保险机制，失业率是衡量失业风险和反映一个国家经济运行状况和社会发展状态的主要指标。为此，在分析中国失业保险失业保险覆盖面和参保率之前，先简要分析中国失业现状。

## 第一节　中国失业现状分析

通常失业率有三种表现形式：失业率、城镇登记失业率和调查失业率。失业率是指在一定范围内的失业人数与就业人数和失业人数之和的百分比。城镇登记失业率是指城镇登记失业人数与城镇就业人数和城镇登记失业人数之和的百分比。城镇调查失业率是通过城镇劳动力情况抽样调查所取得的城镇就业与失业汇总数据进行计算的，具体是指城镇调查失业人数占城镇从业人数与城镇调查失业人数之和的百分比。城镇登记失业人数和城镇登记失业率是我国政府正式公布并用来反映我国失业规模和失业水平的统计指标。

### 一、中国失业率状况

中国城镇登记失业人员是指有非农业户口，在一定的劳动年龄内

（16 周岁至退休年龄），有劳动能力，无业而要求就业，并在当地劳动保障部门进行失业登记的人员。我国城镇登记失业人数由 1978 年的 530 万人增长至 2015 年的 966 万人，但是城镇登记失业率基本维持在 4%左右（见表 3-1）。

**表 3-1　中国城镇登记失业人数和城镇登记失业率**

| 年　份 | 城镇登记失业人数（万人） | 城镇登记失业率（%） |
|---|---|---|
| 1978 | 530 | 5. 3 |
| 1980 | 542 | 4. 9 |
| 1985 | 239 | 1. 8 |
| 1990 | 383 | 2. 5 |
| 2000 | 595 | 3. 1 |
| 2005 | 839 | 4. 2 |
| 2006 | 847 | 4. 1 |
| 2007 | 830 | 4. 0 |
| 2008 | 886 | 4. 2 |
| 2009 | 921 | 4. 3 |
| 2010 | 908 | 4. 1 |
| 2011 | 922 | 4. 1 |
| 2012 | 917 | 4. 1 |
| 2013 | 926 | 4. 1 |
| 2014 | 952 | 4. 1 |
| 2015 | 966 | 4. 1 |

资料来源：中华人民共和国国家统计局历年《中国统计年鉴》，参见 http：//www. stats. gov. cn/tjsj/ndsj/。

随着就业问题的日益突出，城镇登记失业率这一指标所标示出的中国失业率水平受到广泛而强烈的质疑。中国城镇登记失业率指标的不足体现在：（1）城镇登记失业人口仅限城镇户籍人口，农村劳动力以及进城农民工未纳入统计范围；（2）以失业登记为数据来源，未主动到失业登记部门进行失业登记者，不纳入统计范围；（3）现行的城镇登记失业率指标过于简单，仅有登记失业人数和登记失业率两个指标，难以获得不同性别、不同年龄、不同职业乃至不同行业的失业率数据；（4）城镇失业人数和城镇就业人数统计口径不同，实际中采用的城镇就业人数指标的口径大体为实际常住人口，远大于城镇登记失业的户籍人口的统计口径，因此，必然造成对城镇失业率的低估①。

学者们的研究表明中国实际失业率水平远高于城镇登记失业率水平。蔡昉（2003）根据中国社会科学院人口与劳动经济研究所2002年下半年在福州、上海、沈阳、西安和武汉五城市的调查，推算出1996年以来，这五城市16—60岁人口的失业率一直在8%左右，并持续上升，2002年2月开始，失业率超过了14%②。2003年我国城镇登记失业率水平仅为4.3%③，张车伟（2003）根据第五次全国人口普查数据推测，2003年中国的城镇实际失业率大约为8.7%④。

2018年政府工作报告首次将城镇调查失业率作为发展预期目标，提出“2018年我国城镇调查失业率5.5%以内”。2018年4月17日，国家统计局首次正式发布中国城镇调查失业率，2018年1至3月份，分别为5.0%、5.0%和5.1%。从“登记失业率”到“调查失业率”虽然仅有两字区别，但调查失业率可以更加真实地反映就业情况。

在具体操作上，城镇调查失业率的调查方法为抽样调查，范围为全国城乡区域，对象为家庭户和集体户人口。每月全国样本量12万

① 曾湘泉：《面向市场的中国就业与失业测量研究》，中国人民大学出版社2006年版，第242—243页。

② 蔡昉：《论就业在社会经济发展政策中的优先地位》，《中国人口科学》2003年第3期，第1页。

③ 《中国统计年鉴2014》，参见http：//www.stats.gov.cn/tjsj/ndsj/。

④ 张车伟：《失业率定义的国际比较及中国城镇失业率》，《世界经济》2003年第5期，第54页。

户，覆盖中国所有市和1800个县。在入户调查之后，数据直接报送至国家统计局联网直报平台，然后由各级统计机构在线进行编码、审核、验收数据。最后，国家统计局加权汇总生成全国和分省份的调查失业率等各项数据指标。

## 二、中国失业人口特征分析

在任何一个经济体的不同发展阶段上，从来不是所有的失业者都面临着同样的失业危机，而是有些人失业概率较大，有些人几乎没有失业的威胁，或者失业概率很低①。由于劳动力的失业分布是不均衡的，为了更为深入地了解中国失业现状，我们进一步分析以下问题：哪些行业最容易产生失业现象？哪些人最容易成为失业者？失业持续的时间有多长？本研究从2013年《中国劳动统计年鉴》中获取数据对中国失业人员的行业分布、失业人员的受教育水平以及失业人员的失业持续时间分布等进行描述分析。

从失业人员的行业分布来看，制造业、批发和零售业、农林牧渔业的失业人员在总失业人数中所占比例较高，分别为29.5%、23.5%和8.2%；政府等公共组织、金融业、教育等行业的失业人员所占比例较低，不到2%（见图3-1）。需要较少人力资本培训的行业的失业率往往高于那些需要更多职业技能培训的行业，即低技术工人在经济衰退期的失业率通常会上升。产生这种现象的原因在于：（1）低技术工人常常更容易遭受到技术变化所引起的失业，具有较长的结构性失业期；（2）较高技能的工人更有可能自我雇佣；（3）在产品需求下降时，厂商将解雇那些人力资本投入量少的工人，而保留拥有更多技

① 袁志刚：《失业经济学》，格致出版社、上海三联书店、上海人民出版社2014年版，第20页。

能的工人、管理人员和专业人员①。

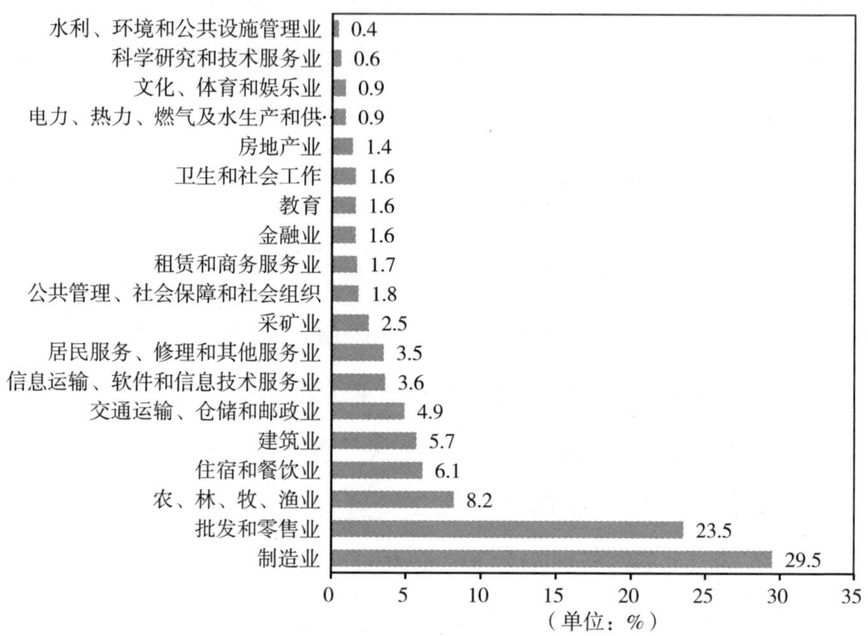


**图 3-1 不同行业的失业人数所占比例**

资料来源：国家统计局人口和就业统计司、劳动和社会保障部规划财务司编：《2013 年中国劳动统计年鉴》，中国统计出版社 2014 年版，第 107—109 页。

从失业人员的受教育水平来看，受教育水平为初中和高中的失业人员在总失业人数中所占比例较高，分别为 41.3%和 30.6%（见图 3-2）。受教育水平较低的未上过小学或小学的失业者以及受教育水平较高的大学本科或研究生的失业者占总失业人数的比重较低。产生这种现象的原因可能在于：受教育水平较低的未上过小学或小学的人员从事建筑、搬运、保洁等体力劳动工作较多，受教育水平较高的大学本科或研究生的人员从事金融、教育、科技、公共事务等脑力劳动

① ［美］坎贝尔·R. 麦克南、［美］斯坦利·L. 布鲁、［美］大卫·A. 麦克菲逊：《当代劳动经济学》，人民邮电出版社 2004 年版，第 516 页。

较多，均能实现较高的就业率，而受教育水平为初中和高中的人员不愿意从事简单的体力劳动又不能较好的胜任文化水平要求较高的脑力劳动，故造成了该群体在总失业人数中所占比例较高。

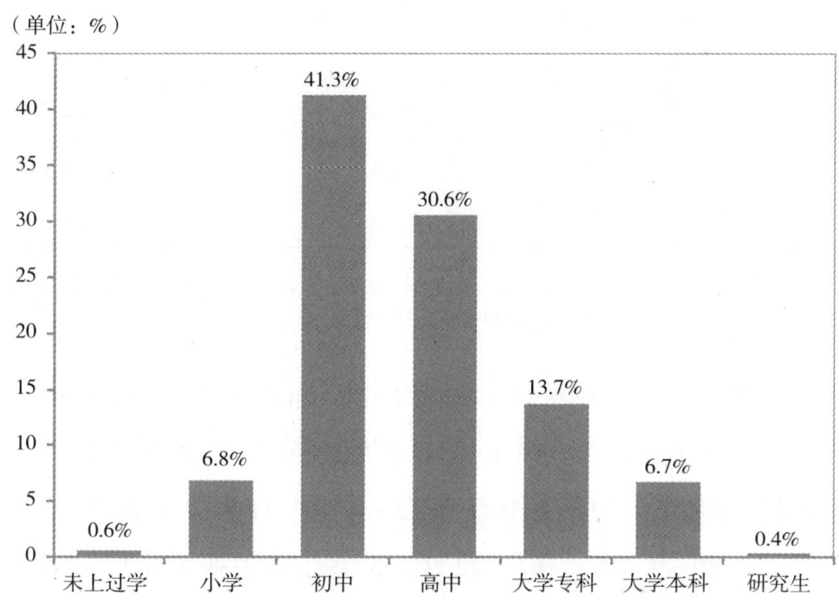


**图 3-2　不同受教育水平的失业人数所占比例**

资料来源：国家统计局人口和就业统计司、劳动和社会保障部规划财务司编：《2013 年中国劳动统计年鉴》，中国统计出版社 2014 年版，第 102 页。

失业持续时间是指新生劳动力或者失去工作的人找到工作或者重新找到工作所用的时间。根据失业的持续时间，可以将失业划分为短期失业和长期失业等不同类型，失业的持续时间主要取决于劳动力市场的发育程度、劳动人员的分布情况、失业者寻找工作的能力和要求以及社会可提供的就业岗位和就业数量等。失业持续时间一定程度上反映了失业的程度和解决失业问题的难度。失业持续时间也反映了劳动力的流动状况，在失业率既定的情况下，失业持续时间越短，说明劳动力的流动速度越快。

**表 3-2　按失业持续时间分类的失业人员所占比例**

| 失业持续时间 | 比例（%） | 累积百分比（%） |
| --- | --- | --- |
| 1 个月 | 4. 5 | 4. 5 |
| 2—3 个月 | 11. 3 | 15. 8 |
| 4—6 个月 | 16. 2 | 32. 0 |
| 7—12 个月 | 26. 4 | 58. 4 |
| 13—24 个月 | 19. 4 | 77. 8 |
| 25 个月以上 | 22. 2 | 100. 0 |

资料来源：国家统计局人口和就业统计司、劳动和社会保障部规划财务司编：《2013 年中国劳动统计年鉴》，中国统计出版社 2014 年版，第 115 页。

中国失业者的失业持续时间为 1 个月和 2—3 个月的所占比例较低，分别为 4. 6%和 11. 3%；失业持续时间较长者所占比例较高，如失业持续时间为 7—12 个月和 13—24 个月的失业者所占比例分别为 26. 4%和 19. 4%；还有 22. 2%的失业者失业持续时间在 25 个月及以上，这表明该部分失业者的失业持续时间长于我国失业保险法规定的失业保险金最长领取期限（24 个月）（见表 3-2）。随着失业持续时间的延长，失业者再就业率降低，即劳动者一旦长时间处于失业状态，就会形成失业的一种惯性，很难从失业的泥沼中脱离出来。

以上统计数据分析表明，中国目前的失业人员分布具有明显的行业分布特征；从受教育水平看，失业者多集中在初中和高中文化水平；从失业持续时间分布来看，失业持续时间为 1—12 个月的失业者占总失业人数的比重为 58. 4%，表明一半以上的失业者的失业持续时间在 12 个月以内。

## 第二节　中国失业保险覆盖范围及失业保险参保率现状

失业保险覆盖范围和失业保险参保率对失业保险基金产生影响，体现在以下两个方面：一方面失业保险覆盖范围越广，劳动者参加失业保险制度的比重越高，交纳失业保险费的人数越多，失业保险基金筹资主体更为多元化；另一方面，失业保险参保人群的失业率高低，直接影响失业保险基金支出，失业保险参保人群的失业率越高则意味着失业保险金需求人数越多，失业保险基金支出需求大。

本研究从历年的《中国统计年鉴》中获取参加失业保险人数、城镇就业人数、全国城乡就业人数、全国经济活动人数等分析中国失业保险参保情况。经济活动人口即劳动力人口，是指在劳动年龄内，有劳动能力，正处于就业状态或有意愿就业的人口。根据我国统计制度，经济活动人口是指所有年龄在 16 岁及以上，在一定时期内为各种经济生产和服务活动提供劳动力供给的人口。这些人被视为实际参加或要求参加社会经济活动的人口，也称为现实的人力资源。经济活动人口是就业人口和失业人口之和。

**表 3-3　2000—2016 年中国失业保险参保人数和就业人数统计**

| 年　份 | 参加失业保险人数（万人） | 城镇就业人数（万人） | 全国城乡就业人数（万人） | 全国经济活动人口（万人） |
| --- | --- | --- | --- | --- |
| 2000 | 10408 | 23151 | 72085 | 73992 |
| 2001 | 10182 | 23940 | 73025 | 74432 |

续表

| 年　份 | 参加失业保险人数（万人） | 城镇就业人数（万人） | 全国城乡就业人数（万人） | 全国经济活动人口（万人） |
|---|---|---|---|---|
| 2002 | 10355 | 24780 | 73740 | 75360 |
| 2003 | 10373 | 25639 | 74432 | 76075 |
| 2004 | 10584 | 26476 | 75200 | 76823 |
| 2005 | 10648 | 27331 | 75825 | 77877 |
| 2006 | 11187 | 28310 | 76400 | 78244 |
| 2007 | 11645 | 29350 | 76990 | 78645 |
| 2008 | 12400 | 32103 | 75564 | 77046 |
| 2009 | 12716 | 33322 | 75828 | 77510 |
| 2010 | 13376 | 34687 | 76105 | 78388 |
| 2011 | 14317 | 35914 | 76420 | 78579 |
| 2012 | 15225 | 37102 | 76704 | 78894 |
| 2013 | 16417 | 38240 | 76977 | 79300 |
| 2014 | 17043 | 39310 | 77253 | 79690 |
| 2015 | 17326 | 40410 | 77451 | 80091 |
| 2016 | 18089 | 41428 | 77603 | 80694 |

资料来源：中华人民共和国国家统计局历年《中国统计年鉴》，参见 http：//www. stats. gov. cn/tjsj/ndsj/。

2000—2016 年期间，中国失业保险参保人数一直保持增长趋势，由 2000 年的 10408 万人增加至 2016 年的 18089 万人，增长了 73. 8%（见表 3-3）。与此同时，中国城镇就业人数、全国城乡就业人数和全国经济活动人口数都有所增长。

接下来，我们计算失业保险参保人数占城镇就业人数、全国城乡就业人数和全国经济活动人口的比重来分析劳动者失业保险参保情况。以城镇就业人员为基数计算的失业保险参保率表明一半以上的城镇就业人员没有参加失业保险制度。2000—2016 年期间，失业保险参保人数占城镇就业人数的比重由 2000 年的 45.0%下降至 2005 年的 39.0%，此后 2006 年和 2007 年两年略有回升，但至 2016 年仅为 43.7%，未能高于 2000 年的水平（参见图 3-3）。

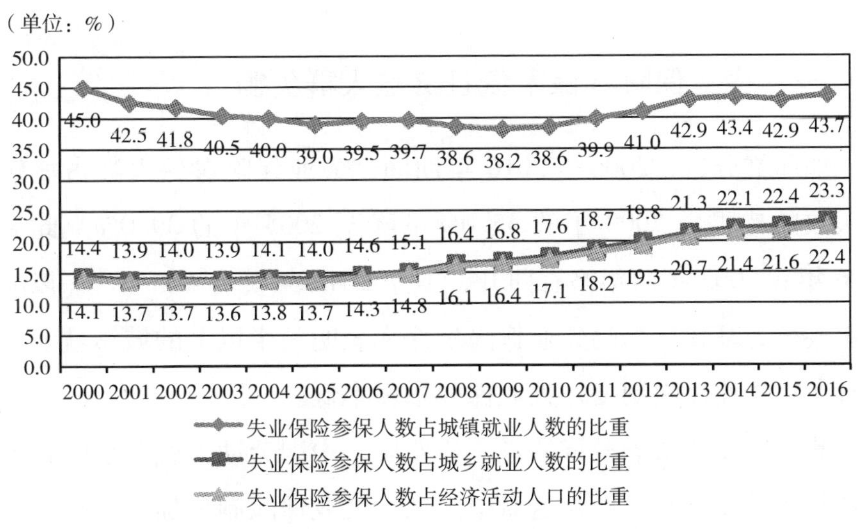


**图 3-3　2000—2015 年中国失业保险参保率**

资料来源：中华人民共和国国家统计局历年《中国统计年鉴》，参见 http：//www. stats. gov. cn/tjsj/ndsj/。

失业保险参保人数占城乡就业总人数和经济活动人口的比重能够从更为宏观的角度分析中国劳动力失业保险参保率，数据分析表明中国失业保险制度远未实现将大部分劳动力人口纳入保障范围的目标。2000—2016 年期间失业保险参保人数占经济活动人口的比重略有增长，但是到 2015 年时仍为 22.4%左右，远低于失业保险参保人数占城镇就业人数的比重（见图 3-3）。2000 年失业保险参保人数占城乡就业总人数的比重为 14.4%，此后三年略有下降，随后保持增长趋势，2016 年达 23.3%（见图 3-3）。

# 第三节　失业保险覆盖面方面存在的问题及原因分析

## 一、失业保险参保率低且覆盖人群失衡

如前文分析，2000—2016 年期间，失业保险参保人数占城镇就业人数的比重由 2000 年的 45.0%下降至 2005 年的 39.0%，此后在 2006 年和 2007 年两年略有回升，但至 2016 年仅为 43.7%①，以城镇就业人员为基数计算的失业保险参保率表明一半以上的城镇就业人员没有参加失业保险制度，失业保险参保率低。

此外，随着市场经济的进一步发展，中国劳动力就业形式朝着灵活化和多样化方向发展，这对中国现行失业保险制度提出挑战，中国失业保险制度覆盖人群呈现城乡失衡和参保单位类型分布失衡。

从城乡分布来看，中国现行的失业保险制度主要覆盖城镇企业、事业单位及其职工。农村劳动力以及由于土地被征用而产生的失地农民、农民工等参加失业保险的比例很低。由于失地农民自身科技文化水平较低、非农就业能力不足以及就业形势较为严峻等因素的影响，失地农民难以在短时间内顺利找到合适的工作，大多数失地农民处于失业或半失业状态。

从失业保险参保人员的单位类型来看，目前失业保险参保对象主要是国有企业职工和事业单位职工，非国有企业职工参保率低。1999—2005 年间，企业单位中的失业保险参保人数占失业保险总参

① 历年《中国统计年鉴》，参见 http：//www. stats. gov. cn/tjsj/ndsj/。

保人数的比重一直下降，由 1999 年的 84.2%下降至 2005 年的 76.5%，而事业单位参保人数所占比例则由 15.0%上升至 21.4%（见表 3-4）。2008 年事业单位失业保险参保人数所占比例略有下降，但是仍然维持在 19.7%（见表 3-4）。2008 年事业单位参加失业保险人数占全国事业单位职工总数的 83.16%①。事业单位职工失业保险参保率高的原因主要在于政府在推行失业保险制度时，极力将事业单位职工纳入失业保险制度覆盖范围，且事业单位失业保险扩面工作比较容易进行②。与此相比，流动性较大，失业风险较大的私有企业员工、灵活就业人员等参加失业保险制度的比率较低。2012 年全国农民工总量达到 26261 万人③，当年参加失业保险的农民工数量为 2702 万人④，参加失业保险的农民工只占当年农民工总数的 10.2%；2015 年农民工总人数增长至 27747 万人，当年参加失业保险的农民工人数为 4219 万人，占当年农民工总人数的 15.2%左右⑤。

**表 3-4 按单位类型划分的失业保险参保人数分布**

| 年份 | 参保人数（万人） | 企业单位 | | 事业单位 | | 其他 | |
|---|---|---|---|---|---|---|---|
| | | 人数（万人） | 比重 | 人数（万人） | 比重 | 人数（万人） | 比重 |
| 1999 | 9852.0 | 8300.3 | 84.2% | 1476.6 | 15.0% | 75.1 | 0.8% |

① 郑秉文：《中国失业保险基金增长原因分析及其政策选择——从中外比较的角度兼论投资体制改革》，《经济社会体制比较》2010 年第 6 期，第 3 页。

② 顾昕：《通向普遍主义的艰难之路：中国城镇失业保险制度的覆盖面分析》，《东岳论丛》2006 年第 3 期，第 31 页。

③ 《中国失业保险金结余 3000 亿沉睡资金够用 6 年》，2013 年 11 月 28 日，参见 http://money.163.com/13/1128/02/9ENVTP5M00253B0H.html。

④ 《2012 年度人力资源和社会保障事业发展统计公报》，2013 年 6 月 3 日，参见 http://www.mohrss.gov.cn/SYrlzyhshbzb/zwgk/szrs/ndtjsj/tjgb/201306/t20130603_104411.htm。

⑤ 《2015 年度人力资源和社会保障事业发展统计公报》，2016 年 5 月 30 日，参见 http://www.mohrss.gov.cn/SYrlzyhshbzb/dongtaixinwen/buneiyaowen/201605/t20160530_240967.html。

续表

| 年份 | 参保人数（万人） | 企业单位 | | 事业单位 | | 其他 | |
|---|---|---|---|---|---|---|---|
| | | 人数（万人） | 比重 | 人数（万人） | 比重 | 人数（万人） | 比重 |
| 2000 | 10408. 4 | 8402. 1 | 80. 7% | 1843. 4 | 17. 7% | 162. 9 | 1. 6% |
| 2001 | 10181. 6 | 8149. 5 | 80. 0% | 1977. 2 | 19. 4% | 54. 9 | 0. 5% |
| 2002 | 10354. 6 | 7991. 2 | 77. 2% | 2053. 1 | 19. 8% | 310. 3 | 3. 0% |
| 2003 | 10372. 9 | 8029. 8 | 77. 4% | 2175. 3 | 21. 0% | 167. 8 | 1. 6% |
| 2004 | 10583. 9 | 8148. 4 | 77. 0% | 2255. 9 | 21. 3% | 179. 6 | 1. 7% |
| 2005 | 10647. 7 | 8144. 5 | 76. 5% | 2280. 5 | 21. 4% | 222. 7 | 2. 1% |
| 2008 | 12400. 0 | 9580. 0 | 77. 3% | 2438. 0 | 19. 7% | 382. 0 | 3. 1% |

注：由于数据可得性限制，本表只列出部分年份失业保险参保人数在不同类型参保单位的分布情况。

资料来源：1999—2005 年数据来自中华人民共和国国家统计局历年《中国统计年鉴》，参见 http：//www. stats. gov. cn/tjsj/ndsj/；2008 年数据来自胡晓义主编：《走向和谐：中国社会保障发展 60 年》，中国劳动社会保障出版社 2009 年版，第 311 页。

中国失业保险覆盖面存在的问题可以归纳为：一方面是失业风险低的国有企业和事业单位人员失业保险参保率高，却对失业保险金的需求较低，即“有保无险”；另一方面是真正需要保障的大量农民工、失地农民等面临较高失业风险的群体没有被制度覆盖，即“有险无保”。

失业保险覆盖人群失衡对失业保险基金的影响表现在：国有企业职工和事业单位人员失业保险参保率高，交纳了大量的失业保险费，但是这部分人群就业状况和工作收入都相对稳定，其失业率非常低，对失业保险金的需求较小，从而在失业保险基金收入和支出两个维度上都加重了失业保险基金的失衡；农民工和失地农民等失业风险较高群体参保率低或未被纳入失业保险制度覆盖范围，一方面减少了失业保险基金缴费来源，另一方面也极大降低了失业保险基金支出。

## 二、中国失业保险参保率低的原因分析

前文关于中国失业保险参保率的分析表明，2016 年失业保险参保人数占城镇就业人数的比例为 43.7%，中国失业保险制度覆盖面小，参保率低。顾昕（2006）指出中国失业保险制度距离普遍覆盖的目标尚远，其中的重要原因之一在于失业保险制度使用“职工”这一范畴来界定覆盖对象，为失业保险的制度化造成了困扰[①]。“职工”这一概念最早是指纳入原国家劳动人事管理计划或俗称“编制”的受雇者[②]。随着中国市场经济的改革和发展以及劳动合同制的实施，如今，“职工”一般用来指具有长期固定就业身份的受雇者[③]。如《中国劳动统计年鉴》将职工界定为“在国有、城镇集体、联营、股份制、外商和港、澳、台投资、其他单位及附属机构工作，并由其支付工资的各类人员，但是不包括乡镇企业和私营企业从业人员、城镇个体劳动者、民办教师以及离退休人员”。

其次，失业保险制度中的道德风险问题也加大了失业保险制度向非正规就业群体扩面的难度。失业保险制度中的道德风险问题表现在以下几个方面：

一是自愿失业问题，即参保人因主观原因导致失业，以获取一定的失业保险金。失业保险机构在认定参保人失业事实时，很难准确把握失业人员是否因主观原因而导致失业的发生。部分参保人利用自身

① 顾昕：《通向普遍主义的艰难之路：中国城镇失业保险制度的覆盖面分析》，《东岳论丛》2006 年第 3 期，第 32 页。

② 顾昕：《通向普遍主义的艰难之路：中国城镇失业保险制度的覆盖面分析》，《东岳论丛》2006 年第 3 期，第 29 页。

③ 顾昕：《通向普遍主义的艰难之路：中国城镇失业保险制度的覆盖面分析》，《东岳论丛》2006 年第 3 期，第 29 页。

的优势，自愿失业，“冒充”失业人员领取失业保险金。此外，不加区分地按照统一费率对所有劳动者征收失业保险费，并按照统一标准给每个失业者发放失业保险金，这一政策必然导致厌恶劳动的失业者故意失业或延长失业持续时间来领取更多的失业保险金。

二是隐性就业问题，即已经在失业保险主管部门登记失业并按期领取失业保险金的人员，在实现再就业后未向失业保险主管部门汇报其就业状况和劳动收入情况。隐性就业者领取失业保险金，造成了失业保险基金的过度支出。

失业保险制度运行中存在着以上道德风险问题，使得失业保险制度向非正规就业群体扩面时的实施与监管难度加大。如农民工、个体户等灵活就业群体，由于其流动性大，缺乏稳定的就业关系，因此失业保险行政主管部门难以对其失业的原因、再就业状况等进行实时有效的监督。这是我国失业保险制度迟迟未能有效地覆盖农民工、灵活就业人员的客观原因。

此外，由于我国目前实行统一的失业保险费率，并且在统筹地区内执行统一的失业保险金给付标准，使得就业较稳定、失业率低的企业及其职工缺乏参加失业保险制度的积极性，带来参保负激励问题。另外，由于失业保险制度强制性不足，招用非正规就业人员较多的中小企业，为了降低企业的运行成本，逃避社会保险缴费，使得失业保险参保率难以提高。

## 第四节　扩大失业保险覆盖面之农民失业保险探讨

本节从农民的职业特征出发，分析农民失业保险问题。将农民纳入失业保险制度体系，一方面可以扩大失业保险制度覆盖面，扩充失业保险基金来源；另一方面通过发放失业保险金的方式保障农民失地又失业时的基本生活，可以提升失业保险基金的使用效率。土地是人类社会生产和发展的基础性资源，是农业生产的基本生产资料。农民失业保险制度缺失带来的问题随着农民失去土地而凸显。因此，本节重点以中国失地农民这个群体为例，探析农民失业保险制度问题。本节首先分析建立农民失业保险的必要性，然后介绍国外农民失业保险制度发展情况，进而分析中国失地农民社会保障发展现状，最后深入研究中国失地农民失业保险需求问题。

## 一、建立农民失业保险的必要性分析

农民，指长时期从事农业生产的人。语出《谷梁传·成公元年》："古者有四民：有士民，有农民，有工民，有商民"。[①] 可见，此时"农民"是职业的概念，当时的社会群体可以分为"士农工商"四类职业群体。

随着社会形态的变化，"农民"一词的含义也发生变化。1958 年 1 月《中华人民共和国户口管理条例》正式实施以后，我国形成了农村户口和城市户口"二元结构"的户籍管理体制。凡是具有城镇户口的居民就是城镇居民，具有农村户口的居民就是农民，不管城镇居民和农民从事何种职业。1984 年我国全面实施家庭联产承包责任制，农民拥有土地的经营权。随着社会经济发展和农业生产结构的变化，农民群体开始演化，出现亦工亦农的群体，即农忙时务农，农闲时进城务工。这种现象在发达地区、城市郊区更为普遍。随着市场经济的发展，一部分农民受到城市更好工作机会的吸引而主动放弃以务农为

① 《汉典》，参见 http：//www. zdic. net/c/c/e9/238424. htm。

主的生产方式而进城务工，此群体即农民工。2010 年 1 月 31 日，国务院发布的 2010 年中央一号文件《关于加大统筹城乡发展力度进一步夯实农业农村发展基础的若干意见》中，首次使用了“新生代农民工”的提法①。新生代农民工指的是 1980 年后出生的农民工，他们基本上没有务农的经历，很多是从学校毕业后就直接外出的，甚至连基本的农业常识都缺乏。农民工和新生代农民工从理论上说享有农村土地的经营权，但是实际上并不从事务农活动。可见，农民逐渐发展成一个身份的概念，而不是一个职业的概念。

### （一）建立农民失业保险制度是统筹城乡社会保障制度的重要内容

农民的身份概念和我国城乡二元社会保障制度体系等问题密切相关。我国社会保障制度发展具有突出的城乡二元特征，失业保险制度也不例外。经历 30 多年的发展，我国失业保险制度覆盖的对象仍限于城镇范围内，包括城镇事业单位职工、城镇国有企业职工、城镇集体企业职工、外商投资企业员工、城镇私营企业员工、其他城镇企业员工以及城镇企业事业单位招用的农民合同制工人（即农民工），而农民一直未被纳入到失业保险制度覆盖范围。建立起覆盖农村劳动力的失业保险制度，是统筹城乡发展和统筹城乡社会保障制度建设的重要内容。

### （二）失业保险制度的建立有助于农业现代化的发展和新型职业农民的培育

“十三五”规划纲要第四篇阐述推进农业现代化问题，提出发展适度规模经营，即“稳定农村土地承包关系，完善土地所有权、承包权、经营权分置办法，依法推进土地经营权有序流转，通过代耕代

---

① 《中共中央国务院关于加大统筹城乡发展力度进一步夯实农业农村发展基础的若干意见》，2010 年 2 月 1 日，参见 http：//politics. people. com. cn/GB/1026/10893985. html。

种、联耕联种、土地托管、股份合作等方式，推动实现多种形式的农业适度规模经营”。此外，“十三五”规划纲要还提出“培育新型农业经营主体，健全有利于新型农业经营主体成长的政策体系，扶持发展种养大户和家庭农场，引导和促进农民合作社规范发展，培育壮大农业产业化龙头企业，大力培养新型职业农民，打造高素质现代农业生产经营者队伍。鼓励和支持工商资本投资现代农业，促进农商联盟等新型经营模式发展”①。《国务院关于印发全国农业现代化规划（2016—2020年）的通知》（国发〔2016〕58号）也提出：“支持通过土地流转、土地托管、土地入股等多种形式发展适度规模经营，加强典型经验总结和推广。”② 在发展适度规模经营和培育新型农业经营主体过程中，随着家庭农场、农民合作社、农业生产企业等农业经营主体的发展壮大，以及新型职业农民的发展，农民被雇用的情况将越来越普遍。

目前，我国社会保障制度覆盖面过小，城乡二元社会保障制度体系成为阻滞农民职业化的一大障碍。要按照城乡统筹的要求，尽快完善以社会保险为核心的社会保障制度，把农民统一纳入到由医疗保险、养老保险、失业保险、工伤保险等构成的社会保障体系中去，从而解除农民因职业化而带来的后顾之忧。

## 二、发达国家农民失业保险概览

在当代发达国家，农民（Farmer）是个职业概念，指的是经营农

① 《十三五规划纲要：第四篇推进农业现代化》，2016年3月18日，参见 http：//www. moa. gov. cn/fwllm/xxhjs/dtyw/201603/t20160318_ 5060298. htm。

② 《国务院关于印发全国农业现代化规划（2016—2020年）的通知》（国发〔2016〕58号），2016年10月20日，参见 http：//www. gov. cn/zhengce/content/2016-10/20/content_ 5122217. htm。

场，从事农业的人。这个概念直观明了：务农者即为农民，一旦不再务农也就不复为农民了。西方发达国家的城市化进程发生较早，也较早开始探讨和建立农民失业保险制度①。

英国于 1911 年建立起正式的失业保险制度，制度建立之初仅覆盖建筑业、造船业、铸造业、机械工程业等行业的从业人员，而农民则被排除在外。关于农民是否应该被纳入到失业保险制度，英国经历了较长时间的讨论。1920 年至 1936 年期间，英国共成立了 6 个政府委员会来研究农民失业保险制度问题②。例如，1920 年 12 月英国农业工资委员会成立了一个由农场主和农业工人组成的专门委员会来研究失业保险制度是否适用于农民以及农民能否从失业保险制度中受益等问题。该委员会于 1921 年完成的研究报告指出由于农民失业率等信息不全，农场主和农民对于是否要建立自愿性的农民失业保险制度没有明确的意见。

1925 年英国农业工人组织的领袖们再次提出农民失业保险问题。1925 年 5 月成立了跨政府部门的委员会来研究是否要建立强制性的农民失业保险制度，以及如何建立起有效的制度。委员会建议为农民建立单独的失业保险制度，并且由农业部来管理。但是该建议最后因为论证不充分，而没有被政府部门采纳。

1934 年 7 月成立的法定委员会建议将农民失业保险和普通产业工人失业保险（即 1911 年建立的失业保险制度）相区分：首先，由于

---

① 此处农民指的是英国受雇于农场主的从事农业劳动的工人。由于英国实行的土地私有制和我国农村土地集体所有不同，所以英国农业工人和我国农民的内涵存在着差异。为了便于文中概念统一，在此使用农民这个概念。文中也用英国农民失业保险指代英国农业工人失业保险。

② Cohen, J. W., *Unemployment Insurance and Agricultural Labor in Great Britain*, Washington: Committee on Social Security, Social Science Research Council, 1940, p. 2.

农民工资更低，如果按照现行失业保险制度，农民和农场主难以负担失业保险费；其次，现行的失业保险待遇往往接近或超过农民的工资水平；再次，农民的失业率低于其他产业工人，农民缴纳的失业保险费将部分补贴其他行业的工人失业保险金支出，这是不公平的。以上建议被英国 1936 年 4 月颁布的《农业失业保险法案》（*Unemployment Insurance*（*Agriculture*）*Act*）所采纳。[①] 从此英国正式建立起农民失业保险制度。

1936 年英国《农业失业保险法案》规定受雇的农业工人、园艺工人和林业工人都参加失业保险。1939 年英国农民失业保险参保率达 52%[②]。英国农民失业保险缴费实行“三等分原则”，即由雇主、农民和政府三方各自负担三分之一的费用；65 岁以上者则由雇主和政府各负担一半的费用[③]。英国政府在 1938 年、1939 年和 1942 年多次将 18 岁以上的农民失业保险缴费水平降低（如表 3-5 所示）。由于农民失业率低，失业保险基金支出少，由此带来大量的失业保险基金结余，这为降低农民失业保险税率提供了基础。数据显示，截至 1938 年 12 月 31 日农民失业保险金累积结余达 277.39 万英镑[④]。

---

① Cohen，J. W.，*Unemployment Insurance and Agricultural Labor in Great Britain*，Washington：Committee on Social Security，Social Science Research Council，1940，p. 5.

② Cohen，J. W.，*Unemployment Insurance and Agricultural Labor in Great Britain*，Washington：Committee on Social Security，Social Science Research Council，1940，p. 16.

③ Cohen，J. W.，*Unemployment Insurance and Agricultural Labor in Great Britain*，Washington：Committee on Social Security，Social Science Research Council，1940，p. 10.

④ Cohen，J. W.，*Unemployment Insurance and Agricultural Labor in Great Britain*，Washington：Committee on Social Security，Social Science Research Council，1940，p. 21.

表 3-5 英国农民失业保险缴费水平

单位：便士/周

| 执行时间 | 年龄 | 缴费水平 | |
|---|---|---|---|
| | | 男性 | 女性 |
| 1936 年 5 月 4 日至 1938 年 7 月 3 日 | 16 岁以下 | 4.5 | 3 |
| | 16—17 岁 | 6 | 4.5 |
| | 18—20 岁 | 12 | 10.5 |
| | 21—64 岁 | 13.5 | 12 |
| 1938 年 7 月 4 日至 1939 年 7 月 2 日 | 16 岁以下 | 4.5 | 3 |
| | 16—17 岁 | 6 | 4.5 |
| | 18—20 岁 | 10.5 | 9 |
| | 21—64 岁 | 12 | 10.5 |
| 1939 年 7 月 3 日至 1942 年 7 月 5 日 | 16 岁以下 | 4.5 | 3 |
| | 16—17 岁 | 6 | 4.5 |
| | 18—20 岁 | 7.5 | 6 |
| | 21—64 岁 | 9 | 7.5 |

注：此处失业保险缴费包括雇主、农民和政府各自负担的失业保险费总和。

资料来源：Cohen J. W.，*Unemployment Insurance and Agricultural Labor in Great Britain*，Washington：Committee on Social Security，Social Science Research Council，1940，p. 10.

英国普通失业保险（1911）和农民失业保险（1936）都由劳动部统一管理，但是设置两个账户分别管理这两个失业保险制度的资金，以便清晰地分析两项制度的基金收入、支出和财务状况。此外，由于英国普通产业工人失业保险制度比农民失业保险制度早 25 年建立，普通失业保险基金的财务成本和管理成本等累积，如果将两项制度合一，则存在着农民向普通产业工人转移支付的问题①。

① Cohen，J. W.，*Unemployment Insurance and Agricultural Labor in Great Britain*，Washington：Committee on Social Security，Social Science Research Council，1940，p. 29.

**表 3-6　英国普通失业保险和农民失业保险制度比较**

| 法律条款 | 普通失业保险 | 农民失业保险 |
| --- | --- | --- |
| 缴费水平确定方式 | 统一费率 | 统一费率 |
| 筹资来源 | 三方负担 | 三方负担 |
| 等待期 | 3天 | 3天 |
| 待遇标准 | 统一标准 | 统一标准 |
| 管理机构 | 劳动部 | 劳动部 |
| 给付期限 | 26周 | 50周 |
| 缴费要求 | 30周 | 20周 |

资料来源：Cohen, J. W., *Unemployment Insurance and Agricultural Labor in Great Britain*, Washington: Committee on Social Security, Social Science Research Council, 1940, p. 10.

从表3-6看，英国普通失业保险和农民失业保险在缴费水平确定方式、筹资来源、等待期、待遇标准确定方式和管理机构方面都是相同的；在缴费要求方面，普通失业保险要求缴纳30周以上的失业保险费才具备受益资格，而对农民失业保险缴费要求要低一些，为20周；在给付期限方面，普通失业保险最长给付期限为26周，而农民失业保险给付期限要长很多，为50周。

英国农民失业保险和普通失业保险在缴费和待遇水平方面存在着共同点和差异性（如表3-7所示）。这两项制度在缴费和待遇水平设计方面的共同点表现在：一是16岁以下农民不享受失业保险金待遇，但是需要交纳较低额度的失业保险费；二是男性的缴费水平和待遇水平都高于同年龄段的女性；三是缴费水平越高，失业保险金待遇相应更高；四是分年龄段设计缴费标准和待遇标准，年龄越大缴费标准和待遇水平越高。两项制度在缴费和待遇水平设计方面的差异性表现在：农民失业保险缴费水平远低于普通失业保险缴费，特别是16岁以上的农民缴费水平远低于一般产业工人缴费水平。从失业保险待遇看，农民失业保险待遇略低于普通失业保险待遇。

**表 3-7　英国农民失业保险和普通失业保险缴费和待遇水平比较**

单位：便士/周

| 分年龄段 | 性别 | 缴费 | | 待遇 | |
|---|---|---|---|---|---|
| | | 农民失业保险 | 普通失业保险 | 农民失业保险 | 普通失业保险 |
| 16 岁以下 | 男 | 4.5 | 6 | 无 | 无 |
| | 女 | 3 | 6 | 无 | 无 |
| 16 岁 | 男 | 6 | 15.6 | 60 | 72 |
| | 女 | 4.5 | 13.8 | 48 | 60 |
| 17 岁 | 男 | 6 | 15.6 | 91.2 | 108 |
| | 女 | 4.5 | 13.8 | 72 | 84 |
| 18—20 岁 | 男 | 7.5 | 24 | 156 | 168 |
| | 女 | 6 | 22.8 | 120 | 144 |
| 21—64 岁 | 男 | 9 | 27.6 | 180 | 204 |
| | 女 | 7.5 | 24 | 156 | 180 |

注：以上缴费和待遇水平标准为英国 1939 年《失业保险法案》设定的标准。

资料来源：Cohen，J. W.，*Unemployment Insurance and Agricultural Labor in Great Britain*，Washington：Committee on Social Security，Social Science Research Council，1940，p. 11.

通过以上对比分析可知，英国农民失业保险晚于普通失业保险制度的建立，在借鉴普通失业保险制度一般框架的同时，根据农民的就业特点和经济状况等进行调整，建立起符合农民特点的失业保险制度。

美国和加拿大的失业保险制度建立时间晚于英国，并且都借鉴了英国失业保险制度模式。美国 1935 年正式建立起失业保险制度时，也将农民排除在外，直至 1974 年美国部分州开始建立农民失业保险制度。美国失业保险制度经历了近 40 年的发展之后才覆盖农民群体，主要原因如下：一是由于当时农业就业形式比较分散，存在着大量的农场，每个农场雇佣的工人数量较少，因此农民失业保险管理比较复杂；二是当时的普遍观点认为由于农民的季节性特点突出，在农业生产淡季，申请失业保险金的人大量增加会给失业保险制度带来支付压力[①]。科恩（Cohen，1940）指出，由于美国和英国在社会经济状况方面存在着较大的差异，使得美国农民失业保险问题更为复杂[②]。比如，美国农业地域和农业劳动力分布的范围远大于英国，美国农业生产和农业就业形式的多样化，美国大量外来农业工人（如墨西哥工人）以及大量的家庭工人等，使得美国要建立全国通用的农民失业保险制度更为困难。

加拿大于1940年颁布《失业保险法》，建立起全国性的失业保险制度。该法规定所有的私营部门和公共部门的就业者参加失业保险（市级和省级公共部门就业者需要经雇主同意才能参加失业保险），但是将农民、渔民、伐木工人、医疗服务从业者、教师以及每年收入超过2000加元的就业者排除在外。[③] 1955年加拿大对《失业保险法》进行了修订，将渔民和农民等季节性工人纳入到失业保险覆盖范围[④]。

例如，加拿大最新的《就业保险法》规定，自雇渔民可以参加失业保险。根据渔业的季节性特点，加拿大将渔业失业保险金分为夏季失业保险金和冬季失业保险金。渔民失业保险受益资格和收入水平挂钩，在特定时间段内渔民的收入水平达到一定要求，则获得申请失业保险金的资格。如表3-8所示，当地区失业率越高时，对渔民收入水平的要求越低；当失业率越低时，收入水平要求越高。

---

① Elterich, J., Bieker, R., "Cost Rates of Extending Unemployment Insurance to Agriculture", *American Journal of Agricultural Economics*, Vol. 57, No. 2 (1975), p. 322.

② Cohen, J. W., *Unemployment Insurance and Agricultural Labor in Great Britain*, Washington: Committee on Social Security, Social Science Research Council, 1940, p. 26.

③ "Employment Insurance in Canada: History, Structure and Issues", http://www.mapleleafweb.com/features/employment-insurance-canada-history-structure-and-issues.html.

④ Viprey, M., "Canada From Unemployment Insurance to Employment Insurance: the Disengagement of the State", http://www.etui.org/content/download/21687/181092/file/.

表 3-8 加拿大获得渔民失业保险金受益资格的收入水平

| 地区失业率 | 收入要求（加元） |
| --- | --- |
| 低于 6% | 4200 |
| 6.1%—7% | 4000 |
| 7.1%—8% | 3800 |
| 8.1%—9% | 3600 |
| 9.1%—10% | 3400 |
| 10.1%—11% | 3200 |
| 11.1%—12% | 2900 |
| 12.1%—13% | 2700 |
| 13.1%以上 | 2500 |

资料来源：Government of Canada，"EI Fishing benefits-Eligibility"，https：//www.canada.ca/en/services/benefits/ei/ei-fishing/eligibility.html.

## 三、中国失地农民失业保险制度探讨

农民失去土地后也就失去了最为重要的就业载体，失地农民极易面临失地又失业的状态。通常有风险就会有保险的需求，中国失地农民对失业保险制度的潜在需求情况如何？哪些因素影响到失地农民的失业保险参保意愿？在此以失地农民的失业保险参保意愿为因变量，把影响失地农民参加失业保险的因素作为自变量，通过二元 Logistic 回归分析中国失地农民失业保险参保意愿影响因素。

### （一）中国失地农民社会保障概况

失地农民是指在城镇化、工业化发展进程中，由于非农建设需要被国家依法征收而完全或大部分失去农业用地份额的农民[①]。对于有劳动能力又有劳动意愿的失地农民来说，失去土地等同于失去工作。

① 李腊云、王全兴：《我国失地农民权益保障研究》，载杨紫煊主编：《经济法研究（第四卷）》，北京大学出版社 2005 年版，第 94 页。

土地是农民的基本生产资料，为其提供就业保障。在城市化不断发展的背景下，农民面临失地又失业的风险不断增大。自 20 世纪 90 年代以来，中国城镇化进程进入了一个快速发展时期，由此产生大量的失地农民。据《全国土地利用总体规划纲要（2006—2020 年）》统计：按照每征用 1 亩土地约带来 1.5 个失地农民进行估算，1991—2005 年期间由于土地征用产生的失地农民数量为 5660.55 万；2006—2020 年期间产生的失地农民数量将达 6750 万①。由此估测，1991—2020 年期间失地农民数量累计约为 1.24 亿。

20 世纪 90 年代以后随着我国社会保障制度的逐步发展和完善，发展失地农民社会保障安置逐渐成为共识。2004 年《国务院关于深化改革严格土地管理的决定》（国发〔2004〕28 号）提出："在城市规划区内，当地人民政府应当将因征地而导致无地的农民，纳入城镇就业体系，并建立社会保障制度；在城市规划区外，征收农民集体所有土地时，当地人民政府要在本行政区域内为失地农民留有必要的耕作土地或安排相应的工作岗位；对不具备基本生产生活条件的无地农民，应当异地移民安置"②。这个政策文件建立了"社会保障安置+留地安置（岗位安置）+移民安置"的多元安置办法，提出了在城市建立社会保障安置的要求。此文件提及社会保障安置，但未对社会保障安置进行明确规定。

真正对失地农民社会保障安置进行规范的是国务院办公厅 2006 年颁布的《国务院办公厅转发劳动保障部关于做好被征地农民就业培训和社会保障工作指导意见的通知》（国办发〔2006〕29 号）以及劳

① 《全国土地利用总体规划纲要（2006—2020 年）》，2008 年 10 月 24 日，参见 http：//www.gov.cn/zxft/ft149/content_ 1144625.htm。

② 《国务院关于深化改革严格土地管理的决定》（国发〔2004〕28 号），2006 年 1 月 12 日，参见 http：//www.mlr.gov.cn/zwgk/flfg/tdglflfg/200601/t20060112_ 642080.htm.

动和社会保障部2007年颁布的《关于切实做好被征地农民社会保障工作有关问题的通知》（劳社部发〔2007〕14号）。这两个文件分别从社会保障安置总原则、分类安置、多层次安置、保障水平、资金来源、资金管理以及保障措施等几个方面进行了明确的规定，共同构建起失地农民多元化补偿安置的框架。

1. 提出实行分类安置和多层次安置

失地农民就业培训和社会保障工作的对象主要是因政府统一征收农村集体土地而导致失去全部或大部分土地，且在征地时享有农村集体土地承包权的在册农业人口，具体对象由各地确定。做好失地农民就业培训和社会保障工作要以新失地农民为重点人群，以劳动年龄段内的失地农民为就业培训重点对象，以大龄和老龄人群为社会保障重点对象。在城市规划区内，当地人民政府应将失地农民纳入城镇就业体系，并建立社会保障制度。在城市规划区外，应保证在本行政区域内为失地农民留有必要的耕地或安排相应的工作岗位，并纳入农村社会保障体系；对不具备生产生活条件地区的失地农民，要异地移民安置，并纳入安置地的社会保障体系。

2. 提出保障失地农民的基本生活和长远生计

国办发〔2006〕29号规定："对城市规划区内的失地农民，应根据当地经济发展水准和失地农民不同年龄段，制定保持基本生活水准不下降的办法和养老保障办法。对符合享受城市居民最低生活保障条件的，应按规定纳入城市居民最低生活保障范围。已开展城市医疗救助制度试点的地区，对符合医疗救助条件的要按规定纳入救助范围。有条件的地区可将失地农民纳入城镇职工养老、医疗、失业等社会保险参保范围，通过现行城镇社会保障体系解决其基本生活保障问题。对城市规划区外的失地农民，凡已经建立农村社会养老保险制度、开展新型农村合作医疗制度试点和实行农村最低生活保障制度的地区，要按有关规定将其纳入相应的保障范围。没有建立上述制度的地区，可由当地人民政府根据实际情况采取多种形式保障失地农民的基本生活，提供必要的养老和医疗服务，并将符合条件的人员纳入当地的社会救助范围。”①

3. 明确失地农民社会保障所需资金来源和资金管理

劳社部发〔2007〕14 号文件明确了失地农民社会保障所需资金，原则上由农民个人、农村集体、当地政府共同承担，具体比例、数额结合当地实际确定。失地农民社会保障所需资金从当地政府批准提高的安置补助费和用于失地农户的土地补偿费中统一安排，两项费用尚不足以支付的，由当地政府从国有土地有偿使用收入中解决；地方人民政府可以从土地出让收入中安排一部分资金用于补助失地农民社会保障支出，逐步建立失地农民生活保障的长效机制。②

此外，劳社部发〔2007〕14 号文件还规定：“国有土地使用权出让收入全部缴入地方国库，支出一律通过地方基金预算从土地出让收入中予以安排。失地农民社会保障所需费用，应在征地补偿安置方案批准之日起 3 个月内，按标准足额划入失地农民社会保障资金专户，按规定记入个人账户或统筹账户。”

以上是全国范围内关于失地农民社会保障制度的探索，重点是建立失地农民养老保障制度，失地农民失业保险制度发展滞后。四川省在全国首创失地无业农民失业保险制度。四川省劳动和社会保障厅、

① 《国务院办公厅转发劳动保障部关于做好被征地农民就业培训和社会保障工作指导意见的通知》（国办发〔2006〕29 号），2006 年 4 月 17 日，参见 http：//www.gov.cn/zwgk/2006-04/17/content_ 256019. htm。

② 《关于切实做好被征地农民社会保障工作有关问题的通知》（劳社部发〔2007〕14 号），2007 年 4 月 28 日，参见 http：//www.mohrss.gov.cn/gkml/xxgk/201407/t20140717_ 136097. htm。

财政厅和国土资源厅于2004年联合下发《关于做好失地无业农民失业保险和再就业工作的意见》（川劳社发〔2004〕6号），要求从2004年1月1日起，将新产生的失地无业农民纳入失业保险范围①。此文件明确了失地无业农民，即指在法定劳动年龄内，具有劳动能力，因国家征用土地后转为城镇居民，且处于失业状态并有就业愿望的人员。失地无业农民失业保险费的缴纳，原则上采取国家、集体和个人三方负担的办法。应缴纳失业保险费的标准为：本人在当地享受全部失业保险待遇所需资金。其中个人应缴纳的部分，按户口所在地上年度职工平均工资的60%作为缴费基数，按缴费基数的1%计交10年，从本人的征地安置补助费中抵缴；其余部分按照国家出资80%、集体出资20%的比例，分别在同级政府建立的征地调节资金和土地补偿费中筹集失地无业农民领取失业保险金的期限为24个月，其失业保险金的发放标准、其他失业保险待遇、管理服务等与当地城镇其他失业人员一致。

四川省各地市按照川劳社发〔2004〕6号文件的规定，建立起失地无业农民失业保险制度。截至2005年4月底，四川全省已有13个市（州）出台了失地无业农民参加失业保险的有关政策及具体实施意见，全省享受失业保险待遇的有35455人，共筹集失地无业农民失业保险金1417.5万元②。

## （二）失地农民失业保险制度需求分析

本研究从失业保险参保意愿、失地农民自我保障和家庭保障能力

① 《四川省劳动和社会保障厅、四川省国土资源厅关于做好失地无业农民失业保险和再就业工作的意见》（川劳社发〔2004〕6号），2018年3月6日，参见http：//www.baoxianzx.com/3d/html/47532.html。

② 《四川省人民政府，四川省人民政府办公厅关于就业再就业工作和建立失地无业农民失业保险制度的情况通报》（川办函〔2005〕135号），2007年6月10日，参见http：//www.sc.gov.cn/10462/10464/10684/13655/2007/6/10/10369270.shtml。

以及就业状况等方面对失地农民失业保险制度需求进行实证分析。

1. 调查样本描述

本研究使用的研究数据来自教育部人文社会科学重点研究基地重大项目“失地农民社会保障问题研究”课题组于 2012 年 3 月在湖北省武汉市郊区取得的调研数据。本课题组随机抽取了武汉市失地农民集中安置社区进行问卷调查，共发放问卷 1200 份，回收有效问卷 997 份。被调查的 997 户农户总人口数为 4138 人，其中男性人数为 2188 人，女性人数为 1950 人，男女比率为 112∶100，男性人数略高于女性人数。被调查失地农民样本中，0—20 岁的人占 13.46%；20—40 岁和 40—60 岁所占的比例基本相当，分别为 34.46%和 32.79%；60 岁以上老年人所占比例为 16.63%。根据 60 岁以上人口所占比例大于 10%的标准判断，被调查失地农民群体人口老龄化较为明显。失地农民的受教育水平普遍较低，其中小学以下水平占 36.89%，初中文化水平占 37.64%，高中、中专、职高共占 19.17%，大专及本科以上文化水平只占 6.3%。失地农民总体健康状况较好，其中健康状况较好和一般所占比例分别为 77.36%和 13.46%，患有慢性病或者残疾所占比例分别为 7.64%和 1.04%。

2. 失地农民失业保险参保意愿

失地农民失业保险参保意愿直接反映出其对失业保险制度的需求。武汉市的调查结果表明绝大部分处于劳动年龄段的失地农民愿意参加失业保险制度，以获得基本生活保障。具体来看：66%的失地农民表示愿意参加失业保险；34%的失地农民表示不愿意参加。总体而言，失地农民参加失业保险的积极性较高。

3. 失地农民自我保障和家庭保障能力分析

农民在失去土地之前，能够从土地获得最基本的生活保障。一旦失去土地，如何化解生存风险成为其面临的首要问题。失地农民及其家庭经济状况反映出失地农民自我保障能力和家庭保障能力大小。从失地前后家庭收支状况来看，失地前家庭总支出占总收入的比值为56. 26%，失地后该值为65. 87%，这与武汉市被调查失地农民普遍反映的失地后家庭生活开支增加，家庭经济压力大等问题相一致。

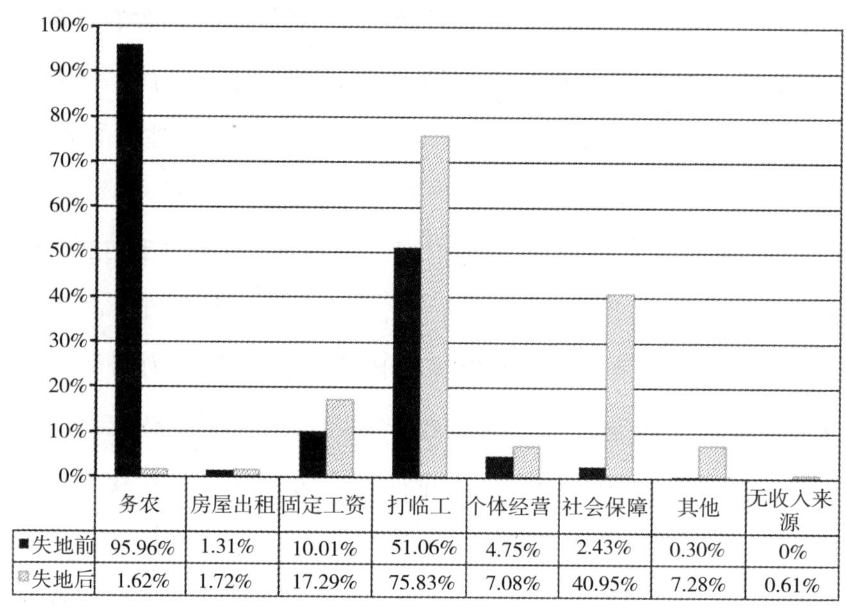


| | 务农 | 房屋出租 | 固定工资 | 打临工 | 个体经营 | 社会保障 | 其他 | 无收入来源 |
|---|---|---|---|---|---|---|---|---|
| ■失地前 | 95.96% | 1.31% | 10.01% | 51.06% | 4.75% | 2.43% | 0.30% | 0% |
| ▨失地后 | 1.62% | 1.72% | 17.29% | 75.83% | 7.08% | 40.95% | 7.28% | 0.61% |

**图 3-4 失地前后失地农民家庭收入来源**

资料来源：根据武汉大学社会保障研究中心“失地农民社会保障问题研究”课题组 2012 年的调查数据整理计算而得。

从失地前后家庭收入来源方式变化看，武汉市失地农民家庭，失地前的家庭收入来源主要来自务农和临时工，其中95. 96%家庭有务农收入，51. 06%的家庭有打临工方面的收入（见图 3-4）。失地后，基本上没有了务农收入来源，以打临工和领取社会保障作为主要收入来源的家庭所占比例明显增加，分别为75. 83%和40. 95%，此外固定工资、个体经营等收入来源比例也略有上升，但是固定工资收入来源所占比例仍然较低（见图 3-4）。收入来源方式与就业状况紧密相关，失地前农村劳动力以务农为主，而失地之后的劳动力未能实现由农业向第二、三产业的稳定转移，打临工所占比例进一步提高。

4. 失地农民再就业状况

有效的失业保险制度不仅能够保障劳动力失业期间的基本生活，而且具有促进失业者实现再就业的功能。农民失去土地之后，能否顺利实现就业方式的转变直接关系到其今后的生活。如图 3-5 所示，失地之前，70.4%的农民以务农为主，其家庭收入主要来源于务农。然而失地之后，失地农民不再拥有土地，同时由于自身文化素质不高，缺乏非农就业技能，失地农民存在再就业困难。68.9%失地农民的工作类型转变为临时工。这种临时性的工作往往具有流动性强和可替代性强的特征，失地农民面临着极大的失业风险。失地农民就业率低且缺乏稳定性，客观上亟须失业保险制度提供的基本保障。

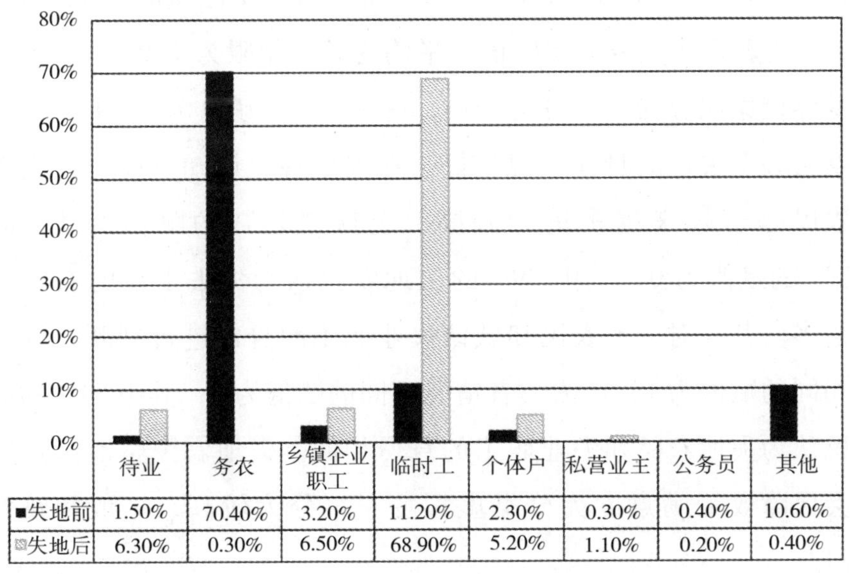


| | 待业 | 务农 | 乡镇企业职工 | 临时工 | 个体户 | 私营业主 | 公务员 | 其他 |
|---|---|---|---|---|---|---|---|---|
| ■失地前 | 1.50% | 70.40% | 3.20% | 11.20% | 2.30% | 0.30% | 0.40% | 10.60% |
| ▨失地后 | 6.30% | 0.30% | 6.50% | 68.90% | 5.20% | 1.10% | 0.20% | 0.40% |

**图 3-5 失地农民再就业情况分布**

资料来源：根据武汉大学社会保障研究中心"失地农民社会保障问题研究"课题组 2012 年调查数据整理计算而得。

### （三）失地农民失业保险参保意愿影响因素

以上分析表明，农民失地之后自我保障能力和家庭保障能力都较弱，同时失地之后的再就业状况较差，失地农民失业保险参保积极性较高，但是同时34%的失地农民表示不愿意参加失业保险。本部分借鉴现有的关于城镇职工、农民工和大学生失业保险参保影响因素的研究，从失地农民个体特征、失地现象认知、失地后生活状况以及社会保障制度评价等方面，通过构建二元 Logistic 模型对失地农民失业保险参保意愿影响因素进行分析。

1. 变量定义及赋值

失地农民是否愿意参加失业保险为二元分类变量，不愿意参加失业保险赋值为0，愿意参加失业保险赋值为1。失地农民个体特征包括年龄、性别、受教育年限以及健康状况四个方面。年龄取其实际值，平均年龄为54.84岁。男性赋值为1，女性赋值为0，男性占45%。受教育年限取其实际值，平均受教育年限为7.94年。失地农民身体健康状况为二元分类变量，好为1，不好为0，其中85%的失地农民表示失地后身体状况较好。在失地现象认知方面，首先对失地农民是否越来越多进行判断，选择“是”的赋值为1，选择“否”的赋值为0，其中89%的失地农民认为失去土地的农民会越来越多。其次对失地农民和城镇失业职工的身份进行判断，认为二者相同的赋值为1，认为二者情况不同的赋值为0，其中54%的失地农民认为失地农民和失业职工的身份相同。失地农民生活满意度和社会保障政策满意度为分类虚拟变量，分为较高、一般和较低三个组。

**表 3-9　失地农民失业保险参保意愿影响因素及赋值**

| 变　　量 | 赋　　值 | 均　值 | 标准差 |
|---|---|---|---|
| 是否愿意参加失业保险 | 是为 1，否为 0 | 0.66 | 0.47 |
| 年龄 | 实际数值 | 54.84 | 13.81 |
| 性别 | 男为 1，女为 0 | 0.45 | 0.50 |
| 受教育年限 | 实际数值 | 7.94 | 2.19 |
| 健康状况 | 好为 1，不好为 0 | 0.85 | 0.36 |
| 失地农民是否会越来越多 | 是为 1，否为 0 | 0.89 | 0.32 |
| 农民失去土地和城镇职工失去工作是否一样 | 是为 1，否为 0 | 0.54 | 0.50 |
| 生活满意度 | 分组虚拟变量 | 1.74 | 0.67 |
| 社会保障政策满意度 | 分组虚拟变量 | 1.60 | 0.66 |

资料来源：根据武汉大学社会保障研究中心“失地农民社会保障问题研究”课题组 2012 年的调查数据整理计算而得。

2. 二元 Logistic 回归结果分析

由于因变量为二元分类变量，本研究采用二元 Logistic 回归模型，分析失地农民城市融入的影响因素。二元 Logistic 模型为：

$$logit(p) = \ln\left[\frac{p}{1-p}\right]$$

其中，$p$ 表示失地农民认为自己失地之后仍然是农民的概率，$1-p$ 表示失地农民认为自己不再是农民的概率。回归结果如表 3-10 所示，年龄、性别、受教育年限、失地现象认知对失地农民参加失业保险制度的积极性有显著影响，而失地后生活状况以及社会保障制度满意度则影响不显著。

在失地农民个体特征因素中，失地农民年龄增长 1 岁，其参加失业保险制度的概率降低 0.4%。这表明年龄越大的失地农民，其参加失业保险制度的积极性越低。男性的参保积极性高于女性 7.2%。受教育年限每增长 1 年，参加失业保险制度的概率提高 1.8%，这表明受教育水平越高的失地农民参加失业保险制度的积极性越高。健康状况则对失业保险制度参保积极性没有显著影响。

表 3-10 失地农民失业保险参保影响因素：二元 Logistic 回归结果

| | 系数（Coefficient） | 边际效应（Marginal effects） |
|---|---|---|
| 年龄 | -0.017***<br>(0.006) | -0.004***<br>(0.001) |
| 性别 | 0.323**<br>(0.141) | 0.072**<br>(0.031) |
| 受教育年限 | 0.080**<br>(0.039) | 0.018**<br>(0.009) |
| 健康状况 | 0.038<br>(0.195) | 0.008<br>(0.043) |
| 失地农民是否会越来越多 | 1.550***<br>(0.229) | 0.343***<br>(0.051) |
| 农民失去土地和城镇职工失去工作是否一样 | 0.440***<br>(0.142) | 0.097***<br>(0.031) |
| 生活满意度较高 | -12.969<br>(1127.267) | -2.872<br>(248.532) |
| 生活满意度一般 | -12.390<br>(1127.267) | -2.744<br>(248.581) |
| 生活满意度较低 | -12.990<br>(1127.267) | -2.877<br>(248.531) |
| 社会保障政策满意度较高 | 15.621<br>(707.877) | 3.459<br>(159.273) |
| 社会保障政策满意度一般 | 15.503<br>(707.877) | 3.433<br>(159.254) |
| 社会保障政策满意度较低 | 15.352<br>(707.877) | 3.400<br>(159.230) |
| LR chi2（12） | 33.280*** | |
| Log likelihood | -617.586 | |
| Pseudo R2 | 0.026 | |

注：括号内为标准误差值。*、** 和 *** 分别表示显著性水平为 10%、5%和 1%。

在对失地现象认知方面，认为失地农民会越来越多的失地农民参加失业保险制度的积极性比不认为失地农民会越来越多的失地农民参加失业保险制度的概率高 34. 3%，而认为失地农民和城镇失业职工处境相同的失地农民参加失业保险制度的概率比认为二者处境不同的失地农民高 9. 7%。城镇化的不断发展带来失地农民数量的增加，使得失地农民对失地的普遍性有了更为清醒的认识，从而更加倾向于通过参加失业保险制度的方式保障失地失业时的基本生活。

### （四）失地农民失业保险方案设计

湖北省武汉市的实地调查分析表明失地农民具有参加失业保险制度的积极性，而年龄、性别、受教育年限以及对失地现象的认知是影响失地农民参加失业保险制度的重要因素。在建立失地农民失业保险制度时，提高失地农民的受教育水平以及失地农民对失业保险制度的认知，有助于提高其参保积极性。

此外，在我国城乡社会保障体系一体化发展背景下，将失地农民纳入现有城镇职工失业保险制度框架，同时结合失地农民特点，提供失地农民失业保险参保方案，是发展失地农民失业保险制度的总体思路。具体来看，覆盖对象、资金来源、缴费标准及缴费年限、待遇领取期限及水平、管理机构及统筹层次是失地农民失业保险参保方案中的重要内容。

#### 1. 覆盖对象

失业保险制度保障对象为处于劳动年龄段的群体。在失地农民失业保险制度设计时，将征地补偿安置方案批准时年满 16 周岁以上且不满 60 周岁的失地农民纳入失业保险制度覆盖范围。对于处于劳动年龄段，有就业能力和就业意愿，但是未能顺利实现再就业的失地农民，发放一定期限的失业保险金，以保障其失地又失业期间的基本生活。

#### 2. 资金来源

从土地补偿款或者政府土地财政收入中为失地农民补缴社会保障

费是各地建立失地农民社会保险制度的典型做法。例如武汉市失地农民养老保险费和医疗保险费等从土地补偿费中统一安排。为了不降低失地农民的养老保险和医疗保险缴费水平，可以考虑从土地财政收入中统一安排失地农民失业保险费用。

3. 缴费标准以及缴费年限

以失地农民所在地区农民平均月收入或者城镇职工在岗月平均工资为失业保险缴费基数，参照城镇职工失业保险缴费比例，个人不交纳，直接从土地财政收入中拨付专款用于交纳失业保险费。对于补缴失业保险费的年限，则综合考虑土地财政收入资金以及失业保险给付水平等进行综合确定。而且对于处于劳动年龄段的失地农民，进一步细分出不同的年龄段，实行差别化的补缴月数。比如，对于处于“4050”以上的失地农民，由于其再就业难度较大，可以适当增加为该群体补缴的失业保险费以及补缴月数。

4. 待遇领取期限及水平

成都市 2009 年颁布的《成都市人民政府关于进一步做好被征地农民社会保障工作的通知》（成府发〔2009〕31 号）中规定失地农民领取失业保险金的期限以及领取标准与城镇其他从业人员一致，即按照最低工资的 70%领取失业保险金①。但是成都市规定为失地农民补缴失业保险费的月数仅为 24 个月，而根据我国《失业保险条例》关于失业保险金给付期限的规定，补缴 24 个月的失业保险费后，失地农民可以领取失业保险金的最长期限仅为 6 个月。为此，建议可根据现行的城镇失业保险缴费期限和待遇领取期限的规定，适当增加为失地农民补缴失业保险费的月数。

---

① 《关于做好被征地农民失业保险待遇申领发放工作的通知》（成劳社办〔2009〕418 号），参见 http：//www. cdhrss. gov. cn/detailPolicyDocument. action？id=258。

### 5. 管理机构及统筹层次

在失地农民失业保险管理机构方面，统一由城镇失业保险管理机构运行管理，这样有助于降低行政管理成本。在统筹层次上，由于目前城镇失业保险仍然停留在市县级统筹，因此失地农民失业保险制度短期内还难以提高到省级统筹。实行与城镇失业保险基本类似的制度，同时由统一的机构进行管理，便于今后建立城乡统一的失业保险制度，同时为今后提高失业保险统筹层次等准备条件。

# 第四章　失业保险筹资问题研究

本章对失业保险筹资的相关理论问题进行概述，包括失业保险筹资来源、筹资方式、筹资水平等问题。然后重点分析中国失业保险筹资方式即失业保险统一费率制度及其调整存在的问题，在深入分析美国失业保险差异化税率制度即失业保险经验税率之后，提出完善我国失业保险筹资方式的建议。

## 第一节　失业保险筹资概述

失业保险筹资管理包括基金来源、筹资方式、筹资比例与分担即筹资水平等方面。

### 一、失业保险基金筹资来源

失业保险基金来源有三个渠道：雇主供款、雇员供款和政府补贴。世界各国一般采取这几种渠道某种方式的组合：政府负担；雇主负担；雇主和雇员共同负担；政府和雇主共同负担；政府、雇主和雇员三方负担。失业保险基金筹资来源体现了各主体在失业保险领域的责任分担，即政府、雇主、雇员的责任分配。

## 二、失业保险筹资方式

失业保险筹资方式分为失业保险统一税（费）率和失业保险差异化税（费）率两类。在统一税（费）率制度下，所有的交税主体按照统一的税（费）率交纳，即税（费）率与个体因素不相关。统一税（费）率制度带来再分配效应，即失业保险金支出较多和失业保险金支出较少的雇主之间的再分配。中国目前采取失业保险统一费率制度。

失业保险差异化税率又分为失业保险行业差别税率和失业保险经验税率。行业差别税率就是在各行业不同失业率的基础上，将各行业失业保险税率与该行业的失业风险程度结合起来，失业风险程度越高的行业，失业保险税率也相应越高①。日本实行失业保险行业差别税率：一般行业雇员交纳 0.5%，雇主交纳 0.85%；农业、林业、渔业、清酒酿造业雇员交纳 0.6%，雇主交纳 0.95%；建筑业的雇主交纳 1.05%。除此之外，财政承担失业保险金和特殊津贴的 13.8%。②

失业保险经验税率（Experience Rating）是一项将失业保险税率与雇主的解雇经验相关联的失业保险筹资方式。雇主的解雇经验可以采用不同的测量指标来衡量，比如雇主解雇的人员数量、被解雇人员领取的失业保险金数额等。根据关联的程度不同，失业保险经验税率制度又分为不完全经验税率制度和完全经验税率制度。如图 4-1 所示，不完全经验税率制度中设定了失业保险最低税率和最高税率。当雇主的解雇经验介于 0 和 $L_{min}$之间时，雇主的失业保险税率都为 $T_{min}$。当雇主的解雇经验位于 $L_{min}$和 $L_{max}$之间时，雇主失业保险税率和雇主

① 彭璧玉：《论我国失业保险的费率制度创新》，《华南师范大学学报（社会科学版）》2000 年第 5 期，第 47 页。

② 美国社会保障署，“Social Security Programs Throughout the World：Asia，2012”，http：//www.ssa.gov/policy/docs/progdesc/ssptw/。

解雇经验正相关。当雇主的解雇经验超过 $L_{max}$ 时，雇主的失业保险税率都为 $T_{max}$，此时雇主增加解雇人数不影响失业保险税率，因此会带来失业保险交税主体之间的再分配效应。在完全经验税率制度中，不设置失业保险最低税率和最高税率，雇主的解雇经验和失业保险税率呈正相关关系，当雇主在一定时间范围内没有解雇雇员时，该雇主的失业保险经验税率可以为 0，同时雇主解雇人数越多，其失业保险经验税率越高。

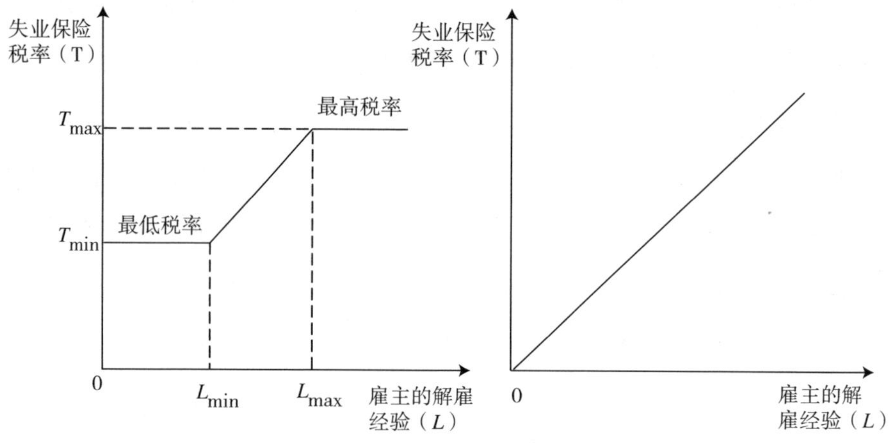


图 4-1　不完全经验税率制度和完全经验税率制度

失业保险行业差别税率和失业保险经验税率的差异本质上体现为对失业风险责任承担主体的界定：前者认为失业风险存在较大的行业差异性，失业风险较大行业的雇主和雇员交纳的失业保险税高，以应对较高的失业保险金支出需求；失业保险经验税率则认为雇主是失业风险的主要责任主体，因此各雇主交纳的失业保险税与该雇主解雇雇员带来的失业保险金支出直接相关。

## 三、失业保险筹资比例与分担

失业保险筹资比例反映了失业保险税费高低。拉弗曲线可以阐释合理的失业保险税费水平的确定。拉弗曲线是由美国经济学家阿瑟·拉弗（Arthur Laffer）在20世纪70年代提出的，他认为：税率高并不等于实际税收就高。拉弗曲线的一般形状如图4-2所示，该图反映了税率和税收收入之间的关系：当税率为零时，税收收入为零；随着税率提高到T，税收增加至最高值，此后随着税率增长，税收反而下降；当税率为100%时，企业生产停止，劳动者停止就业，政府没有税收来源，税收收入为零。“拉弗曲线”必然有一个转折点，即图4-2中的E点。一旦税率越过了这一转折点，政府税收将随税率的进一步提高而减少，TE线以右的区域被称为税收禁区。

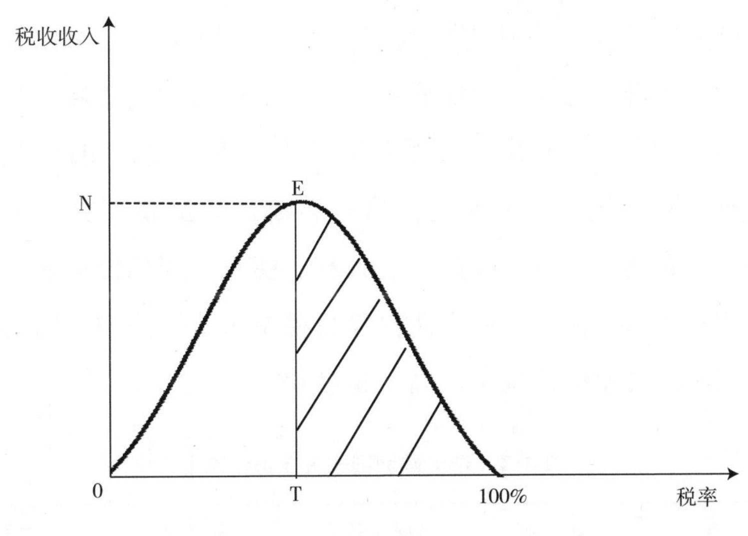


图4-2 拉弗曲线

乔雪和陈济冬（2011）指出失业保险税率和就业规模以及失业保险金之间具有拉弗曲线的特征，“（失业保险）税率上升意味着高生产率行业的有效工资下降，削弱了高生产率行业对失业工人的吸引力，而上升的失业保险金加大了隐性就业的吸引力，两者共同作用使得工人的搜寻努力下降；当失业保险金水平开始下降时，隐性就业的吸引力下降，而税率的影响依然超出保险金的影响，因此工人的搜寻努力继续随着税率的上升而下降”①。与此相反，“低失业保险税率对劳动力市场扭曲较少，税基规模扩大带来的税收收入增加超过低税率引起的税收收入的减少，因此也可以达到给定的失业保险金目标”②。拉弗曲线理论也可以部分解释我国近年来下调失业保险费率的改革。

失业保险筹资比例与分担是指失业保险税费高低以及在各责任主体之间的分担。表4-1列出了部分欧洲国家2014年失业保险税率情况，表4-1中的数据表明失业保险税率主要由雇主来承担，雇员交纳的失业保险税率较低。根据雇主和雇员交纳失业保险税率的不同分为三类：第一类是雇主失业保险税率高于雇员税率，比如比利时、芬兰、法国、西班牙等国家规定雇主失业保险税率远高于雇员失业保险税率；第二类是雇主和雇员交纳相同的失业保险税，如德国、瑞士、塞尔维亚、斯洛伐克、奥地利；第三类则是只由雇主交纳失业保险税，雇员不交纳，波兰、瑞典、意大利、捷克、阿尔巴尼亚、克罗地亚等国家实行这种模式。从失业保险总税率来看，法国、西班牙、奥地利等国家的失业保险税率较高，超过6%。

**表4-1　部分欧洲国家失业保险税率**

| 分　类 | 国　家 | 雇主税率 | 雇员税率 | 总税率 |
|---|---|---|---|---|
| 雇主税率高于雇员税率 | 比利时 | 1.46 | 0.87 | 2.33 |
| | 芬　兰 | 2.2 | 0.7 | 2.9 |
| | 法　国 | 4.3 | 2.4 | 6.7 |
| | 西班牙 | 5.55 | 1.55 | 7.1 |

① 乔雪、陈济冬：《失业保险政策对隐性就业规模和社会产出的影响》，《世界经济》2011年第2期，第97页。

② 乔雪、陈济冬：《失业保险政策对隐性就业规模和社会产出的影响》，《世界经济》2011年第2期，第98页。

续表

| 分　类 | 国　家 | 雇主税率 | 雇员税率 | 总税率 |
|---|---|---|---|---|
| 雇主和雇员交纳相同失业保险税 | 德　国 | 1.5 | 1.5 | 3 |
| | 瑞　士 | 1.1 | 1.1 | 2.2 |
| | 塞尔维亚 | 0.75 | 0.75 | 1.5 |
| | 斯洛伐克 | 1 | 1 | 2 |
| | 奥地利 | 3 | 3 | 6 |
| 雇主交纳失业保险税，雇员不交 | 波　兰 | 2.45 | 0 | 2.45 |
| | 瑞　典 | 2.91 | 0 | 2.91 |
| | 意大利 | 3.51 | 0 | 3.51 |
| | 捷　克 | 1.2 | 0 | 1.2 |
| | 阿尔巴尼亚 | 0.9 | 0 | 0.9 |
| | 克罗地亚 | 1.7 | 0 | 1.7 |

资料来源：根据美国社会保障署"Social Security Programs Throughout the World：Europe，2014"相关资料整理而得，参见 http：//www.ssa.gov/policy/docs/progdesc/ssptw/。

任何保险都是建立在大数法则的基础之上，在对事故发生频率进行预测的基础上确定筹资比例，但是失业风险不同于年老、疾病、工伤等其他社会风险，它受到大量不确定因素的影响。另一方面，失业率受到经济周期的影响较大，失业保险不可能采取以年度为单位的短期决算方式，而是适于采取多年度的中期决算方式，随着经济周期等的变化对筹资比例进行较灵活的调节。

## 第二节　中国失业保险统一费率制度及其调整存在的问题

我国实行失业保险统一费率。失业保险统一费率意味着各企业的失业人员数量与其失业保险缴费率不关联，忽视了企业效益差异，使得效益好、失业人员少的用人单位，也必须按照工资总额的统一比例交纳失业保险费，降低了企业的缴费积极性（如丁煜（2008）[①]、孙洁和高博（2011）[②]），从而减少了失业保险基金收入来源。此外，失业保险统一费率制度对失业保险基金的影响还表现在：失业率极低的国有企业和事业单位职工占失业保险参保人数的比重大，该群体交纳了大量的失业保险费，而该群体就业状况相对稳定，极少领取失业保险金，使得失业保险基金支出少、失业保险基金累积结余不断增长。

在中国失业保险基金累积结余不断增长的背景下，政府陆续出台了失业保险费率调整的文件，各地也开展失业保险费率调整的实践。原劳动和社会保障部以及财政部于2006年颁布了《关于适当扩大失业保险基金支出范围试点有关问题的通知》（劳社部发〔2006〕5号），提出扩大失业保险基金支出范围，调整失业保险费率。在2008年经济危机时期，调整失业保险费率，减轻企业负担，成为应对经济危机的举措之一。如2009年北京市将用人单位交纳的失业保险费率由1.5%调整为1%，个人交纳的失业保险费费率由0.5%调整为0.2%[③]。此后，2012年人力资源和社会保障部《关于东部7省（市）扩大失业保险基金支出范围试点有关问题的通知》进一步明确提出完善失业保险费率动态调整机制，适当降低失业保险费率，减轻企业负担。2015年2月25日召开的国务院常务会议，确定将失业保险费率

① 丁煜：《完善我国失业保险制度的政策研究——以促进就业为导向》，《经济理论与经济管理》2008年第2期，第40—44页。

② 孙洁、高博：《我国失业保险制度存在的问题和改革的思路》，《西北师大学报（社会科学版）》2011年第1期，第122—127页。

③ 《关于调整本市部分社会保险缴费问题的通知》（京劳社保发〔2008〕237号），2008年12月31日，参见http：//zfxxgk.beijing.gov.cn/110070/gfxwj22/2010-03/31/content_222223.shtml。

由现行条例规定的3%统一降至2%，初步测算，这项措施每年将减轻企业和员工负担400多亿元[①]。仅2015年前10个月，全国就减少失业保险费收入294亿元，这有助于减轻企业负担[②]。

2016年4月，人力资源和社会保障部、财政部下发《关于阶段性降低社会保险费率的通知》（人社部发〔2016〕36号），决定从2016年5月1日起，失业保险总费率在2015年已降低1个百分点基础上可以阶段性降至1%—1.5%，其中个人费率不超过0.5%，降低费率的期限暂按两年执行[③]。2017年2月，人力资源和社会保障部联合财政部下发《关于阶段性降低失业保险费率有关问题的通知》（人社部发〔2017〕14号），决定：从2017年1月1日起，失业保险总费率为1.5%的省（区、市），可以将总费率降至1%，降低费率的期限执行至2018年4月30日；在省（区、市）行政区域内，单位及个人的费率应当统一，个人费率不得超过单位费率；具体方案由各省（区、市）研究确定[④]。原有失业保险费率是1.5%的有22个省份，包括新疆生产建设兵团，在确保失业保险金按时足额发放、稳岗补贴顺利实施的基础上，可以降低0.5个百分点。[⑤]

政策出台后，各地相继进入了实施阶段。据统计，2017年以来，上海、天津、河北、山西、山东、河南、浙江、江苏、辽宁、吉林、

① 《失业保险费率由现行规定3%统一降至2%》，2015年2月25日，参见http://news.163.com/15/0225/18/AJAPN6FK0001124J.html。

② 桂桢：《适应经济社会发展〈失业保险条例〉修订在即》，《中国人力资源社会保障》2016年第6期，第42页。

③ 《关于阶段性降低社会保险费率的通知》（人社部发〔2016〕36号），2016年4月19日，参见http://www.mohrss.gov.cn/gkml/xxgk/201604/t20160419_238366.html。

④ 《关于阶段性降低失业保险费率有关问题的通知》（人社部发〔2017〕14号），2017年2月7日，参见http://www.mohrss.gov.cn/gkml/xxgk/201702/t20170217_266309.html。

⑤ 《今年起再阶段性降低失业保险费率可降低企业成本200亿》，2017年3月1日，参见http://news.xinhuanet.com/politics/2017-03/01/c_129498913.htm。

黑龙江、宁夏、新疆、甘肃、内蒙古、安徽、湖南、福建、贵州、云南、西藏21个省份将失业保险费率由1.5%降至1%①。除了上述省份，北京、广东、湖北、青海等10个省份早在2016年就已经将失业保险费率降至1%。也就是说，全国的失业保险费率都已经调整为1%。各地对于企业和个人失业保险费缴纳比例的分配略有不同，如贵州规定企业和个人的缴纳比例分别为0.7%、0.3%②。

失业保险费率调整直接影响到失业保险基金收入。自2013年起，中国部分省市也开始出台调整失业保险缴费率的方法。目前中国各地实行的失业保险费率调整方法可以分为两类：一类是统一降低统筹范围内用人单位和职工个人缴费比例，即失业保险费率统一调整机制；另一类以深圳市为代表，实行与用人单位失业人员数量以及失业保险基金收支率等挂钩的失业保险费率浮动调整机制。

## 一、失业保险费率统一调整机制试点

上海市、山东省、江苏省、海南省等省市采用失业保险费率统一调整机制对该地区的失业保险费率进行下调（见表4-2）。这些地区的失业保险费率调整实践表明，一方面这些地区都采用统一调整失业保险费率的方式，即虽然对失业保险费率进行了动态调整，但是同一统筹地区内，各用人单位交纳的失业保险费率是一样的。另一方面，由于中国失业保险实行县市级统筹，在失业保险费率调整的背景下，不同统筹地区的失业保险费率呈现差异化。

① 《31个省市失业保险费率全部下调至1%》，2017年10月13日，参见http：//news.hexun.com/2017-10-13/191194100.html。

② 《关于进一步阶段性降低失业保险费率有关问题的通知》（〔2017〕205号），2017年5月4日，参见http：//www.qxn.gov.cn/ViewGovPublic/info.1.4.3/192614.html。

**表 4-2　中国部分省市失业保险费率统一调整机制**

| 省　市 | 失业保险总费率 | 用人单位缴费率 | 职工个人缴费率 |
|---|---|---|---|
| 上海市 | 由 2%调整为 1.5% | 由 1.5%调整为 1% | 0.5% |
| 山东省 | 由 1.5%调整为 1% | 由 1%调整为 0.7% | 由 0.5%调整为 0.3% |
| 江苏省 | 由 1.5%调整为 1% | 由 1%调整为 0.5% | 0.5% |
| 海南省 | 由 1.5%调整为 1% | 由 1%调整为 0.5% | 0.5% |

注：鲁人社发〔2017〕8 号规定山东省阶段性降低失业保险费率期限执行至 2018 年 4 月 30 日。苏人社发〔2017〕103 号规定江苏省阶段性降低失业保险费率执行期限为 2017 年 1 月 1 日起至 2018 年 12 月 31 日。

资料来源：《上海市人民政府关于调整本市城镇职工社会保险缴费比例的通知》（沪府发〔2016〕18 号），参见 http：//www.shanghai.gov.cn/nw2/nw2314/nw2319/nw10800/nw11407/nw39327/u26aw46975.html。《山东省人力资源和社会保障厅山东省财政厅关于阶段性降低失业保险费率的通知》（鲁人社发〔2017〕8 号），参见 http：//qdcz.qingdao.gov.cn/czj/30/33/170412071512648828.html。《江苏企业失业保险费率再降 0.5 个百分点》，参见 http：//www.jshrss.gov.cn/xwzx/xwdt/201704/t20170406_ 205468.html。《关于阶段性降低我省城镇从业人员基本养老保险和失业保险费率的通知》（琼人社发〔2016〕167 号），参见 http：//hi.lss.gov.cn/4227159.html。

如截至 2017 年 4 月，上海市失业保险费率为 1.5%，山东省、江苏省和海南省的失业保险总费率阶段性下调至 1%（见表 4-2）。具体来看，2017 年 3 月 31 日，江苏省人社厅、财政厅和地方税务局联合发布《关于阶段性降低失业保险费率有关问题的通知》（苏人社发〔2017〕103 号），经省政府同意，将失业保险费率暂由 1.5%降至 1%。其中用人单位缴费比例从 1%降至 0.5%，个人缴费比例不变，仍为 0.5%。这是江苏省在 2013 年失业保险费率从 3%降至 2%、2016 年由 2%降至 1.5%的基础上，再次降低企业缴费费率，以进一步降低实体经济企业成本、增强企业活力、预防失业、稳定就业。①

① 《江苏企业失业保险费率再降 0.5 个百分点》，2017 年 4 月 6 日，参见 http：//www.jshrss.gov.cn/xwzx/xwdt/201704/t20170406_ 205468.html。

## 二、失业保险费率浮动调整机制试点

广东省 2014 年 7 月 1 日起实行新的《广东省失业保险条例》明确规定实行浮动费率，对稳定就业的用人单位适当下调费率，鼓励用人单位稳定就业岗位，减少裁员①。深圳市是全国较早试点实行失业保险浮动费率的城市之一。根据《深圳市失业保险浮动费率管理暂行办法》，深圳市 2014 年 1 月开始探索实行用人单位失业保险浮动费率，但是用人单位失业保险缴费下浮总幅度不超过当年应缴失业保险费的 40%，即深圳市用人单位失业保险缴费率浮动范围为 1.2%—2%②，个人失业保险费率不调整。2016 年深圳市失业保险费率统一下调为：用人单位缴费率为 1%，个人缴费率为 0.5%③。用人单位缴费率在 1%的基础上进行浮动调整。

2015 年年底深圳市政府办公厅印发《深圳市失业保险浮动费率管理办法》，进一步规范了浮动费率调整机制。深圳市依据以下三类标准确定失业保险费率浮动调整方法：上一年度是否有非因本人意愿中断就业的职工、上一年度失业保险费收支率以及上一年度是否招用经公共就业服务机构认定的就业困难人员。其中，上一年度失业保险费收支率是指年度内深圳市社保机构支付给用人单位的职工失业保险金占该单位实际交纳的失业保险费的比例。深圳市上一年度失业保险

① 《广东省失业保险条例》，2013 年 11 月 21 日，参见 http://www.gdhrss.gov.cn/zcfgk/20131121/11864.html。

② 《深圳市人民政府办公厅关于印发深圳市失业保险浮动费率管理暂行办法的通知》（深府办〔2013〕21 号），2013 年 11 月 27 日，参见 http://www.sz.gov.cn/zfgb/2013/gb859/201311/t20131127_2256395.htm。

③ 《深圳市人民政府办公厅关于调整本市失业保险缴费费率的通知》（深府办〔2015〕34 号），2016 年 4 月 22 日，参见 http://www.szhrss.gov.cn/xxgk/zcfgjjd/shbx/sy/201604/t20160422_3601280.htm。

基金结余率低于10%的，当年失业保险费率不实行浮动。深圳市失业保险费率具体调整方法如表4-3所示。

表4-3　深圳市失业保险费率浮动调整机制

| 调整依据 | 失业保险费率调整方法 |
| --- | --- |
| 上一年度没有非因本人意愿中断就业的职工 | 用人单位当年度缴费率下浮20% |
| 上一年度有非因本人意愿中断就业的职工，但上一年度失业保险费收支率低于10% | 用人单位当年度缴费率下浮10% |
| 招用经公共就业服务机构认定的就业困难人员 | 当年度减免失业保险缴费额；减免失业保险缴费额=招用就业人数×10×招用月数×2%×当年最低工资标准 |

资料来源：根据《深圳市人民政府办公厅关于印发深圳市失业保险浮动费率管理办法的通知》（深府办〔2015〕38号）整理而得，参见http：//www.szhrss.gov.cn/xxgk/zcfgjjd/shbx/sy/201601/t20160113_3425764.htm。

## 三、中国失业保险费率调整存在的问题

目前中国部分地区实行的失业保险费率统一调整机制和失业保险费率浮动调整机制都存在着一定的问题。上海市、山东省、江苏省、海南省等省市在统筹地区内统一下调失业保险缴费率是在经济危机背景下降低企业负担的应急之举，同时能够达到减少失业保险基金累积结余的目的。但是该种调整方法，没有从根本上改变失业保险统一费率制度的本质，不能增强失业保险制度稳定就业、减少失业的功能。另一方面，目前各地对失业保险费率下调的比例，仍缺少科学的计算方法，具有较大的随意性。盲目甚至攀比性地降低失业保险费率的操作，必然影响到失业保险基金的财务可持续性。

相比而言，以广东省深圳市为代表探索实行的失业保险浮动费率调整机制，将失业保险费率的调整与各个企业的失业情况相关联，具

有更强的就业激励效应。该机制将各用人单位失业保险费率与用人单位失业人员数量、失业保险收支率以及招用就业困难人数等指标挂钩，使得该统筹地区范围内的用人单位交纳的失业保险费率存在差异，有助于提高失业保险缴费与失业保险金领取之间的关联度，进而提高企业增加就业，减少失业的积极性。但是由于各用人单位失业保险金领取人数所占比例以及失业保险金水平等存在差异，失业人员数量以及招用困难再就业人数并不能直接反映各用人单位的失业保险金支出总额。

其次，深圳市主要从失业人员数量和招收困难就业人员数量的角度分析用人单位的失业情况以及增加就业情况。由于“非因本人意愿中断就业”以及“就业困难人员”两个概念受主观判断的影响，难以对其进行明确的界定，这也必将影响到对各用人单位失业保险费率的规范化调整。如何对用人单位的失业人员数量以及招用困难就业人员数量进行核查，是影响到失业保险费率浮动调整机制的关键问题。此外，目前深圳市浮动费率调整规定中，对于浮动比例规定过于粗略。比如，深圳市对于各用人单位的失业人员规定，只分为笼统的有无失业人员两种情形，而没有对失业人员数量进行区分。

最后，从费率确定的角度来看，深圳市实行的是在基准费率的基础上，对各用人单位的失业保险费率进行浮动调整。在深圳市浮动费率调整方案中，只规定了下调用人单位失业保险费率的情形。由此推断，深圳市现行改革认为基准费率过高，需要下调。从维持失业保险基金长期可持续性的角度看，失业保险费率浮动调整不仅应该考虑到失业保险基金累积结余较多时期对失业保险费率的下调，同时应该考虑到失业保险基金支出较多时期上调费率的需要。因此失业保险费率调整应该是双向的。

## 第三节 失业保险经验税率制度及其在中国实施的可行性分析

中国目前实行的失业保险统一费率制度忽视了企业效益差异，带来参保负激励问题，由此对失业保险基金收入带来不利影响。此外，在中国失业保险基金累积结余不断增长的背景下，中国部分地区陆续开始进行失业保险费率调整改革实践。但是对于如何建立科学规范的失业保险费率确定机制和调整机制，中国还缺乏系统深入细致的研究。

失业保险经验税率制度是一项将失业保险税率与雇主的解雇经验相关联的失业保险筹资方式。雇主的解雇经验可以采用不同的测量指标来衡量，比如雇主解雇的人员数量、被解雇人员领取的失业保险金数额等。由此，失业保险经验税率制度能在一定程度上规避失业保险统一费率制度带来的参保负激励问题。另一方面，失业保险经验税率能够实现失业保险税率的自动化调整：当雇主解雇人数较多，失业保险基金支出较大时，雇主的失业保险税率提高，由此增加失业保险基金收入；当雇主解雇人数较少，失业保险基金支出较少时，雇主的失业保险税率降低，由此减少失业保险基金收入。失业保险经验税率通过对失业保险税率的调整，实现对失业保险基金收入和基金支出的调节，对完善中国失业保险费率调整机制提供了启示。

目前，世界上大多数的国家实行的是失业保险统一税率制度，而美国是仅有的实施失业保险经验税率制度的国家。本章将对美国失业保险经验税率的制度结构以及失业保险经验税率的计算方法进行深入的分析，以明确失业保险经验税率制度的运行逻辑，然后分析失业保险经验税率制度在中国实施的可行性。

## 一、失业保险经验税率制度发展概述

美国于 1935 年正式建立失业保险制度，晚于英国（1911 年）、德国（1917 年）、意大利（1917 年）、奥地利（1920 年）等国家[①]。美国在探讨建立失业保险制度时，借鉴了英国等国家的失业保险制度实施经验。英国在建立失业保险制度初期也采用过经验税率制度。英国实行的经验税率制度由政府、雇主和雇员共同交纳，政府和雇员交纳的失业保险税率不变，失业保险经验税率仅仅体现在雇主交纳的失业保险费部分。此外，英国实行的经验税率与行业失业风险关联，而与特定雇主雇佣的雇员失业风险不相关[②]。由于经济危机的严重影响，失业保险金支出增加，失业保险制度财务不可持续，英国由此停止实施失业保险经验税率制度。

美国实行的失业保险经验税率制度与英国等国家实行的经验税率制度有着很大差异[③]，美国实行的失业保险经验税率制度与雇主解雇的雇员数量，即由解雇雇员带来的失业保险基金支出多少相关联。美国所有的州都采用失业保险经验税率制度，且除阿拉斯加州、新泽西州和宾夕法尼亚州向雇主和雇员同时征收失业保险税之外，其他州的失业保险税完全由雇主承担，雇员不交纳失业保险税[④]。

---

① Hansen, W. L., Byers, F. J., *Unemployment Insurance: The Second Half Century*, Madison: The University of Wisconsin Press, 1990, p. 108.

② Becker, M. J., *Experience Rating in Unemployment Insurance: An Experiment in Competitive Socialism*, Baltimore: The Johns Hopkins University Press, 1972, p. 18.

③ Becker, M. J., *Experience Rating in Unemployment Insurance: An Experiment in Competitive Socialism*, Baltimore: The Johns Hopkins University Press, 1972, p. 3.

④ 美国劳工部，"Comparison of State Unemployment Insurance Laws"，http://www.oui.doleta.gov/unemploy/comparison2014.asp。

美国实行的失业保险经验税率制度与20世纪30年代经济大危机密切相关。经济危机带来的严重失业问题使得建立失业保险制度在美国提上日程，同时解决失业问题的紧迫性对美国失业保险制度模式产生影响。美国罗斯福总统要求，失业保险制度应该起到缓解失业、稳定就业的作用①。因此，美国失业保险制度建立初期不仅定位于为失业者提供生活保障，同时在于激励雇主减少裁员，以稳定就业形势。失业保险经验税率制度将雇主失业保险税率与雇主解雇的人数相关联，从理论上说，该项制度能够起到减少失业、稳定就业的作用，并由此成为美国失业保险制度的筹资方式。

同时，美国失业保险经验税率制度的建立还与早于失业保险制度建立的雇员工伤补偿制度相关。美国的雇员工伤补偿制度由雇主交税建立，且税率与雇主的工伤事故发生情况相关。因此，美国威斯康辛州于20世纪20年代开始探索建立失业保险制度时，主张实施类似于雇员工伤补偿制度的筹资模式，即经验税率制度。此后美国于1935年建立全国性失业保险制度，并采用了失业保险经验税率制度。

此外，美国学者贝克尔（Becker，1972）从政治经济学的角度分析了美国采用失业保险经验税率制度的原因。他认为美国失业保险经验税率制度与美国市场经济体制相适应，同时体现了“个人主义”和“社会主义”价值理念之间的冲突。美国在探讨建立失业保险制度时，需要不断地在“个人主义”和“社会主义”价值理念之间做出选择②。首先，决定是否采取强制性的失业保险制度。在这方面，美国采取了社会主义对市场进行干涉的做法，实施强制性的失业保险制

① Haber, W., Merrill, M., *Unemployment Insurance in the American Economy*, Homewood: Richard D. Irwin, Inc, 1966, p. 331.

② Becker, M. J., *Experience Rating in Unemployment Insurance: An Experiment in Competitive Socialism*, Baltimore: The Johns Hopkins University Press, 1972, p. 2.

度。其次，决定实施全国性的失业保险还是由各州负责本州范围内的失业保险。在这方面，美国则做出了更为“个人主义”的选择，即由各州负责建立本州范围内的失业保险制度。再次，决定失业保险税收类型。即采用一般性税收建立失业保险制度，还是征收专门的失业保险税。在此，美国则实行由雇主交纳失业保险税。此后，决定实行统一的税率还是实行差异化的税率。美国根据各个雇主解雇人数的不同，实行差异化的经验税率制度，体现了“个人主义”特色。最后，决定实行经验税率的程度，即不完全经验税率制度或者完全经验税率制度。美国各州建立起失业保险不完全经验税率制度。由此可见，美国实行的经验税率制度，一方面与美国的市场经济体制的“个人主义”价值理念相符合；同时其采取不完全经验税率制度而不是完全经验税率制度，由此发挥一定的风险共担和再分配作用。

## 二、失业保险经验税率制度构成

美国失业保险制度是在联邦政府指导和监督下，根据《联邦失业税收法案》(*Federal Unemployment Tax Act*，FUTA) 建立，并由各州负责具体实施的失业保险制度。美国失业保险税由联邦失业保险税和各州失业保险经验税组成。美国联邦失业保险税收法案规定失业保险税率，并以税收返还的方式鼓励各州建立失业保险制度。即对建立起符合联邦政府规定的失业保险制度的各州，联邦政府返还 90%的失业保险税；而对不建立失业保险制度的州，征收同样比例的联邦失业保险税，且不予返还。在此制度设计下，各州纷纷建立起该州的失业保险制度。联邦政府返还给各州的失业保险税统一存放在联邦财政中设立的各州的失业保险基金账户中，用于各州一般失业保险金发放。

除了联邦失业保险税率之外，各州根据雇主解雇雇员情况，采用经验税率制度（Experience Rating）确定雇主的失业保险税率，因此各个雇主的失业保险税率存在差异。联邦政府规定，根据经验税率计算出来的各雇主失业保险税率低于5.4%的雇主，仍然可以获得5.4%的联邦失业保险税抵免，雇主交纳0.6%的联邦失业保险税和一定的州失业保险经验税。

为了更为清楚地理解美国失业保险经验税率制度的运行，首先需要明确失业“经验”（Experience）的界定、失业“经验”的衡量以及由失业“经验”转换成失业保险税率的方法。

### （一）对失业“经验”的界定

失业保险经验税率制度中的失业“经验”可以有不同的概念，比如失业人员数量、失业保险金领取人员数量、失业保险金支出等。对失业“经验”概念的界定，体现了失业风险的分担主体以及各主体承担的失业风险比例大小。失业人员数量或者领取失业保险金人员数量只能反映雇主解雇雇员的情况，但是并不能反映失业保险金支出情况。而失业保险金支出则综合反映失业保险金领取人数、失业保险金给付标准以及失业保险金发放持续时间等。美国绝大部分州采用与失业保险金支出相关的指标来衡量失业情况，进而确定失业保险经验税率。

### （二）对失业“经验”的衡量

根据对失业“经验”的衡量，失业保险经验税率制度又可以分为完全经验税率制度和不完全经验税率制度。完全经验税率制度将所有的失业保险金支出与雇主失业保险税率挂钩，而不完全经验税率制度则将失业保险金支出中的部分作为计算雇主失业保险经验税率的依据。完全经验税率和不完全经验税率的根本区别在于对雇主承担的失业保险责任的划分，前者认为雇主应该承担所有失业保险金支出的责任，后者则认为特定因素带来的失业保险金支出不能或者不应该纳入雇主失业保险经验税率的计算范围。

以下因素影响到失业保险经验税率程度，如未纳入失业保险经验税率计算范围的失业保险金支出类型以及数额、失业保险税率的最低值和最高值、破产倒闭的企业数量以及规模、各州的失业保险交税基数，以及各州采用的将失业保险金支出转换成雇主税率的方法等。美国各州实行不完全经验税率制度，且在以上规定方面存在着较大的差别。

美国各州规定有些类型的失业保险金支出不算入雇主失业保险账户支出，该类支出为未计税失业保险金支出（Noncharged Benefits）。未计税失业保险金支出主要是超出雇主的控制范围或者被认为是由社会共同承担的支出①。未计税失业保险金支出主要包括：支付给辞掉最后一份工作的人的失业保险金支出、遗属津贴、支付给正在参加培训的失业者的保险金支出等。这些支出由共同基金（Common Fund）支出，而不纳入雇主失业保险金支出范围，因此不影响雇主失业保险经验税率②。1993 年美国各州未计税失业保险金支出占失业保险金总支出的比例在各州存在着较大的差距，特拉华州为 0.8%，而华盛顿州则达 31.8% 。未计税失业保险金支出通过向所有雇主统一征收一定比例的失业保险税的方式筹资解决。比如美国密歇根州对所有的交纳失业保险经验税率的雇主征收 1% 的非责任失业保险税（Non-chargeable Benefits Component），用于支付以上未纳入失业保险经验税率计算范围的与失业保险相关的支出。

① Vroman, W., *The Funding Crisis in State Unemployment Insurance*, Michigan: The Urban Institute, 1986, p. 37.

② Vroman, W., *The Funding Crisis in State Unemployment Insurance*, Michigan: The Urban Institute, 1986, p. 37.

未有效计税失业保险金支出（Ineffectively Charged Benefits）也影响到失业保险经验税率程度。美国各州都规定了该州的失业保险税率的最低值和最高值。未有效计税失业保险金支出是指雇主失业保险经验税率达到该州规定的最高值，但是其交纳的失业保险税仍不足以支付其解雇雇员的失业保险金支出时出现的失业保险金支出。由于美国各州失业保险基金实行州级统筹，未有效计税失业保险金支出由其他雇主交纳的失业保险税来负担。该种情况的出现，降低了失业保险经验税率程度。

为了对各州的失业保险经验税率程度进行衡量，从 1998 年起美国劳工部每年公布各州的失业保险经验税率指数（Experience Rating Index）。失业保险经验税率指数是指在失业保险金总支出中减去未计税失业保险金支出、未有效计税失业保险金支出等不与雇主失业保险经验税率关联的支出，以得到与雇主税率关联的失业保险金支出部分，该部分支出占总支出之比即失业保险经验税率指数。

### （三）将失业“经验”转换成具体的税率

对各个企业失业“经验”（Experience）进行概念界定以及衡量之后，需要将失业“经验”转换成具体的失业保险税率。这一环节包括三个部分：首先，确定经验税率的上下限；其次，确定上下限之间的税率等级；再次，明确不同的税率等级适用的条件。

失业保险税率上限和下限的浮动范围越大，上下限之前的分级越多，不同税率等级适用的条件划分越细，则该税率制度更为灵敏地反映出各个企业的失业人员数量以及失业保险金领取状况。设定失业保险税率上限的出发点在于，完全由雇主负担各企业失业保险基金支出，会降低企业雇佣新员工，尤其是那些在劳动力市场处于相对弱势地位且失业风险较大的雇员。而设定失业保险税率下限的出发点在于，失业保险制度作为社会保险制度的一部分，有别于纯粹的商业保险，有互助共济的作用，因此失业保险经验税率下限高于0，以使一定时间范围没有解雇雇员的雇主交纳最低的失业保险税。虽然美国部分州规定的失业保险经验税率的最低值为0，但是这些州往往通过统一征收一定比例的失业保险税用于失业保险金的其他支出，由此使得雇主实际交纳的失业保险税率高于0。

## 三、失业保险经验税率计算方法

美国各州采用失业保险经验税率的方式计算各个雇主的州失业保险税率水平。但是需要说明的是，美国联邦失业保险税法规定对于新成立的企业，前3年内不实行失业保险经验税率（各州可以将该时限缩短至1年），而是按照统一的税率对新雇主征收失业保险税，且新雇主失业保险税率不得低于1%[①]。在获取一定时间范围内新雇主的解雇记录之后，对其实行失业保险经验税率。美国各州通常制定统一的新雇主失业保险税率或根据行业的不同确定不同的行业新雇主失业保险税率。有些州则综合采用这两种方法，如有些雇主实行统一的新雇主税率，而对具有较低（较高）失业率的行业则实行较低（较高）的新雇主失业保险税率。如密苏里州规定非营利组织的新雇主失业保险税率为1.3%，低于其他行业新雇主失业保险税率；印第安纳州规定政府部门新雇主失业保险税率为1.6%，其他行业新雇主失业保险税率为2.5%（见表4-4）。而内布拉斯加州、北达科他州、威斯康辛州、肯塔基州等州规定建筑行业新雇主失业保险经验税率高于其他行业新雇主失业保险经验税率。此外个别州还根据该州的失业保险基金结余情况

① 美国劳工部，“Financing-Comparison of State Unemployment Insurance Laws”，http：//www.oui.doleta.gov/unemploy/comparison2014.asp。

对新雇主失业保险税率进行调整，如密西西比州根据各年该州失业保险基金情况确定新雇主失业保险税率，且该值在 1%—1.2%之间变动[①]。美国主要州的新雇主失业保险税率如表 4-4 和表 4-5 所示。

由于美国各州对失业“经验”界定的不同，目前各州采取四种方法计算失业保险经验税率

## （一）失业保险基金结余比例法

失业保险基金结余比例法（Reserve Ratio）将一定时间范围内失业保险税收入与失业保险金支出差值形成的基金结余与一定时间范围内的雇主支付给雇员工资之比作为衡量失业保险金支出状况的指标[②]。基金结余比例法是美国各州最早采用，也是目前绝大部分州采用的经验税率计算方法。2014 年，美国共有 32 个州（地区）采用该方法[③]（见表 4-4）。该方法将失业保险基金结余比例划分不同的等级，由此根据各雇主的失业保险基金结余比例确定相应的税率。内布拉斯加州、北卡罗来纳州等 6 个州将该州的失业保险经验税率的最低限设为 0，即没有解雇雇员的雇主不用交纳州级失业保险税；其他州则将最低税率设为大于 0 的值（见表 4-4）。2014 年美国采用该方法计算的最高失业保险经验税率是马萨诸塞州，为 12.27%（见表 4-4）。

**表 4-4　2014 年采用失业保险基金结余比例法的美国各州失业保险税率**

| 州　名 | 最低税率 | 最高税率 | 新雇主税率 |
|---|---|---|---|
| 内布拉斯加州 | 0.00% | 5.40% | 1.68%；建筑行业为 6.49% |

① 美国劳工部，“Financing-Comparison of State Unemployment Insurance Laws”，http://www.oui.doleta.gov/unemploy/comparison2014.asp。

② 美国大部分州规定为 3 年时间内失业保险税收入与失业保险金支出之间的累积结余比例。

③ 美国劳工部，“Comparison of State Unemployment Insurance Laws”，http://www.oui.doleta.gov/unemploy/comparison2014.asp。

续表

| 州　　名 | 最低税率 | 最高税率 | 新雇主税率 |
|---|---|---|---|
| 维京群岛 | 0.00% | 6.00% | 2.00% |
| 北卡罗来纳州 | 0.00% | 6.84% | 1.20% |
| 南达科他州 | 0.00% | 9.50% | 第1年为1.20%；如果第1年基金结余为正，则第2年为1% |
| 密苏里州 | 0.00% | 9.75% | 非营利组织为1.3%；其他为3.51%或该行业平均失业保险税率 |
| 乔治亚州 | 0.02% | 5.40% | 2.62% |
| 亚利桑那州 | 0.02% | 6.67% | 2.00% |
| 新墨西哥州 | 0.10% | 5.40% | 2.00% |
| 阿肯色州 | 0.10% | 6.00% | 2.90% |
| 路易斯安那州 | 0.10% | 6.20% | 行业平均失业保险税率，且最高为6.2% |
| 堪萨斯州 | 0.11% | 9.40% | 4.00%；建筑行业为6% |
| 北达科他州 | 0.17% | 9.78% | 1.25%；建筑行业为该行业平均失业保险税率 |
| 内华达州 | 0.25% | 5.40% | 2.95% |
| 威斯康辛州 | 0.27% | 9.80% | 3.60%或4.1%；建筑行业为7.1% |
| 俄亥俄州 | 0.30% | 8.40% | 2.70%；建筑行业为该行业平均失业保险税率 |
| 田纳西州 | 0.40% | 10.00% | 2.70% |
| 印第安纳州 | 0.53% | 7.90% | 政府部门为1.6%；其他行业为2.50% |
| 蒙大拿州 | 0.62% | 6.12% | 行业平均失业保险税率，且在1.7%—4.1%之间 |
| 科罗拉多州 | 0.66% | 8.90% | 1.70%；建筑行业为平均失业保险税率 |
| 爱达荷州 | 0.78% | 6.80% | 2.75% |
| 缅因州 | 0.89% | 8.21% | 3.12% |
| 纽约州 | 0.90% | 8.90% | 3.40% |
| 肯塔基州 | 1.00% | 10.00% | 2.70%；建筑行业为10% |
| 新泽西州 | 1.20% | 7.00% | 3.28% |
| 马萨诸塞州 | 1.26% | 12.27% | 2.83%； |
| 加利福尼亚州 | 1.50% | 6.20% | 3.40% |
| 西弗吉尼亚州 | 1.50% | 7.50% | 2.70%；建筑行业为7.5% |

续表

| 州　　名 | 最低税率 | 最高税率 | 新雇主税率 |
| --- | --- | --- | --- |
| 华盛顿哥伦比亚特区 | 1.60% | 7.00% | 2.70%和所有雇主失业保险税率均值二者中的高值 |
| 罗得岛州 | 1.69% | 9.79% | 2.83%；建筑行业为 8.62% |
| 夏威夷州 | 1.80% | 6.40% | 4.60% |
| 新罕布什尔州 | 2.60% | 7.00% | 2.70% |
| 波多黎各岛 | 3.40% | 5.40% | 3.40% |

资料来源：U. S. Department of Labor，Employment and Training Administration，"Significant Provisions of State Unemployment Insurance Laws"，http：//www.workforcesecurity.doleta.gov/unemploy/content/sigpros/2010-2019/January2014.pdf.

纽约州采用失业保险基金结余比例法计算失业保险税率，接下来以该州为例详细分析该方法。2014 年纽约州失业保险经验税率范围为 2.1%—9.9%①。虽然纽约州为每一个交纳失业保险税的雇主建立一个失业保险账户，但是该账户仅用来记录失业保险税和失业保险金支出数据，失业保险基金则实行州级统筹，用于全州的失业保险支出。

纽约州失业保险税率由三部分组成：常规失业保险税（Normal Rate）、辅助失业保险税（Subsidiary Rate）和再就业服务税（Re-employment Service Contribution）。前两者实行经验税率，其税率与雇主的失业保险基金结余相关，而再就业服务税为统一税率，所有的雇主都要交纳 0.075%的再就业服务税。

纽约州常规失业保险税每年重新计算一次，2014 年的常规失业保险税浮动范围为 0—8.9%②。在确定雇主常规失业保险税率时，需要计算以下两个值：（1）雇主失业保险账户百分比（Employer's Account

① 美国纽约州劳工局，"Current Employer UI Contribution Rates"，http：//www.labor.ny.gov/ui/bpta/contribution-rates.shtm。

② 美国纽约州劳工局，"Experience Rating Contribution Rates"，https：//labor.ny.gov/formsdocs/ui/IA318.12.pdf。

Percentage)。该值等于12月31日之前雇主失业保险账户结余与过去5年失业保险税交税工资平均值之比，用来反映雇主失业保险金累积结余情况。（2）基金指数（Size-of-Fund Index）。该值反映纽约州的失业保险基金结余情况，等于12月31日前失业保险金结余与以下两个数值中较大值之比：过去一个交税年度所有雇主交税工资之和，或者过去5年所有雇主交税工资平均值。纽约州将雇主失业保险账户百分比分为正值和负值两类，同时结合基金指数分布，列出两张二维表，由此确定不同雇主失业保险账户百分比和基金指数情况下的常规失业保险税率。

辅助失业保险税与雇主的失业保险基金状况以及该州的失业保险基金状况相关，该税的浮动范围为0—0.925%。[①] 计算辅助失业保险税时，根据雇主失业保险账户百分比和该州失业保险金结余数列出二维表，由此确定各雇主的辅助失业保险税率。

### （二）失业保险基金支出比例法

失业保险基金支出比例法（Benefit Ratio）和基金结余比例法类似，都考虑雇主解雇的雇员的失业保险基金支出状况，但是该方法不考虑雇主的失业保险交税情况。失业保险基金支出比例为一定时期内失业保险基金支出总额与雇主支付给雇员工资总额之比。2014年，美国共有18个州（地区）采用基金支出比例法计算失业保险经验税率[②③]（见表4-5）。美国德克萨斯州采用该方法，2014年的经验税率

① 美国纽约州劳工局，“Experience Rating Contribution Rates”，https：//labor. ny. gov/formsdocs/ui/IA318. 12. pdf。

② 美国劳工部，“Comparison of State Unemployment Insurance Laws”，http：//www. oui. doleta. gov/unemploy/comparison2014. asp。

③ 美国宾夕法尼亚州的失业保险经验税率由两部分构成，分别由失业保险金结余比例法和失业保险金支出比例法确定。

范围为 0.51%—7.41%①。

表 4-5 2014 年采用失业保险金支出比例法的美国部分州失业保险税率

| 州 名 | 最低税率 | 最高税率 | 新雇主税率 |
|---|---|---|---|
| 爱荷华州 | 0.00% | 8.50% | 1.5%；建筑行业则为 9% |
| 密歇根州 | 0.06% | 10.30% | 2.70%；建筑行业为该行业平均失业保险税率 |
| 南卡罗来纳州 | 0.09% | 7.85% | 2.01% |
| 华盛顿州 | 0.17% | 5.84% | 行业平均失业保险税率的一定比例 |
| 犹他州 | 0.40% | 7.40% | 行业平均失业保险税率，且最高值为 9.5% |
| 阿拉巴马州 | 0.59% | 6.74% | 2.70% |
| 怀俄明州 | 0.63% | 10.00% | 行业平均失业保险税率 |
| 明尼苏达州 | 0.67% | 10.81% | 3.52% |
| 弗吉尼亚州 | 0.68% | 6.78% | 3.08% |
| 马里兰州 | 1.00% | 10.50% | 2.60% |
| 佛罗里达州 | 1.02% | 5.40% | 2.70% |
| 佛蒙特州 | 1.30% | 8.40% | 1.00% |
| 康涅狄格州 | 1.90% | 6.80% | 4.50% |
| 俄勒冈州 | 2.20% | 5.40% | 3.30% |
| 宾夕法尼亚州 | 2.80% | 10.89% | 3.67%；建筑行业为 10.19% |

资料来源：U. S. Department of Labor，Employment and Training Administration，“Significant Provisions of State Unemployment Insurance Laws”，http：//www.workforcesecurity.doleta.gov/unemploy/content/sigpros/2010-2019/January2014.pdf.

德克萨斯州的雇主失业保险税由五部分组成：（1）一般税率（General Tax Rate），该值与雇主解雇雇员的失业保险金支出相关，实行经验税率。一般税率等于过去三年的失业保险金支出（Chargebacks）与

① 美国德克萨斯州劳工局，“Unemployment Insurance Tax Rates”，http：//www.twc.state.tx.us/ui/tax/your-tax-rates.html。

过去三年的交税工资（Taxable Wages）之比乘以补给率（Replenishment Ratio）。在计算一般税率时考虑补给率，以用于支付一半的已经支付给失业者但是不能纳入雇主失业保险经验税率的支出。（2）补给税率（Replenishment Tax Rate）。补给税率为向所有的雇主征收的统一的税率，用于那些支付给失业者，但是不能纳入雇主失业保险税的支出。补给税率等于支付给失业者但是不能纳入雇主经验税率的一半支出与过去一年的雇主交税工资之比。2014 年的补给税率为 0. 35%。（3）失业责任评估税率（Unemployment Obligation Assessment Rate）。该部分资金用于偿还债券以及向联邦政府借款的利息支出。（4）赤字税率（Deficit Tax Rate）。当失业保险基金结余低于一定最低限时，则在下一年度征收赤字税率。（5）就业和培训支出税率（Employment and Training Investment Assessment Tax Rate）。该税率为 0. 1%，资金用于失业者就业以及培训支出。由于征收该税，补给税率降低 0. 1%，因此该税并没有提高总失业保险税率。

由此可见，德克萨斯州的失业保险经验税率由五部分构成，实行经验税率和固定税率结合的方法，其中一般税率实行经验税率，与各雇主的失业保险金支出相关，而其他部分的税率则基本实行所有雇主统一税率。

### （三）失业保险领取者工资比例法

失业保险领取者工资比例法（Benefit Wage Ratio）首先计算一个州过去 3 年的失业保险金总额与该时间雇主支付给失业保险金领取者工资总额之比，该比值叫做州失业保险经验因子，用于衡量该州失业保险金支出占失业保险金领取者工资的比例。然后计算各个雇主的失业保险经验因子，即曾受雇于该雇主的失业保险金领取者过去 3 年内的工资总额与该雇主支付给所有雇员的工资总额之比，用于衡量该雇主解雇雇员的规模。各雇主的失业保险税率等于州失业保险经验因子和该雇主失业保险经验因子的乘积。目前只有俄克拉荷马州和特拉华州采用该方法。2014 年俄克拉荷马州的失业保险经验税率范围为 0. 30%—9. 20%，特拉华州的失业保险经验税率范围为 0. 30%—8. 2%[①]。

### （四）工资变动法

工资变动法（Payroll Variation）不考虑失业保险金收入和支出情况，而是评估雇主支付给雇员的工资变动情况，即下一季度的工资总额与上一季度的工资总额之差与上一季度的工资总额之比，并由此对雇主的失业保险经验税率每季度进行调整。工资变动法可以反映经济活动变化，以及季节性和非常规性的失业情况，通过雇主发放工资的变动情况反映该雇主的解雇情况，进而调整失业保险税率。

目前只有阿拉斯加州采用该方法。阿拉斯加州的工资变动法具体实施方法为：首先计算各个雇主一年内平均的季度性工资变动比例；然后对各个雇主的工资变动比例进行升序排序，并依次将这些雇主分为 20 个组；最后制定各组对应的失业保险经验税率，工资变动比例越小的雇主，失业保险经验税率越低[②]。2013 年 12 月，第 1 组的雇主经验税率为 1%，第 20 组的雇主经验税率为 5. 4%[③]。

### （五）失业保险经验税率计算方法小结

在上述四种失业保险经验税率计算方法中，失业保险基金结余比

---

① “Delaware State Tax Information”，http：//www. payroll-taxes. com/state-tax/delaware.

② James Wilson，“Alaska’s Unemployment Insurance”，http：//laborstats. alaska. gov/trends/Dec05art2. pdf.

③ 美国阿拉斯加州劳动与劳动力发展局，“Alaska Unemployment Insurance Tax System，the unemployment tax calculation cookbook”，http：//labor. alaska. gov/research/uiprog/Tax _ Cookbook. pdf。

例法和失业保险金支出比例法的优点在于能够直接反映失业保险金支出情况。美国目前绝大部分州采用失业保险基金结余比例法和失业保险金支出比例法，这两种方法都将失业保险经验税率与失业保险金支出关联，能够更好地反映一定时间范围内某个企业的失业保险金领取人数、领取水平以及领取期限等的整体情况，进而反映失业保险金支出总额①。且采用这两种失业保险经验税率计算方法的核心观点在于，雇主应该交纳相应的失业保险税，用于负担解雇雇员的失业保险金支出。但是在采用这两种计算方法时，需要保存每个雇员的受雇信息，失业保险金领取信息，并将失业保险金支出对应到相应的雇主，由此提高了制度运行管理成本。而失业保险金领取者工资比例法以及工资变动法只需反映雇主解雇的员工情况，不考虑失业保险金支出与雇主对应，管理更为便捷。

## 四、失业保险经验税率制度在中国实施的可行性分析

美国失业保险经验税率制度历经近 70 年的发展，对新雇主失业保险税率的确定、对失业“经验”的概念界定、对失业“经验”的衡量、将失业“经验”转换成相应的税率等都逐渐细化和完善。美国失业保险经验税率制度以行业失业率为基础确定新雇主的失业保险税率，同时根据雇主解雇人数以及失业保险金发放情况，动态调整雇主的失业保险税率。失业保险经验税率制度能在一定程度上规避失业保险统一费率制度带来的参保负激励问题，同时实现失业保险税率的自动化调整，对于完善中国失业保险费率确定和调整具有借鉴意义。由于中国目前实行的失业保险统一费率制度与失业保险经验税率制度存

---

① Becker, M. J. , *Experience Rating in Unemployment Insurance*: *An Experiment in Competitive Socialism*, Baltimore: The Johns Hopkins University Press, 1972, p. 18.

在着较大的差异，有待建立和完善以下配套措施以实行失业保险经验税率制度。

第一，实行失业保险经验税率，需要建立对中国各行业失业率的动态调查统计，并以各行业失业率为基础，确定各行业用人单位和职工的失业保险初始缴费率，以实现一定时期内的失业保险基金收支平衡。此外，由于受到经济周期的影响，各行业的失业率必然随之变动。因此，需要建立行业失业率动态统计制度，并以一定时间（比如三年时间）内的各行业的平均失业率为基础，动态调整各行业的失业保险费率。

第二，完善我国各用人单位及其职工失业保险缴费、失业保险金申请、失业保险金发放等各环节的信息库建设和管理，将各用人单位失业人员领取的失业保险金总额作为调整各用人单位失业保险费率的依据。美国各州失业保险经验税率制度的发展已经表明，失业保险金支出不仅能够反映各用人单位的解雇人员的数量，而且能够反映失业保险金水平、失业保险金领取时间长短等信息。此外，失业保险费率的调整，其目的不仅仅在于激励用人单位增加就业，减少失业，同时需要从失业保险制度财务可持续的角度考虑制度的发展。以各用人单位失业保险金支出作为调整用人单位失业保险缴费率的依据，符合失业保险基金财务收支平衡的原则。

第三，规范失业保险经验费率计算方法。在将失业保险金支出作为失业保险费率调整的依据之后，借鉴美国失业保险经验税率计算方法中的失业保险累积结余比例法，根据各用人单位的失业保险缴费、失业保险金支出以及失业保险缴费工资基数等信息，计算各用人单位的失业保险金结余比例；同时将失业保险金结余比例划分不同的等级，并明确不同等级对应的失业保险缴费率，由此实现失业保险缴费率和失业保险金支出之间的动态关联。由于失业保险金支出受经济周期的影响较大，美国现在大部分州采用3年的失业保险金收入和支出数据，计算该时间范围内的失业保险金结余比例，该方法也值得中国借鉴。

第四，确定合理的失业保险费率调整上下限。深圳市目前规定的用人单位失业保险费率浮动范围为1.2%—2%。在评估该项设计是否科学时，根本的问题在于如何确定失业保险费率浮动调整的上限和下限？以2%的基准费率为基础进行浮动调整，体现了从失业保险统一费率制度到浮动费率制度的过渡。但是为了更充分地发挥失业保险浮动费率对用人单位的激励作用，可以突破现行的统一失业保险费率制度的束缚，扩大失业保险费率的上限和下限。

第五，目前中国失业保险制度覆盖的对象主要是国有企业和事业单位职工，失业保险制度扩面的主要目标是非正规就业群体。在失业保险经验税率制度下，由于非正规就业人群面临的失业风险更大，其用人单位和非正规就业人群自身将面临更高的失业保险费率，由此，实施失业保险经验税率制度可能会影响失业保险制度扩面的顺利推进。因此，需要进一步加强对失业保险扩面工作中的监督和管理，强制用人单位和职工交纳失业保险费。

# 第五章　失业保险基金管理及投资运营问题研究

基金，一般是指由产品分配形成的、具有特定用途的资金①。失业保险是国家依据现行法律法规筹集，用于向失业者提供物质帮助的专项社会保险基金，具有国家法定性、强制性和专款专用性等特点，任何单位和个人都不能侵占和挪作他用。

## 第一节　失业保险基金管理概述

为了确保失业保险基金的安全性和完整性，提高基金使用效率，必须采取有效措施加强管理。失业保险基金管理涉及失业保险基金财务模式、失业保险基金统筹层次、失业保险基金管理体制和失业保险基金预算管理等方面。

### 一、失业保险基金财务模式

失业保险制度可以选择基金积累或现收现付的财务模式。基金积累制的失业保险制度即通过经济繁荣时期的失业保险税（费）形成失业保险基金积累，用于经济不景气时期的失业保险金支出，并在此后

① 殷俊：《社会保障基金管理新论》，武汉大学出版社2007年版，第1页。

的经济复苏时期继续积累失业保险基金。基金积累制的失业保险制度能够较好地发挥稳定经济的功能。即经济危机时期，失业保险金支出大于失业保险金收入，而经济繁荣时期则反之，由此实现稳定经济的功能。

例如美国大部分州的失业保险制度都是采用基金积累财务模式。经济危机时期，各州失业保险基金的支付能力受到四个方面因素的影响：（1）经济危机开始时失业保险基金数额；（2）一个州的经济实力大小；（3）与经济衰退相关的失业保险金需求大小，即经济危机的严重性和持续的时间长短；（4）失业保险基金结余量缩小时对失业保险税率的调整。① 基金结余倍数（Reserve Ratio Multiple，RRM）可以反映基金积累制的失业保险制度财务状况。基金结余倍数的分母是失业保险金支出总额最高的时间段中，连续 12 个月的失业保险金支出占该时间段失业保险税工资基数的比重，该值反映了失业保险基金支付风险和压力；基金结余倍数的分子是年度失业保险基金结余占该年度失业保险税工资基数的比重，反映了失业保险基金结余情况；将分子分母简化即得基金结余倍数等于年度失业保险基金结余占基金支出总额大的 12 个月失业保险金支出的比重。② 部分学者建议将基金结余倍数定为 1.5，即失业保险基金累积结余能够支付基金支出额度大时的 18 个月的失业保险金支出③。

现收现付制的失业保险制度即现期的失业保险金收入用于现期的

① Vroman，W.，*Topics in Unemployment Insurance Financing*，Kalamazoo：W. E. Upjohn Institute for Employment Research，1998，p. 10.

② Vroman，W.，*Topics in Unemployment Insurance Financing*，Kalamazoo：W. E. Upjohn Institute for Employment Research，1998，p. 11.

③ Vroman，W.，*Topics in Unemployment Insurance Financing*，Kalamazoo：W. E. Upjohn Institute for Employment Research，1998，p. 11.

失业保险金支出，不形成大额的失业保险基金积累。美国的伊利诺伊州和宾夕法尼亚州的失业保险制度实行现收现付制度①。现收现付的失业保险制度使得雇主具有更大的灵活性，但是在经济不景气时期，当面临巨额的失业保险金支出时，不得不提高失业保险税率或者降低失业保险金给付标准以应对失业保险金支出。在经济危机时期，降低失业保险金给付标准或者提高失业保险税率的方法，都在一定程度上有违失业保险制度保障失业者的基本生活和稳定经济发展的初衷。

## 二、失业保险基金统筹层次

从理论上讲，在全国范围内建立统一管理、统筹使用的失业保险基金，能够更为有效地分散失业风险，提高失业保险基金的使用效率。由于我国不同地区之间的社会经济发展水平、生活水平差别较大，加之受制于“分灶吃饭”的财政体制，同时也由于各地失业保险的工作基础不尽相同，目前仍有相当一部分地区实行县级统筹，市级统筹工作进展比较缓慢。统筹层次低，基金规模小，基金的保障能力和调剂能力弱，一定程度上制约了失业保险制度应有功能的发挥，也加大了制度运行成本。

2010 年 9 月人力资源和社会保障部颁布了《关于进一步提高失业保险统筹层次有关问题的通知》（人社部发〔2010〕63 号），进一步明确提高失业保险统筹层次工作的重点，提出四个“统一”：（1）要统一参保范围和参保对象，按规定推进各类用人单位及其职工特别是非公经济组织和农民工参加失业保险；（2）统一确定失业保险待遇项目及标准方法；（3）统一基金管理和使用，实行全市基金收支预算

① Vroman, W., *Topics in Unemployment Insurance Financing*, Kalamazoo: W. E. Upjohn Institute for Employment Research, 1998, p. 12.

管理制度，有条件的地区要实现基金统收统支，其他地区也要统一基金财务管理制度和使用办法，逐步实现全市范围内统一调度和使用基金；（4）统一失业保险业务经办流程和信息系统，逐步实现业务经办全程信息化。此外，该文件指出“鼓励有条件的地区，积极探索实施失业保险省级统筹”。①

各地都在积极落实人社部发〔2010〕63号文件的要求。例如，2013年11月修订的《广东省失业保险条例》规定：“失业保险基金按照国家规定逐步实行省级统筹。实行省级统筹前，失业保险基金由各地级以上市统筹。各统筹地区应当按照省人民政府规定的比例向省上缴调剂金，用于失业保险基金不敷使用时的调剂和省人民政府批准的预防失业、促进就业支出。各统筹地区按时足额上缴调剂金后，失业保险基金不敷使用时，由省级调剂金调剂、地方财政补贴。”② 据广东省《2016年省级社保调剂金分配方案》显示，2016年省级失业保险调剂金共分配2100万元，广东省内21个地市各100万元。③

## 三、失业保险基金管理体制

从纵向看，社会保障基金的管理机构可以按权限分为三个层次，即高层管理机构、中层管理机构和基层管理机构④。在失业保险基金管理领域，高层管理机构主要负责失业保险的全面立法，制定失业保

① 《关于进一步提高失业保险统筹层次有关问题的通知》（人社部发〔2010〕63号），2014年7月17日，参见 http：//www. mohrss. gov. cn/gkml/xxgk/201407/t20140717_136170. htm。

② 《广东省失业保险条例》，2013年11月21日，参见 http：//www. gdhrss. gov. cn/zcfgk/20131121/11864. html。

③ 《关于2016年省级社保调剂金分配方案的公示》，参见 http：//www. gdhrss. gov. cn/publicfiles/business/htmlfiles/gdhrss/tzgg/201701/60088. html。

④ 孙光德、董克用：《社会保障概论（第五版）》，中国人民大学出版社2015年版，第52页。

险政策，实施监督，我国人力资源和社会保障部为高层管理机构；中层管理机构负责具体贯彻失业保险的立法和政策，制定地方性实施细则和补充规定，省、自治区、直辖市的人力资源和社会保障厅（局）为中层管理机构；基层管理机构的职责是执行国家法令和上级机关的要求，区（县）的人力资源和社会保障局是失业保险的基层管理机构。

从横向看，失业保险基金收支管理涉及多个部门，失业保险基金的管理机构可以分为失业保险行政主管部门、失业保险经办机构、失业保险基金经营机构及失业保险监督管理机构。失业保险行政主管部门负责失业保险政策的决策和协调管理，经办机构负责失业保险费的征缴和失业保险待遇的发放，经营机构负责失业保险基金的投资运营，监督机构负责对失业保险事业实行全面的监督。财政部门、税务部门和审计部门等是失业保险基金监督管理机构。

为加强监督管理，自 1999 年中国失业保险制度正式建立以来，中国失业保险基金实行收支两条线管理。失业保险经办机构设立基金收入户和基金支出户，分别用来归集经办机构征收的失业保险费、存储失业保险经办机构用于发放失业保险待遇的资金。财政部门设立财政专户，用于存储从基金收入户转来的基金，并根据失业保险待遇发放需要，向基金支出户拨付资金。

由于我国五项社会保险费实行统一征收，在此对社会保险基金管理体制进行分析。

根据国务院 1999 年出台的《社会保险费征缴暂行条例》规定，社会保险费的征收机构由省、自治区、直辖市人民政府规定，可以由税务机关征收，也可以由劳动保障行政部门按照国务院规定设立的社会保险经办机构征收。如图 5-1 所示，目前我国社会保险费的征收机构主要是社保经办机构或地税部门。在税务部门征收社会保险费的情况下，社会保险计划由多部门协同共管，实行“税务收、财政管、社保支、审计查”的管理模式。由地方税务机关全面负责社会保险费征收工作，并按省级政府规定的比例直接将应上解的省级养老保险调剂金划入省级社会保障基金财政专户。由社会保险经办机构征收社会保险费时，社会保险保险计划实行“社保收、财政管、社保支、审计查”的管理模式。社会保险经办机构的职责是进行社会保险登记，统一征收社会保险费并做好企业和个人交费记录，管理职工个人账户，并根据社会保险的法律、法规、政策做好社会保险待遇的支付工作。

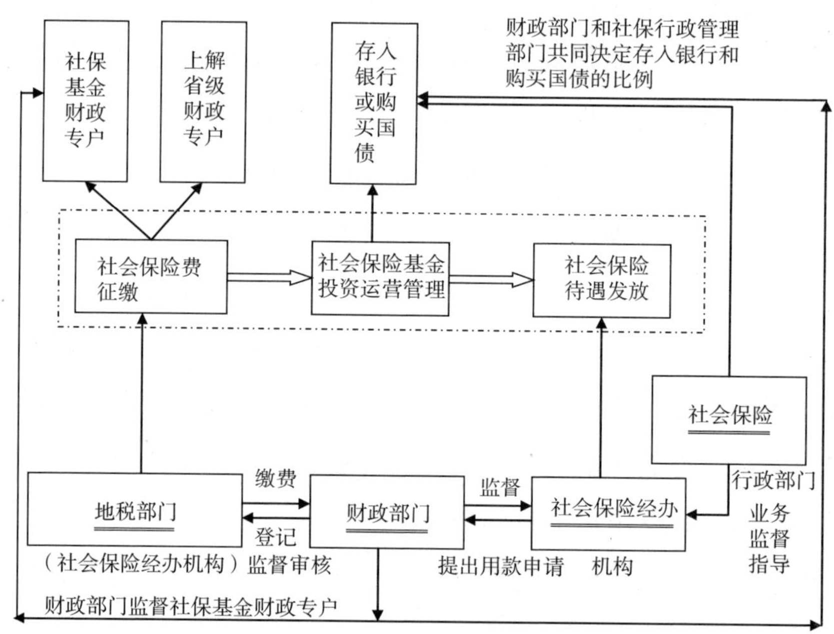

图 5–1　社会保险基金管理体制

财政部门主要负责社会保险基金财务管理和监督。财政部门按照国务院有关规定建立社会保险基金财政专户，在同级财政部门和社保行政管理部门共同认定的国有商业银行开设。财政部门应根据社保行政部门提出的意见，在双方共同协商的基础上，及时将基金结余按规定用于购买国家债券或转存定期存款。经财政部、社保行政管理部门共同研究确定的特种定向债券计划，要保证完成。财政部门根据社会保险待遇支付需求，及时将资金从财政专户中拨出；通过银行将社会保险待遇及时全额发到参保人手中。

各级社会保险基金管理中心或基金管理局是社会保险基金业务经办部门。社会保险经办机构进行社会保险登记，做好企业和个人交费记录，管理职工个人账户，并根据社会保险的法律、法规、政策做好社会保险待遇的支付工作。

社会保险行政管理部门、财政部门、审计部门等是社会保险基金外部监督部门，定期或不定期地对收入户、支出户和财政专户内的社会保险基金收支和结余情况进行监督检查，发现问题及时纠正。

2019 年 1 月 1 日起，各项社会保险费交由税务部门统一征收。中共中央办公厅、国务院办公厅印发《国税地税征管体制改革方案》，明确从 2019 年 1 月 1 日起，将基本养老保险费、基本医疗保险费、失业保险费、工伤保险费、生育保险费等各项社会保险费交由税务部门统一征收。各项社保费交由税务部门统一征收，此举结束了五项社会保险在不同地区分别由社保经办部门和税务部门征收的局面，统一了征收体系，结束了“分征”的局面。税务部门统一征收社保费后，权责更加统一，依靠税务部门长期形成的经验丰富、强有力的征收队伍和系统，社保费征收将更加规范化。

## 四、失业保险基金预算管理

社会保险基金预算是根据国家社会保险和预算管理法律法规建立的反映各项社会保险基金收支的年度计划。社会保险基金预算坚持以科学发展观为指导，通过对社会保险基金筹集和使用实行预算管理，增强政府宏观调控能力，强化社会保险基金的管理和监督，保证社会保险基金安全完整，提高社会保险基金运行效益，促进社会保险制度可持续发展。2010年国务院发布《国务院关于试行社会保险基金预算的意见》（国发〔2010〕2号）①，明确了社会保险基金预算按险种分别编制，包括企业职工基本养老保险基金、失业保险基金、城镇职工基本医疗保险基金、工伤保险基金、生育保险基金等内容。

国发〔2010〕2号文件明确了社会保险基金预算应遵循的基本原则：（1）依法建立，规范统一，即依据国家法律法规建立，严格执行国家社会保险政策，按照规定范围、程序、方法和内容编制；（2）统筹编制，明确责任，即社会保险基金预算按统筹地区编制执行，统筹地区根据预算管理方式，明确本地区各级人民政府及相关部门责任；（3）专项基金，专款专用，即社会保险各项基金预算严格按照有关法律法规规范收支内容、标准和范围，专款专用，不得挤占或挪作他用；（4）相对独立，有机衔接，即在预算体系中，社会保险基金预算单独编报，与公共财政预算和国有资本经营预算相对独立、有机衔接，社会保险基金不能用于平衡公共财政预算，公共财政预算可补助社会保险基金；（5）收支平衡，留有结余，即社会保险基金预算坚持收支平衡，适当留有结余。

失业保险基金预算是根据国家失业保险和预算管理法律法规建立、反映失业保险基金收支的年度计划。失业保险基金预算包括基金收入预算和基金支出预算。基金收入主要包括失业保险费收入、利息收入、财政补贴收入、转移收入、上级补助收入、下级上解收入、其

---

① 《国务院关于试行社会保险基金预算的意见》（国发〔2010〕2号），2010年1月2日，参见 http：//www.gov.cn/gongbao/content/2010/content_1510996.htm。

他收入等；基金支出主要包括失业保险金支出、医疗补助金支出、丧葬抚恤补助支出、职业培训和职业介绍补贴支出、转移支出、补助下级支出、上解上级支出、其他支出等。

### （一）失业保险基金预算编制方法

失业保险基金预算编制采用科学、规范的方法，提高预算编制的预见性、准确性、完整性和科学性。

失业保险基金收入预算的编制应综合考虑统筹地区上年度基金预算执行情况、本年度经济社会发展水平预测以及失业保险工作计划等因素，包括失业保险参保人数、缴费人数、缴费工资基数等。统筹地区人民政府应根据失业保险基金收支、财政收支等情况，合理安排本级财政对失业保险基金的补助支出。

失业保险基金支出预算的编制应综合考虑统筹地区本年度享受失业保险待遇人数变动、经济社会发展状况、失业保险政策调整及失业保险待遇标准变动等因素。失业保险待遇支出预算应根据上年度享受失业保险待遇对象存量、上年度人均享受失业保险待遇水平等因素确定，同时考虑本年度变动情况。

### （二）失业保险基金预算编制和审批

统筹地区失业保险基金预算草案由失业保险经办机构编制，经本级人力资源和社会保障部门审核汇总，财政部门审核后，由财政、人力资源和社会保障部门联合报本级人民政府审批。失业保险费由税务机关征收的，失业保险基金收入预算草案由失业保险经办机构会同税务机关编制。

统筹地区财政与人力资源和社会保障部门将失业保险基金预算草案报本级人民政府审批后，报上一级财政与人力资源和社会保障部门。省级财政与人力资源和社会保障部门将本省（区、市）失业保险基金预算草案报本级人民政府后，报财政部与人力资源和社会保障部。全国社会保险基金预算草案由人力资源和社会保障部汇总编制，财政部审核后，由财政部与人力资源和社会保障部联合向国务院报告。待条件成熟时，由国务院适时向全国人大报告。

### （三）失业保险基金预算执行和调整

失业保险基金预算草案经统筹地区人民政府批准后，由财政与人力资源和社会保障部门批复，失业保险经办机构具体执行。失业保险经办机构应严格按照批准的预算和规定的程序执行，并定期向本级人力资源和社会保障、财政部门报告。失业保险费由税务机关征收的，失业保险基金收入预算批复税务机关和失业保险经办机构，税务机关应严格按照批准的预算和规定的程序执行，并定期向本级财政与人力资源和社会保障部门报告。

失业保险基金预算不得随意调整。在执行中因特殊情况需要增加支出或减少收入，应当编制失业保险基金预算调整方案。失业保险基金预算调整由统筹地区失业保险经办机构提出调整方案，经人力资源和社会保障部门审核汇总，财政部门审核后，由财政与人力资源和社会保障部门联合报本级人民政府批准。失业保险费由税务机关征收的，失业保险费收入预算调整方案由失业保险经办机构会同税务机关提出。

### （四）失业保险基金决算

每年度末，统筹地区失业保险经办机构应按有关规定编制年度失业保险基金决算草案，经人力资源和社会保障部门审核汇总，财政部门审核后，由财政与人力资源和社会保障部门联合报本级人民政府审批。

统筹地区财政与人力资源和社会保障部门将失业保险基金决算草案报本级人民政府审批后，报上一级财政与人力资源和社会保障部门。

省级财政与人力资源和社会保障部门将本省（区、市）失业保险基金决算草案报本级人民政府后，报财政部与人力资源和社会保障部。全国社会保险基金决算草案由人力资源和社会保障部汇总编制，财政部审核后，由财政部与人力资源和社会保障部联合向国务院报告。

## 第二节 中国失业保险基金现状

失业保险基金收支及累积结余直接体现了失业保险制度的财务状况。失业保险基金累积结余受到失业保险基金收入和失业保险基金支出的影响。中国失业保险基金收入由用人单位和个人交纳的失业保险费、失业保险基金的利息收入、政府提供的财政补贴以及依法纳入失业保险基金的其他收入组成。失业保险基金的年缴费收入主要由城镇企事业单位及其职工交纳的失业保险费构成，等于缴费者人数、平均缴费工资、失业保险费率三者的乘积，用公式表示为：年度失业保险缴费额=年度从业人口数×失业保险参保率×参加失业保险人员的年平均工资水平×失业保险费率。这表明，年度从业人口数、失业保险参保率、参加失业保险人员的年平均工资水平、失业保险费率共同影响到年度失业保险缴费额。

据中国审计署公布的数据显示，2011 年中国失业保险基金收入中，来源于单位、职工个人、财政和其他的收入分别为 614.66 亿元、270.53 亿元、2.56 亿元和 36.06 亿元，分别占 66.54%、29.28%、0.28% 和 3.90%[①]，参保单位及职工个人缴费是失业保险基金的主要来源。

① 《审计署公布我国失业保险基金审计情况》，2012 年 8 月 2 日，参见 http：//finance. people. com. cn/n/2012/0802/c153180-18655066. html。

## 一、中国失业保险基金收支及累积结余整体状况

中国失业保险基金累积结余基本维持逐年增长趋势[①]，由 1989 年的 13.6 亿元增长至 2015 年的 5333 亿元，在不考虑通货膨胀率的情况下，失业保险基金增长近 391 倍，各年的失业保险基金累积结余增长较快（见表 5-1 和图 5-2）。失业保险基金累积结余系数综合反映了失业保险基金的收入、支出和累积结余情况，等于失业保险基金累积结余与当年失业保险基金支出的比值，反映了失业保险基金累积结余大概够支付多少年的失业保险基金支出[②]。中国失业保险基金累积结余系数在 1999—2004 年期间低于 2，此后则逐渐增长至 4 以上；2015 年的失业保险基金累积结余系数为 6.9；2016 年失业保险基金累积结余系数略有降低，为 5.5（见表 5-1），失业保险基金累积结余偏高。

**表 5-1　1989—2016 年中国失业保险基金收入、支出及累积结余情况**

| 年　份 | 失业保险基金收入（亿元） | 失业保险基金支出（亿元） | 失业保险累积结余（亿元） | 失业保险基金累积结余系数 |
|---|---|---|---|---|
| 1989 | 6.8 | 2.0 | 13.6 | 6.8 |
| 1990 | 7.2 | 2.5 | 19.5 | 7.8 |
| 1991 | 9.3 | 3.0 | 25.7 | 8.6 |
| 1992 | 11.7 | 5.1 | 32.1 | 6.3 |
| 1993 | 17.9 | 9.3 | 40.8 | 4.4 |
| 1994 | 25.4 | 14.2 | 52.0 | 3.7 |

① 除 2002 年失业保险基金累积结余略有降低之外，其他年份的失业保险基金累积结余都有所增长。

② 当失业保险基金累积结余为负时，基金结余系数还可以用失业保险基金累积结余占当年失业保险缴费工资总额的比值来计算，该比值反映为了应对基金赤字应该确定的失业保险缴费率。由于我国目前失业保险基金累积结余为正，因此本书通过失业保险基金累积结余占当年失业保险基金支出的比值评估失业保险基金结余状况。

续表

| 年份 | 失业保险基金收入（亿元） | 失业保险基金支出（亿元） | 失业保险累积结余（亿元） | 失业保险基金累积结余系数 |
|---|---|---|---|---|
| 1995 | 35.3 | 18.9 | 68.4 | 3.6 |
| 1996 | 45.2 | 27.3 | 86.4 | 3.2 |
| 1997 | 46.9 | 36.3 | 97.0 | 2.7 |
| 1998 | 68.4 | 51.9 | 133.4 | 2.6 |
| 1999 | 125.2 | 91.6 | 159.9 | 1.7 |
| 2000 | 160.4 | 123.4 | 195.9 | 1.6 |
| 2001 | 213.4 | 182.6 | 253.8 | 1.4 |
| 2002 | 187.3 | 156.6 | 226.2 | 1.4 |
| 2003 | 249.5 | 199.8 | 303.5 | 1.5 |
| 2004 | 290.8 | 211.3 | 385.8 | 1.8 |
| 2005 | 340.3 | 206.9 | 519.0 | 2.5 |
| 2006 | 402.4 | 198.0 | 724.8 | 3.7 |
| 2007 | 471.7 | 217.7 | 979.1 | 4.5 |
| 2008 | 585.1 | 253.5 | 1310.1 | 5.2 |
| 2009 | 580.4 | 366.8 | 1523.6 | 4.2 |
| 2010 | 649.8 | 423.3 | 1749.8 | 4.1 |
| 2011 | 923.1 | 432.8 | 2240.2 | 5.2 |
| 2012 | 1138.9 | 450.6 | 2929.0 | 6.5 |
| 2013 | 1288.9 | 531.6 | 3685.9 | 6.9 |
| 2014 | 1379.8 | 614.7 | 4451.5 | 7.2 |
| 2015 | 1367.8 | 736.4 | 5083.0 | 6.9 |
| 2016 | 1229.0 | 976.0 | 5333.0 | 5.5 |

资料来源：根据中华人民共和国国家统计局历年《中国统计年鉴》相关数据计算整理而得，参见http：//www.stats.gov.cn/tjsj/ndsj/。

从图5-2的变动趋势线看，1989—2004年期间，中国失业保险基金收入、基金支出和累积结余都增长较为缓慢；2004—2015年期间，失业保险基金收入与失业失业保险基金支出之间的差值增大，由此失业保险基金累积结余增长显著，失业保险基金累积结余与失业保险基金支出之间的“剪刀口”逐渐增大，由此失业保险基金累积结余系数变大。由于2016年失业保险基金收入降低，基金支出增加，二者之间的差距略有缩小的趋势。但是整体来说，中国的失业保险基金累积结余量大。

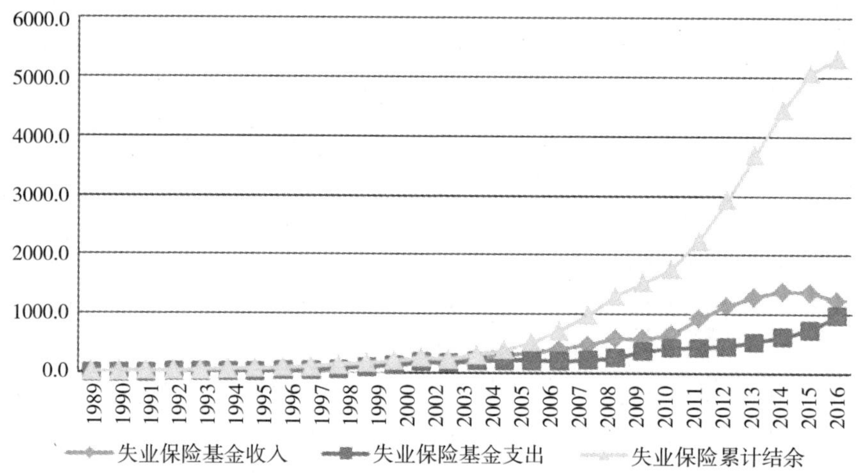


图5-2 1989—2016年中国失业保险基金收入、支出及累积结余情况

## 二、中国各地失业保险基金累积结余差异

此外，中国各统筹地区的失业保险基金收支和累积结余不均衡（见表5-2）。目前我国失业保险基金实行市县级统筹，由于失业保险参保人数、失业保险金领取人数以及失业保险基金发放标准、基金使用范围等在各个统筹地区存在着差异，使得各统筹地区的失业保险基金状况存在着差异。

失业保险参保人数是影响各地失业保险基金结余的关键因素。广东、江苏、浙江、山东、北京、河南、辽宁、上海、四川、湖北等沿海地区或人口较多的省市失业保险参保人数多，这些地区2015年失业保险基金结余和历年失业保险基金累积结余量都很高（见表5-2）。

**表5-2 2015年中国各省份失业保险参保人数及基金累积结余情况**

| 地 区 | 参加人数（万人） | 领取人数（万人） | 基金收入（亿元） | 基金支出（亿元） | 累积结余（亿元） | 失业保险基金累积结余系数 |
|---|---|---|---|---|---|---|
| 广 东 | 2930.1 | 13.9 | 155.2 | 36.3 | 634.6 | 17.5 |
| 江 苏 | 1490.9 | 34.2 | 130.1 | 76.1 | 437.3 | 5.7 |
| 浙 江 | 1260.2 | 9 | 98.1 | 61.4 | 379.9 | 6.2 |
| 山 东 | 1203.8 | 21.6 | 71.6 | 57.3 | 275.3 | 4.8 |
| 北 京 | 1082.3 | 3.4 | 81.7 | 42.8 | 202.6 | 4.7 |
| 河 南 | 783.3 | 8.3 | 43.7 | 18.6 | 159 | 8.5 |
| 辽 宁 | 665.3 | 9.7 | 49.2 | 18.2 | 258.4 | 14.2 |
| 四 川 | 661.0 | 33.2 | 102.7 | 59.5 | 321.8 | 5.4 |
| 上 海 | 641.8 | 9.5 | 98.7 | 85.6 | 170.1 | 2.0 |
| 福 建 | 546.3 | 5.0 | 34.5 | 11.1 | 151.5 | 13.6 |
| 湖 北 | 528.4 | 6.0 | 40.5 | 13.7 | 166.2 | 12.1 |
| 湖 南 | 521.2 | 6.7 | 29.0 | 12.7 | 115.2 | 9.1 |
| 河 北 | 511.0 | 8.0 | 42.9 | 27.9 | 169.1 | 6.1 |
| 重 庆 | 439.5 | 3.5 | 28.1 | 14.9 | 108.0 | 7.2 |
| 安 徽 | 436.6 | 5.0 | 34.5 | 11.1 | 151.5 | 13.6 |
| 山 西 | 411.3 | 3.1 | 30.6 | 13.8 | 150.0 | 10.9 |
| 陕 西 | 347.7 | 3.0 | 25.8 | 10.5 | 145.4 | 13.8 |
| 黑龙江 | 312.8 | 3.7 | 29.8 | 16.7 | 158.8 | 9.5 |
| 天 津 | 295.3 | 7.1 | 30.1 | 31.6 | 103.3 | 3.3 |
| 新 疆 | 294.9 | 4.9 | 31.3 | 29.8 | 94.8 | 3.2 |
| 江 西 | 281.5 | 1.4 | 13.6 | 4.2 | 64.5 | 15.4 |
| 广 西 | 273.2 | 6.2 | 28.9 | 12.8 | 126.5 | 9.9 |
| 吉 林 | 261.2 | 2.2 | 27.1 | 7.9 | 105.6 | 13.4 |
| 云 南 | 243.3 | 5.9 | 23.9 | 13.6 | 118.6 | 8.7 |
| 内蒙古 | 242.1 | 2.9 | 26.2 | 9.8 | 108.5 | 11.1 |
| 贵 州 | 205.3 | 1.7 | 17.7 | 8.5 | 74.6 | 8.8 |
| 海 南 | 164.8 | 2.0 | 6.5 | 4.0 | 32.5 | 8.1 |

续表

| 地　区 | 参加人数（万人） | 领取人数（万人） | 基金收入（亿元） | 基金支出（亿元） | 累积结余（亿元） | 失业保险基金累积结余系数 |
|---|---|---|---|---|---|---|
| 甘　肃 | 162.8 | 1.0 | 15.6 | 5.0 | 72.1 | 14.4 |
| 宁　夏 | 76.6 | 1.3 | 9.4 | 5.1 | 31.5 | 6.2 |
| 青　海 | 40.1 | 0.4 | 6.1 | 4.0 | 27.2 | 6.8 |
| 西　藏 | 11.4 | 0.009 | 2.6 | 0.1 | 13.9 | 139.0 |

资料来源：根据中华人民共和国国家统计局《中国统计年鉴 2016》相关数据整理而得，参见 http：//www. stats. gov. cn/tjsj/ndsj/2016/indexch. htm。

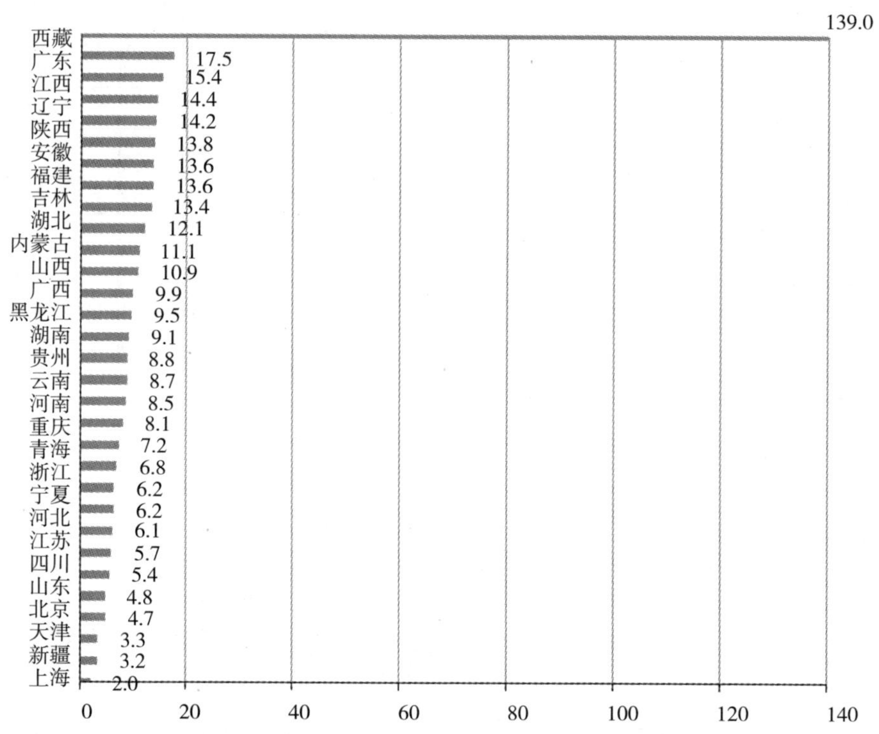


图 5-3　2015 年中国各省份失业保险基金累积结余系数

资料来源：根据中华人民共和国国家统计局《中国统计年鉴 2016》相关数据整理而得，参见 http：//www. stats. gov. cn/tjsj/ndsj/2016/indexch. htm。

失业保险基金累积结余系数受到失业保险基金累积结余量和当年的失业保险基金支出量的影响，反映了失业保险基金累积结余量大概能支付多少年的失业保险基金支出。2015 年中国各省份的失业保险基金累积结余系数差距较大（见图 5-3）。失业保险基金累积结余系数最小的为上海市，结余系数为 2.0，这主要在于 2015 年上海市的失业保险基金支出额高（见图 5-3 和表 5-2）。2015 年失业保险累积结余系数最大的为西藏，结余系数为 139。西藏的失业保险参保人数和失业保险基金累积结余量都相对较低，失业保险基金累积结余系数大的原因主要在于领取失业保险金人数少，失业保险金支出数额低，2015 年西藏领取失业保险金的人数仅为 0.009 万人，当年的失业保险基金支出仅为 1000 万元（见表 5-2）。青海、山西、云南、甘肃、重庆等中西部地区 2015 年的失业保险累积结余系数高的原因也主要在于当年的失业保险基金支出较少。

## 三、中国失业保险基金支出水平

失业保险金支出是失业保险基金的主要支出项目，失业保险金领取人数、失业保险金给付标准和给付期限决定了失业保险金支出的大小。失业保险金领取人数由参保失业率和参加失业保险人数决定，其中参保失业率是指参加失业保险人员中失业人数占总参保人数的比例。用公式表示失业保险金全年支出为：

失业保险金年支出＝失业保险参保人数×参保失业率×失业者中可以获得失业保险金的比例×平均每次领取失业保险金的时间长度×平均每单位时间领取的失业保险金数额

笔者借鉴穆怀中（2003）① 对社会保障系数的研究，分析失业保险基金支出水平。社会保障系数亦称社会保障水平系数，反映的是社会保障经费支出分别同工资总额、财政支出、国内生产总值的比重关

① 穆怀中：《国民财富与社会保障收入再分配》，中国劳动社会保障出版社 2003 年版。

系，代表着社会保障在国民经济运行中的地位和作用①。由此，本研究构建失业保险的工资总额比重系数、失业保险的公共财政支出比重系数、失业保险的国内生产总值比重系数来衡量失业保险基金支出水平及失业保险制度在国民经济运行中的地位和作用。这三个系数的含义分别为：（1）失业保险的工资总额比重系数等于失业保险基金支出总额占城镇单位就业人员工资总额的比重，该系数以劳动生产要素分配项目工资为基数，反映了在劳动生产要素分配层次上的收入再分配项目和程度；（2）失业保险的公共财政支出比重系数等于失业保险基金支出总额占财政支出总额的比重，反映了公共财政对失业保险基金的投入状况；（3）失业保险的国内生产总值比重系数等于失业保险基金支出总额占国内生产总值的比重，反映一国或地区的经济资源用于失业保险基金支出的程度。

中国失业保险的工资总额比重系数在2002年左右达到高值，此后维持在1%以下；失业保险的公共财政支出比重系数也在2002年左右达到高值，为0.83%，此后逐渐下降，在2013年该指标值为0.38%；失业保险的国内生产总值比重系数更低，近年来则降至0.1%以下（见表5-3）。

**表5-3　1999—2013年中国失业保险基金支出水平**

| 年　份 | 失业保险基金支出（亿元）(1) | 城镇单位就业人员工资总额（亿元）(2) | 公共财政支出（亿元）(3) | 国内生产总值（亿元）(4) | 失业保险的工资总额比重系数(1)/(2) | 失业保险的公共财政支出比重系数(1)/(3) | 失业保险的国内生产总值比重系数(1)/(4) |
|---|---|---|---|---|---|---|---|
| 1999 | 92 | 10156 | 13188 | 89677 | 0.90% | 0.69% | 0.10% |

① 穆怀中：《国民财富与社会保障收入再分配》，中国劳动社会保障出版社2003年版，第32页。

续表

| 年　份 | 失业保险基金支出（亿元）（1） | 城镇单位就业人员工资总额（亿元）（2） | 公共财政支出（亿元）（3） | 国内生产总值（亿元）（4） | 失业保险的工资总额比重系数（1）/（2） | 失业保险的公共财政支出比重系数（1）/（3） | 失业保险的国内生产总值比重系数（1）/（4） |
|---|---|---|---|---|---|---|---|
| 2000 | 123 | 10955 | 15887 | 99215 | 1.13% | 0.78% | 0.12% |
| 2001 | 157 | 12205 | 18903 | 109655 | 1.28% | 0.83% | 0.14% |
| 2002 | 183 | 13638 | 22053 | 120333 | 1.34% | 0.83% | 0.15% |
| 2003 | 200 | 15330 | 24650 | 135823 | 1.30% | 0.81% | 0.15% |
| 2004 | 211 | 17615 | 28487 | 159878 | 1.20% | 0.74% | 0.13% |
| 2005 | 207 | 20627 | 33930 | 184937 | 1.00% | 0.61% | 0.11% |
| 2006 | 198 | 24262 | 40423 | 216314 | 0.82% | 0.49% | 0.09% |
| 2007 | 218 | 29472 | 49781 | 265810 | 0.74% | 0.44% | 0.08% |
| 2008 | 254 | 35290 | 62593 | 314045 | 0.72% | 0.40% | 0.08% |
| 2009 | 367 | 40288 | 76300 | 340903 | 0.91% | 0.48% | 0.11% |
| 2010 | 423 | 47270 | 89874 | 401513 | 0.90% | 0.47% | 0.11% |
| 2011 | 433 | 59955 | 109248 | 473104 | 0.72% | 0.40% | 0.09% |
| 2012 | 451 | 70914 | 125953 | 519470 | 0.64% | 0.36% | 0.09% |
| 2013 | 532 | 93064 | 140212 | 568845 | 0.57% | 0.38% | 0.09% |

资料来源：根据中华人民共和国国家统计局《中国统计年鉴 2014》相关数据计算整理而得，参见 http：//www.stats.gov.cn/tjsj/ndsj/2014/indexch.htm。

从国际比较来看，中国失业保险基金支出占国内生产总值的比重远低于部分欧洲国家，中国失业保险基金支出水平较低。2012 年比利时失业保险基金支出占当年国内生产总值的比重达 3.58%，芬兰、法国、丹麦、荷兰、卢森堡、瑞典、德国等国家的失业保险基金支出占国内生产总值的比重也维持在 1%以上，挪威在所列国家中失业保险基金支出占国内生产总值的比重最低（0.59%），但仍远远高于中国 2012 年的水平（0.09%）（见表 5-4）。

表 5-4　2012 年部分欧洲国家失业保险支出占国内生产总值的比重

| 国　家 | 国内生产总值（百万欧元） | 失业保险支出（百万欧元） | 失业保险支出占国内生产总值比重 |
| --- | --- | --- | --- |
| 比利时 | 388254 | 13886 | 3.58% |
| 芬　兰 | 199069 | 4055 | 2.04% |
| 法　国 | 2091059 | 39756 | 1.90% |
| 丹　麦 | 250786 | 4494 | 1.79% |
| 荷　兰 | 640644 | 10571 | 1.65% |
| 卢森堡 | 43812 | 572 | 1.30% |
| 瑞　典 | 423341 | 5015 | 1.18% |
| 德　国 | 2749900 | 31517 | 1.15% |
| 意大利 | 1628004 | 14408 | 0.89% |
| 瑞　士 | 518205 | 4125 | 0.80% |
| 英　国 | 2041491 | 13839 | 0.68% |
| 挪　威 | 396678 | 2352 | 0.59% |

资料来源：根据以下网站相关数据整理，http://appsso.eurostat.ec.europa.eu/nui/submitViewTableAction.do；http://appsso.eurostat.ec.europa.eu/nui/show.do? dataset = nama _ 10 _ gdp&lang=en。

## 第三节　中国失业保险基金投资管理现状

我国失业保险虽然实行的是现收现付制，但为了应对可能出现的失业高峰和支付高峰，必须保持一定规模的基金积累。因此，在经济环境、就业形式相对较好的情况下，为了实现基金的保值增值，可以将这部分基金用于投资。失业保险基金结余投资除了应当遵循社会保险基金投资共同适用的安全性、效益性原则外，还应当特别强调投资的流动，因为与具有长期积累性的养老金相比，失业保险基金结余只是暂时沉淀下来的。因此失业保险基金结余应当选择周期短、易变现的投资渠道和项目。

失业保险基金是中国社会保险基金的重要组成部分。截至 2015 年年末，我国的社会保险基金累计结余 59532.5 亿元（参见表 5-5）。其中，社会基本养老保险基金所占比重最大，1995 年该比例为 83.2%，此后逐渐降低，但是至 2015 年该比例仍然高于其他四项社会保险基金累计结余所占比例之和，为 59.4%；1995 年，社会保险基金中失业保险基金所占比重为 13.2%，此后逐年下降，2015 年该比例为 8.5%（参见表 5-5），该值低于基本养老保险基金和城镇基本医疗保险基金在社会保险基金总值中所占的比重，但是高于工伤保险基金和生育保险基金所占比重。五项社会保险基金收支以及累计结余情况与五项社会保险制度的性质、覆盖群体以及发展状况密切相关。

**表 5-5　中国社会保险基金分项累计结余及所占比例**

| 年　份 | 合计（亿元） | 基本养老保险 | | 失业保险 | | 城镇基本医疗保险 | | 工伤保险 | | 生育保险 | |
|---|---|---|---|---|---|---|---|---|---|---|---|
| | | 数额（亿元） | 比例（%） | 数额（亿元） | 比例（%） | 数额（亿元） | 比例（%） | 数额（亿元） | 比例（%） | 数额（亿元） | 比例（%） |
| 1995 | 516.8 | 429.8 | 83.2 | 68.4 | 13.2 | 3.1 | 0.6 | 12.7 | 2.5 | 2.7 | 0.5 |
| 2000 | 1327.5 | 947.1 | 71.4 | 195.9 | 14.8 | 109.8 | 8.3 | 57.9 | 4.4 | 16.8 | 1.3 |
| 2005 | 6073.7 | 4041.0 | 66.5 | 519.0 | 8.6 | 1278.1 | 21.0 | 163.5 | 2.7 | 72.1 | 1.2 |
| 2006 | 8255.9 | 5488.9 | 66.5 | 724.8 | 8.8 | 1752.4 | 21.2 | 192.9 | 2.3 | 96.9 | 1.2 |
| 2007 | 11236.6 | 7391.4 | 65.8 | 979.1 | 8.7 | 2476.9 | 22.0 | 262.6 | 2.3 | 126.6 | 1.1 |
| 2008 | 15176.0 | 9931.0 | 65.4 | 1310.1 | 8.6 | 3431.7 | 22.6 | 335.0 | 2.2 | 168.2 | 1.1 |
| 2009 | 18941.5 | 12526.1 | 66.1 | 1523.6 | 8.0 | 4275.9 | 22.6 | 403.8 | 2.1 | 212.1 | 1.1 |
| 2010 | 22902.0 | 15365.0 | 67.1 | 1750.0 | 7.6 | 5047.0 | 22.0 | 479.0 | 2.1 | 261.0 | 1.1 |
| 2011 | 28902.0 | 19497.0 | 67.5 | 2240.0 | 7.8 | 6180.0 | 21.4 | 642.0 | 2.2 | 343.0 | 1.2 |
| 2012 | 35679.0 | 23941.0 | 67.1 | 2929.0 | 8.2 | 7644.0 | 21.4 | 737.0 | 2.1 | 428.0 | 1.2 |
| 2013 | 45589.0 | 31275.0 | 68.6 | 3686.0 | 8.1 | 9117.0 | 20.0 | 996.0 | 2.2 | 515.0 | 1.1 |
| 2014 | 52462.3 | 31800.0 | 60.6 | 4451.5 | 8.5 | 10644.8 | 20.3 | 1128.8 | 2.2 | 592.7 | 1.1 |
| 2015 | 59532.5 | 35344.8 | 59.4 | 5083.0 | 8.5 | 12542.8 | 21.1 | 1285.3 | 2.2 | 684.4 | 1.1 |

资料来源：根据国家统计局年度数据整理而得，参见 http：//data. stats. gov. cn/easyquery. htm? cn=C01。

对于社会保险基金的投资运营管理，我国一直采取比较审慎的态度。根据1999年《失业保险条例》的规定，失业保险基金必须存入财政部门在国有商业银行开设的社会保障基金财政专户，存入银行或按照国家规定购买国债的失业保险基金，分别按照城乡居民同期存款利率计息。人力资源和社会保障部2017年11月发布的《失业保险条例（修订草案征求意见稿）》中对失业保险基金投资管理的规定为“失业保险基金银行存款实行统一计息办法。对存入收入户和支出户的活期存款实行优惠利率，按三个月整存整取定期存款基准利率计息。对存入财政专户的存款，利率比照同期居民储蓄存款利率管理。失业保险基金管理和投资运营按照国务院有关规定执行”①。

目前我国大部分省份的社会保险基金都是通过基金征缴部门征收后归入财政专户，然后由社会保险基金管理部门和同级财政部门协商存入银行，只有少数省份的社会保险基金购买了国债。据国家审计署公布的数据，从2011年中国失业保险基金结余的形态看，定期存款、活期存款和其他形式的失业保险基金分别为1306.81亿元、882.26亿元和41.96亿元，分别占58.57%、39.55%和1.88%②。

银行存款是我国社会保险基金的主要投资渠道，具有较高的安全性，但收益率较低，面临通货膨胀风险和利率风险。2004年、2007年、2008年和2010年，我国的通货膨胀率基本上超过了同期银行定期存款利率（见表5-6）。由此可见，在银行存款这种单一的投资渠

① 《关于〈失业保险条例（修订草案征求意见稿）〉公开征求意见的通知》，2017年11月10日，参见http：//www.mohrss.gov.cn/SYrlzyhshbzb/zcfg/SYzhengqiuyijian/zq_fgs/201711/t20171110_281451.html。

② 《审计署公布我国失业保险基金审计情况》，2012年8月2日，参见http：//finance.people.com.cn/n/2012/0802/c153180-18655066.html。

道下，很难实现社会保险基金的保值增值。

目前我国大多数省份的社会保险基金购买国债的比例并不大。首先，国债收益率低，且缺乏完善的二级市场，因而反而不如银行存款有吸引力。其次，我国的国债存在品种单一、期限结构不合理等问题。再次，相对于较高的通货膨胀率，国债的保值能力也并不强，仍不足以完全抵抗通货膨胀的风险（见表5-6）。仅限于银行存款和购买国债的失业保险基金投资策略已显过时，投资渠道狭小，投资回报率低。

**表5-6　2004—2013年中国通货膨胀率和银行存款利率、国债利率比较**

| 年　份 | 通货膨胀率（%） | 银行定期存款利率（%） | | | | | | | | 凭证式国债票面利率（%） | | | |
|---|---|---|---|---|---|---|---|---|---|---|---|---|---|
| | | 1年期 | | 2年期 | | 3年期 | | 5年期 | | 3年期 | | 5年期 | |
| | | 年初值 | 年末值 | 年初值 | 年末值 | 年初值 | 年末值 | 年初值 | 年末值 | 最低值 | 最高值 | 最低值 | 最高值 |
| 2004 | 3.9 | 1.98 | 2.25 | 2.25 | 2.70 | 2.52 | 3.24 | 2.79 | 3.36 | 2.52 | 3.37 | 2.83 | 3.81 |
| 2005 | 1.8 | 2.25 | 2.25 | 2.70 | 2.70 | 3.24 | 3.24 | 3.36 | 3.36 | 3.24 | 3.37 | 3.60 | 3.81 |
| 2006 | 1.5 | 2.25 | 2.52 | 2.70 | 3.06 | 3.24 | 3.69 | 3.36 | 4.14 | 3.14 | 3.39 | 3.49 | 3.81 |
| 2007 | 4.8 | 2.52 | 4.14 | 3.06 | 4.68 | 3.69 | 5.40 | 4.14 | 5.85 | 3.39 | 5.74 | 3.81 | 6.34 |
| 2008 | 5.9 | 4.14 | 2.25 | 4.68 | 2.79 | 5.40 | 3.33 | 5.85 | 3.60 | 5.53 | 5.74 | 5.98 | 6.34 |
| 2009 | -0.7 | 2.25 | 2.25 | 2.79 | 2.79 | 3.33 | 3.33 | 3.60 | 3.60 | 3.73 | 3.73 | 4.00 | 4.00 |
| 2010 | 3.3 | 2.25 | 2.75 | 2.79 | 3.55 | 3.33 | 4.15 | 3.60 | 4.55 | 3.73 | 4.25 | 4.60 | 4.60 |
| 2011 | 5.4 | 3.00 | 3.50 | 3.90 | 4.40 | 4.50 | 5.00 | 5.00 | 5.50 | 5.00 | 5.58 | 5.41 | 6.15 |
| 2012 | 2.6 | 3.00 | 3.00 | 3.90 | 3.75 | 4.50 | 4.25 | 5.00 | 4.75 | 4.76 | 5.58 | 5.32 | 6.15 |
| 2013 | 2.7 | 3.00 | 3.00 | 3.75 | 3.75 | 4.25 | 4.25 | 4.75 | 4.75 | 5.00 | 5.00 | 5.41 | 5.41 |

资料来源：根据历年《国民经济和社会发展统计公报》和历年《中国金融年鉴》相关数据整理而得，参见http：//www.stats.gov.cn/tjsj/tjgb/ndtjgb/。

## 第四节　完善失业保险基金投资管理

目前关于我国社会保险基金投资管理的理论研究和实践探讨，更多地集中在全国社会保障基金以及各省份基本养老保险基金的投资管理方面。这是因为养老保险金有较长时间的积累，因此对其进行投资管理，以实现基金的保值增值的问题更为突出和紧迫。经过多年的发展，我国基本养老保险基金和全国社会保障基金投资管理机制更为规范和成熟。例如，2015 年国务院印发《基本养老保险基金投资管理办法》，养老基金投资应当坚持市场化、多元化、专业化的原则，确保资产安全，实现保值增值。该管理办法的第三十四条、第三十五条和第三十六条对养老基金投资范围进行了规定。“养老基金限于境内投资。投资范围包括：银行存款，中央银行票据，同业存单；国债，政策性、开发性银行债券，信用等级在投资级以上的金融债、企业（公司）债、地方政府债券、可转换债（含分离交易可转换债）、短期融资券、中期票据、资产支持证券，债券回购；养老金产品，上市流通的证券投资基金，股票，股权，股指期货，国债期货。国家重大工程和重大项目建设，养老基金可以通过适当方式参与投资。国有重点企业改制、上市，养老基金可以进行股权投资。范围限定为中央企业及其一级子公司，以及地方具有核心竞争力的行业龙头企业，包括省级财政部门、国有资产管理部门出资的国有或国有控股企业。”① 此后，国务院

① 《国务院关于印发基本养老保险基金投资管理办法的通知》（国发〔2015〕48 号），2015 年 8 月 23 日，参见 http：//www. gov. cn/zhengce/content/2015 - 08/23/content _ 10115. htm。

2016年2月颁布实施《全国社会保障基金条例》。该条例明确规定“全国社会保障基金理事会投资运营全国社会保障基金，应当坚持安全性、收益性和长期性原则，在国务院批准的固定收益类、股票类和未上市股权类等资产种类及其比例幅度内合理配置资产”①。

我国失业保险基金收入的增长远高于支出的增长，基金结余越来越大，大量资金处于闲置状态。目前，一方面是失业者数量不断增多，另一方面是庞大的失业保险基金用不出去，失业保险基金累积结余呈直线上升趋势。面对增速如此之快的失业保险基金规模和如此之低的收益率水平之间的巨大矛盾，失业保险基金面临巨大贬值风险，失业保险制度面临巨大社会压力，因此改革失业保险基金投资管理体制和提高受益率势在必行，刻不容缓②。失业保险投资管理机制改革，可以参考养老保险基金的相关制度规定和试点经验做法，在保证安全性、流动性的基础上，逐步放松投资限制，积极拓宽投资渠道，丰富投资方式。

改革失业保险基金投资管理体制，首先需要提高失业保险基金的统筹层次。目前我国绝大多数地方的失业保险基金实行县市级统筹，基金管理非常分散，难以实现统筹调剂使用。如果以县市级为主体进行投资的话，全国将有两千多个投资主体，每个投资主体的资金池小，而且风险点多。因此，亟须把失业保险基金提高到省级统筹，在此基础上，采用委托投资的方式投资运营失业保险基金。

但是需要注意的是，失业保险基金与养老保险基金对资产流动性的要求存在着差异：养老保险基金实行统账结合模式，对资产的流动

① 《全国社会保障基金条例》（中华人民共和国国务院令第667号），2016年3月28日，参见http：//www.gov.cn/zhengce/content/2016-03/28/content_5059035.htm。

② 郑秉文：《中国失业保险基金增长原因分析及其政策选择——从中外比较的角度兼论投资体制改革》，《经济社会体制比较》2010年第6期，第17页。

性要求不高；而失业保险基金实行现收现付模式，对资产的流动性要求很高。因此，在采用委托投资模式投资管理失业保险基金时，不适合实业和产业投资，而应以证券投资为主[①]。

此外，需要完善失业保险投资管理立法。目前，我国尚缺少失业保险基金投资运营方面的立法。为了规范失业保险基金的投资管理，保障失业保险基金的安全性，需要加强此方面的立法。

① 郑秉文：《中国失业保险基金增长原因分析及其政策选择——从中外比较的角度兼论投资体制改革》，《经济社会体制比较》2010 年第 6 期，第 18 页 .

# 第六章　失业保险金给付标准问题研究

失业保险给付水平的确定与失业保险制度的功能定位密切相关，关系到该项制度保障失业者基本生活，促进失业者尽快实现再就业作用的有效发挥。

## 第一节　确定失业保险金给付标准的原则和方法概述

失业保险金给付标准是指根据法律规定对参加失业保险的人员在失业时给予物质帮助的数额或水平。国际通行的做法是按照失业者失业前一定时期内收入水平的一定比例发放失业保险金。国际劳工大会 1988 年第 75 届会议就失业保险金给付标准作了如下说明：失业保险给付数额以参保人所缴的费用或以其名义交纳的费用或以前的收入为依据，失业保险金为以前收入的 50%以上；当失业保险金不以所交纳费用或以前的收入为依据时，应按不少于法定最低工资或一个普通工人工资的 50%或按其基本生活费用的最低额确定[①]。

① 史柏年：《社会保障概论》，高等教育出版社 2012 年版，第 161 页。

## 一、确定失业保险金给付标准的原则

失业保险给付水平的适当性反映在两个指标：一是正向的指标，说明为什么失业保险金要达到某一水平；二是负向的指标，说明为什么失业保险金给付标准不能高于特定水平①。一般来说，失业保险金给付水平的确定主要遵循以下两条原则，以确定失业保险金的下限和上限。

一是需求原则。即根据失业者的经济状况和社会基本生活水准确定失业保险待遇的标准，意在维持失业者的基本生活，避免其陷入贫困。在这个原则指导之下，计算失业保险金给付标准时需要考虑失业者的家庭结构以及维持失业者及其家庭成员基本生活的失业保险金水平。

二是激励原则。激励原则体现在两个方面。一方面，失业保险待遇与失业者所做贡献联系起来。失业前失业保险缴费工资高，交纳的失业保险费多，就应该多领取失业保险金；失业前失业保险缴费工资低，交纳的失业保险费少，就应该领取较低的失业保险金。另一方面，失业保险制度应该具备促进失业者再就业的功能，因此需要考虑失业保险金与就业时的工资收入的合理差别，通过确定合理的失业保险金给付标准，激励失业者尽快实现再就业。

## 二、确定失业保险金给付标准的方法分类

目前世界各国采用的失业保险金给付标准确定的方法有薪资比例

① U. S. Advisory Council on Unemployment Compensation, *Unemployment Insurance in the United States, Benefits, Financing, and Coverage: A Report to the President and Congress*, Kalamazoo: W. E. UPJOHN Institute for Employment Research, 1995, p. 129.

法、均一制和混合制三种。

## （一）薪资比例法

薪资比例法是指按照失业人员失业前一定时期内平均工资的一定百分比计算失业保险金。这一做法体现了失业保险金是对失业者失业前工资收入一定程度的替代这一理念，同时体现了失业保险缴费义务和领取失业保险金的权利之间的对等，根据该方法计算的失业保险金往往能够较好地维持失业者失业后的基本生活。

日本、韩国以及中国台湾地区采用该方法计算失业保险金水平（见表 6-1）。日本规定的失业保险金给付标准为失业者本人日平均工资的 50%—80%，且规定最低标准为 1864 日元/天，最高标准为 7890 日元/天。韩国规定的失业保险金给付标准为失业者本人日平均工资的 50%，且最低标准为最低工资标准的 90%，最高标准为 40000 韩元/天。中国台湾地区的失业保险金给付标准为失业者本人月平均工资的 60%，且为每个被抚养者提供相当于本人月平均工资 10%的津贴（最多为 2 个被抚养者提供该津贴）（见表 6-1）。

**表 6-1　部分国家（地区）失业保险金给付标准确定方法**

| 失业保险金确定方法 | 国家或地区 | 具体标准 |
| --- | --- | --- |
| 薪资比例法 | 日本 | 失业者本人日平均工资的 50%—80%，且最低标准为 1864 日元/天，最高标准为 7890 日元/天 |
| | 韩国 | 失业者本人日平均工资的 50%，且最低标准为最低工资标准的 90%，最高标准为 40000 韩元/天 |
| | 中国台湾 | 失业者本人月平均工资的 60%，且为每个被抚养者提供相当于本人月平均工资 10% 的津贴（最多为 2 个被抚养者提供该津贴） |
| 均一制 | 英国 | 根据年龄确定不同的定额失业保险金给付标准：年龄在 25 岁以上者，每周发放 72.4 英镑的就业津贴；年龄在 25 岁以下的失者，每周发放 57.35 英镑的就业津贴 |

续表

| 失业保险金确定方法 | 国家或地区 | 具体标准 |
| --- | --- | --- |
| | 中国 | 除江苏省还海南省之外其他地区都采用均一制的失业保险金给付标准确定方法；依据最低生活保障标准、最低工资标准等在统筹地区内确定给付标准 |
| 混合制 | 芬兰 | 失业救助金标准为 32.66 欧元/天；<br>失业保险金给付标准根据失业前收入水平划分：失业前月收入低于 3429.3 欧元，则每日获得的失业保险金为 32.66 欧元加上 45%的本人日平均工资；失业前月收入高于 3429.3 欧元，则每日获得的失业保险金为 89.74 欧元加上 20%的本人日平均工资 |

资料来源：根据美国社会保障署“Social Security Programs Throughout the World”相关资料整理而得，参见 http：//www.ssa.gov/policy/docs/progdesc/ssptw/。

### （二）均一制

均一制是指不考虑失业者过去的工资收入，一律按照相同的绝对额来支付失业保险金。运用该计算方法时，往往以社会平均工资、法定最低工资或社会最低生活水平保障线为参照，确定统一的失业保险给付水平。参照社会平均工资计算失业保险金给付标准的方法与参照失业者失业前一定时期内平均工资的办法相比，前者在管理上比较简单，失业者都领取同样的失业保险金，失业前工资收入越高的失业者的失业保险金替代率越低，而失业前工资收入水平越低的失业者的失业保险金替代率越高。以法定最低工资标准为依据计算失业保险金的方法强调失业保险金给付标准低于最低工资水平，以尽可能降低失业保险金带来的就业负激励效应。以社会最低生活保障标准为基准确定失业保险金的方法最明确地指出了失业保险金的最终目标是保障基本生活，同时由于失业者在失业前交纳过失业保险税，因此失业保险金给付标准应该高于最低生活保障标准。

目前中国绝大部分地区采用均一制的方法确定失业保险金给付标

准，即各个失业保险统筹地区范围内的失业保险金给付标准基本相同。例如，英国实行均一制的失业保险金确定方法。英国缴费型失业保险制度部分根据失业者年龄确定定额的失业保险金给付标准：年龄在 25 岁以上者，每周发放 72. 4 英镑的就业津贴；年龄在 25 岁以下的失者，每周发放 57. 35 英镑的就业津贴（见表 6-1）。

### （三）混合制

混合制是指采用薪资比例法和均一制相结合的方式来发放失业保险金，即一部分按失业前工资的一定比例计算，另一部分按照固定数额来支付。芬兰的失业保障制度由失业保险和失业救助构成。芬兰的失业救助金标准为 32. 66 欧元/天。芬兰的失业保险金给付标准根据失业前收入水平划分：失业前月收入低于 3429. 3 欧元，则每日获得的失业保险金为 32. 66 欧元加上 45%的本人日平均工资；失业前月收入高于 3429. 3 欧元，则每日获得的失业保险金为 89. 74 欧元加上 20%的本人日平均工资（见表 6-1）。

## 第二节　中国失业保险金给付标准确定方法及现状

中国 1999 年颁布实施的《失业保险条例》规定失业保险金根据低于城镇最低工资并高于城市最低生活保障的标准给付。2011 年起实施的《中华人民共和国社会保险法》规定的失业保险金给付标准仍然以城市居民最低生活保障标准为下限，但是取消了失业保险金给付标准低于最低工资标准的要求，从政策上放宽了给付标准最高上限的规定，由各地确定具体的失业保险金发放标准。2017 年 9 月 20 日，《人力资源和社会保障部财政部关于调整失业保险金标准的指导意见》（人社部发〔2017〕71号）印发，要求各省份要在确保基金可持续前提下，随着经济社会的发展，适当提高失业保障水平，分步实施，循序渐进，逐步将失业保险金标准提高到最低工资标准的90%。各省份要发挥省级调剂金的作用，加大对基金支撑能力弱的统筹地区的支持力度。①

由于中国各地的失业保险金给付标准由省、自治区、直辖市人民政府确定，各地的失业保险金给付标准确定方法以及水平等都存在着差异。王乔和李春根等（2013）② 对中国各地的失业保险标准确定方法进行分析，并总结出中国各地采用的失业保险金给付标准确定方法可以划分为以下四类：按失业者失业前平均缴费基数的一定比例计算、按当地城市最低生活保障标准的一定比例计算、按照当地最低工资标准的一定比例计算、由地方人力资源和社会保障部门确定固定给付标准并且进行不定期调整。在这四种失业保险给付水平确定方法中，中国大部分省份参照城市最低生活保障标准或最低工资标准确定失业保险金给付标准，由此确定的失业保险金给付水平较低。中国失业保险金给付标准抛弃了工资替代率概念，使得失业保险制度的功能从收入维持转变成为缓解贫困③。

## 一、参照失业者失业前平均失业保险缴费基数确定

参照失业者失业前平均失业保险缴费基数确定失业保险金给付标

① 《人力资源和社会保障部财政部关于调整失业保险金标准的指导意见》（人社部发〔2017〕71号），2017年9月25日，参见 http：//www. mohrss. gov. cn/gkml/xxgk/201709/t20170925_ 278080. html。

② 王乔、李春根等：《我国失业保险金标准比较分析及科学确定》，《财政研究》2013年第1期，第40—43页。

③ 顾昕：《通向普遍主义的艰难之路：中国城镇失业保险制度的覆盖面分析》，《东岳论丛》2006年第3期，第27—32页。

准的方法和薪资比例法比较相近。薪资比例法将失业保险金给付标准和失业前的工资水平相关联，失业保险金替代率的高低反映了失业保险金占失业前工资的比重大小。失业前一定时期内的工资主要有四种定义：失业前一个月的工资、失业前一定时期内的最高月工资、失业前一定时期的平均工资、整个受保期内的平均工资。为了尽量降低职工各月工资收入变动对失业保险金的影响，可以将职工失业前一定时间范围内的平均工资作为确定失业保险金给付标准的基础。

目前江苏省和海南省采用按失业者失业前平均缴费基数的一定比例计算失业保险金给付标准。江苏省以失业者失业前 12 个月月平均缴费基数为基础，根据缴费年限的不同确定不同比例的失业保险金。将缴费年限分为三个档次，分别是不满 10 年的、满 10 年不满 20 年和 20 年以上，其失业保险金给付标准分别为失业前 12 个月月平均缴费基数的 40%、45%和 50%①。

江苏省规定失业保险金给付标准的最低限和最高限分别为当地城市居民最低生活保障标准的 1.3 倍和当地最低工资标准。海南省的失业保险金给付标准和缴费年限不关联，规定失业保险金给付标准为失业前 12 个月本人交纳失业保险费月平均工资的 60%，同时按照城市最低生活保障标准的 150%和最低工资标准的 98%确定失业保险金给付标准的最低限和最高限②。

## 二、参照城市最低生活保障标准确定

黑龙江省和西藏自治区根据最低生活保障标准的一定比例计算失

① 《江苏省失业保险规定》（省政府令第 72 号），2013 年 11 月 7 日，参见 http://www.jiangsu.gov.cn/jsgov/tj/bgt/201311/t20131107_406897.html。

② 《海南省城镇从业人员失业保险条例实施细则》，2012 年 5 月 29 日，参见 http://www.hainan.gov.cn/data/zfwj/2012/06/4038/。

业保险金给付标准，其中黑龙江省规定失业保险金给付标准为城市最低生活保障标准120%，且失业保险金给付标准的最高限为城市最低工资标准①。西藏的失业保险金给付标准为城市最低生活保障标准的155%至165%，且工作每满一年加发2元②。

由于最低生活保障和失业保险分别属于社会救济和社会保险的范畴，与最低生活保障标准关联的失业保险金给付标准，不能够体现失业保险参保者的权利和义务对等原则，而且由此确定的失业保险金给付标准过低，2008年黑龙江省和西藏自治区的失业保险金替代率分别只有12%和10%③。

## 三、参照最低工资标准确定

目前中国大多数省（自治区、直辖市）按照当地最低工资标准的一定比例确定失业保险金给付标准，如北京市、广东省、四川省、陕西省、甘肃省、辽宁省、浙江省、安徽省、福建省、河南省、湖南省等。其中比例最低的为甘肃省，2010年的失业保险金给付标准相当于当地最低工资标准的57%，比例最高的北京市，最高时为当地最低工资标准的90%。再如，武汉市失业保险金为该市最低工资标准的70%，并对中心城区和远城区的失业保险金给付标准进行区分。2013年9月1日起武汉市中心城区最低工资标准调整为1300元，远城区最低工资标准调整为1020元，武汉市中心城区和远城区失业保险金

---

① 《黑龙江省失业保险条例》，2007年8月17日，参见http：//www.hlj.gov.cn/wjfg/system/2007/08/17/000003327.shtml。

② 《西藏自治区实施〈失业保险条例〉办法》，2015年8月10日，参见http：//www.snrsj.gov.cn/shshybx/1518.htm。

③ 王乔、李春根等：《我国失业保险金标准比较分析及科学确定》，《财政研究》2013年第1期，第41页。

给付标准分别为 910 元/月和 714 元/月[①]，2015 年 9 月 1 日起武汉市中心城区的失业保险金发放标准调整为 1085 元/月[②]。深圳市失业保险金为该市最低工资标准的 80%，2015 年深圳市的最低工资标准为 2030 元，失业保险金发放标准为 1624 元/月[③]。2017 年 6 月 1 日起，深圳市最低工资标准调整为 2130 元/月[④]，失业保险金发放标准进一步调整。

在此以北京市为例具体分析参照最低工资标准计算失业保险金给付标准的方法。北京市根据失业保险缴费时间确定不同的失业保险金给付标准。北京市的失业保险金发放标准与最低工资标准挂钩并根据累计缴费年限确定，具体如下：累计缴费年限满 1 年不满 5 年的，第 1—12 个月的失业保险金给付标准为最低工资标准的 70%（即为 1012 元/月）；累计缴费年限满 5 年不满 10 年的，第 1—12 个月的失业保险金给付标准为最低工资标准的 75%（即为 1039 元/月）；累计缴费年限满 10 年不满 15 年的，第 1—12 个月的失业保险金给付标准为最低工资标准的 80%（即为 1066 元/月）；累计缴费年限满 15 年不满 20 年的，第 1—12 个月的失业保险金给付标准为最低工资标准的 85%（即为 1093 元/月）；累计缴费年限满 20 年以上的，第 1—12 个月的失业保险金给付标准为最低工资标准的 90%（即为 1121 元/月）；第 13—24 个

① 《关于调整失业保险待遇标准的通知》（武人社发〔2013〕63 号），2013 年 9 月 16 日，参见 http：//www. whrsj. gov. cn/publish/rbj/C1201309161726031254. shtml。

② 《武汉市中心城区历年失业保险金发放标准》，2011 年 5 月 20 日，参见 http：//www. whrsj. gov. cn/publish/rbj/C1201105201523301338. shtml。

③ 《我市失业保险金上调至 1624 元/月》，2015 年 3 月 20 日，参见 http：//www. szhrss. gov. cn/xwdt/201503/t20150320_ 2829721. htm。

④ 《深圳市人力资源和社会保障局关于调整本市最低工资标准的通知》（深人社规〔2017〕5 号），2017 年 4 月 5 日，参见 http：//www. szhrss. gov. cn/tzgg/201704/P020170405567746422054. pdf。

月支付标准统一为最低工资标准的70%。

表6-2 2014年北京市失业保险金给付标准

| 累计缴费年限 | 失业保险金给付标准（2014年标准） | |
|---|---|---|
| | 第1—12个月 | 第13—24个月 |
| 满1年以上不满5年 | 1012元/月（最低工资标准的70%） | 从第13个月开始，一律按1012元/月发放（最低工资标准的70%） |
| 满5年以上不满10年 | 1039元/月（最低工资标准的75%） | |
| 满10年以上不满15年 | 1066元/月（最低工资标准的80%） | |
| 满15年以上不满16年 | 1093元/月（最低工资标准的85%） | |
| 满16年以上不满20年 | 1093元/月（最低工资标准的85%） | |
| 满20年以上 | 1121元/月（最低工资标准的90%） | |

资料来源：根据北京市人力资源和社会保障局《关于调整失业保险金发放标准的通知》和《北京市失业保险规定》整理而得，参见 http://www.bjld.gov.cn/xwzx/zxfbfg/201402/t20140217_34605.htm，http://www.bjld.gov.cn/LDJAPP/search/fgdetail.jsp?no=2186。

考虑到北京市城镇居民最低生活保障标准和最低工资标准调整的实际，2015年和2016年北京市失业保险金标准进行了调整。2015年的失业保险金标准在现行基础上平均每档上调110元，其中，累计缴费时间满1年不满5年的，失业保险金月发放标准为1122元；累计缴费时间满5年不满10年的，失业保险金月发放标准为1149元；累计缴费时间满10年不满15年的，失业保险金月发放标准为1176元；累计缴费时间满15年不满20年的，失业保险金月发放标准为1203元；累计缴费时间满20年以上的，失业保险金月发放标准为1231元。① 2016年北京市失业保险金发放标准在2015年的基础上每档上调90元，例如：累计缴费20年以上的每月失业保险金发放标准为1321元。②

① 《北京市调整2015年失业保险金发放标准》，2015年12月17日，参见 http://www.bj.xinhuanet.com/2015-12/17/c_1117499259.htm。

② 《9月1日起北京最低工资标准增至1890元/月》，2016年8月10日，参见 http://news.sina.com.cn/c/2016-08-10/doc-ifxuxhas1477004.shtml。

与当地最低工资标准关联的失业保险标准确定方法，一定程度上体现了就业激励原则，但是由于我国各地的最低工资标准低，只相当于在岗职工社会平均工资的40%左右①，由此确定的失业保险金给付标准仍然较低。

## 四、由地方政府确定固定给付标准并进行不定期调整

青海省、山西省、云南省、吉林省和重庆市等根据经济水平，将全省（自治区、直辖市）划分为若干区域，并由地方人力资源和社会保障部门确定不同区域的失业保险金给付标准。上海市和天津市则根据缴费年限或（及）给付期限不同，计算失业保险金给付标准。整体来看，中国各地的失业保险金给付标准基本维持在当地最低工资标准的60%—80%之间。在此以上海市为例具体分析。

**表6-3　2015—2017年上海市失业保险金给付标准和给付期限**

<table>
<tr><th>累计缴费年限分段</th><th>失业人员年龄</th><th>第1—12个月给付标准</th><th>第13—24个月给付标准</th><th>延长领取给付标准（元/月）</th></tr>
<tr><td rowspan="3">满1年不满10年</td><td rowspan="2"><35岁</td><td rowspan="2">1255元/月</td><td rowspan="2">1004元/月</td><td>—</td></tr>
<tr><td></td></tr>
<tr><td>≥35岁</td><td rowspan="2">1310元/月</td><td rowspan="2">1048元/月</td><td rowspan="2">838元/月</td></tr>
<tr><td rowspan="2">满10年不满25年</td><td><45岁</td></tr>
<tr><td>≥45岁</td><td rowspan="2">1360元/月</td><td rowspan="2">1088元/月</td><td rowspan="2">870元/月</td></tr>
<tr><td>25年以上</td><td>不论年龄</td></tr>
</table>

资料来源：上海市人力资源和社会保障局《关于调整本市失业保险金支付标准的通知》（沪人社就发〔2015〕11号），参见http：//www.12333sh.gov.cn/201412333/xxgk/flfg/gfxwj/shbx/sybx/201504/t20150401_1199401.shtml；《上海市失业保险办法》，参见http：//www.12333sh.gov.cn/wsbs/wsbg/sybx/03/200712/t20071226_1043435.shtml。

---

① 王乔、李春根等：《我国失业保险金标准比较分析及科学确定》，《财政研究》2013年第1期，第41页。

上海市设置的失业保险金给付标准与缴费年限以及失业者的年龄相关联，设置了随缴费年限和失业者年龄递增的失业保险金给付标准。2015年上海市人力资源和社会保障局颁发的《关于调整本市失业保险金支付标准的通知》（沪人社就发〔2015〕11号）确定的失业保险金给付标准如下：（1）累计缴费为1年至10年且失业人员年龄小于35岁的，第1—12个月和第13—24个月的给付标准分别为1255元/月和1004元/月；（2）累计缴费年限为1年至10年且失业人员年龄等于或大于35岁的，或者累计缴费年限为10年至25年且失业人员年龄小于45岁的，第1—12个月和第13—24个月的给付标准分别为1310元/月和1048元/月；（3）累计缴费年限为10年至25年且失业人员年龄等于或大于45岁的，或者累计缴费年限满25年以上的，第1—12个月和第13—24个月的给付标准分别为1360元/月和1088元/月（见表6-3）。

延长领取失业保险金给付标准为第13—24个月计发标准的80%，且不低于城镇居民最低生活保障标准，根据失业保险金领取者缴费年限和年龄的不同，延长领取失业保险金给付标准分为838元/月和870元/月两个档次（见表6-3）。据统计，2008年末上海市领取2年失业保险金人数为9.8万人，占领取失业保险金总人数的70%；领取4年失业保险金的人数为2.98万人，占领取失业保险金总人数的21%①。

## 第三节　中国失业保险金给付标准存在的问题及原因分析

失业保险金给付水平高低直接影响到失业保险制度功能的发挥：

① 何灵、郭士征：《完善失业保险制度应对国际金融危机冲击——以上海市失业保险制度为例》，《经济纵横》2010年第3期，第71页。

一方面，失业保险制度的基本功能之一在于为失业者提供基本生活保障；另一方面，由于失业保险制度保障的是有劳动能力和劳动意愿但是暂时失业者，因此过高的失业保险给付水平会带来就业负激励效应，从而使失业保险金领取者延长失业时间。

## 一、中国失业保险金给付标准过低

从我国各地失业保险条例的规定来看，失业保险金的给付标准通常为当地最低工资标准的60%—90%，失业保险金水平较低。本研究使用人均失业保险金支出占城镇在岗职工工资、城镇居民人均可支配收入、城镇居民人均消费性支出的比重来量化评估中国失业保险金给付标准的高低。其中，人均失业保险金支出等于失业保险金支出总额和领取失业保险金总人数的比值。

### （一）人均失业保险金支出占在岗职工平均工资的比重低

国际上通用的失业保险金替代率等于月失业保险金占失业前本人月平均工资的比重。由于目前中国各地采用的失业保险金给付标准都是固定值，与个人的缴费工资无关，因此在此使用全国人均年失业保险金支出占在岗职工年平均工资的比重衡量失业前后的收入高低。中国人均失业保险金支出占在岗职工平均工资的比重在2000年达到最高值，为18.26%；此后基本维持下降趋势，2013年人均失业保险金支出仅为城镇在岗职工平均工资的9.47%（见表6-4）。

需要注意的是，由于失业保险金给付期限和失业保险缴费年数挂钩，因此失业者领取失业保险金的月数存在着差异，各年的人均失业保险金支出不能准确地反映失业者实际领取的月平均失业保险金水平。据统计数据显示，2013年全国月人均失业保险金为 767 元①，仅为在岗职工月平均工资的 17.9%。

表 6-4　1999—2013 年中国人均失业保险金支出与在岗职工平均工资

| 年　份 | 人均失业保险金支出（元）（1） | 在岗职工年平均工资（元）（2） | （1）/（2） |
|---|---|---|---|
| 1999 | 1174 | 8319 | 14.12% |
| 2000 | 1704 | 9333 | 18.26% |
| 2001 | 1777 | 10834 | 16.40% |
| 2002 | 1777 | 12373 | 14.36% |
| 2003 | 1799 | 13969 | 12.88% |
| 2004 | 1825 | 15920 | 11.46% |
| 2005 | 1953 | 18200 | 10.73% |
| 2006 | 2103 | 20856 | 10.08% |
| 2007 | 2404 | 24721 | 9.72% |
| 2008 | 2701 | 28898 | 9.34% |
| 2009 | 3012 | 32244 | 9.34% |
| 2010 | 3254 | 36539 | 8.91% |
| 2011 | 4053 | 41799 | 9.70% |
| 2012 | 4648 | 46769 | 9.94% |
| 2013 | 4877 | 51483 | 9.47% |

资料来源：根据中华人民共和国国家统计局《中国统计年鉴 2014》相关数据整理而得，参见 http：//www.stats.gov.cn/tjsj/ndsj/2014/indexch.htm。

由于缺乏对中国失业保险金领取者失业前工资水平的统计，难以按照国际上的失业保险金替代率公式计算中国失业保险金替代率水平。通过 2013 年月人均失业保险金占当年在岗职工月平均工资比重进行近似计算得到的失业保险金替代率为 17.9%。表 6-5 的数据显示了部分亚洲国家（地区）、美洲国家、欧洲国家和非洲国家的失业保险筹资来源及失业保险替代率情况。所列国家（地区）计算失业保险

① 《我国失业保险制度面临四大待解难题》，2015 年 3 月 3 日，参见 http：//finance.sina.com.cn/money/insurance/bxsd/20150303/060021629568.shtml。

金替代率的基数虽略有不同，但是基本上是以失业者个人失业前一定时期内的平均工资或者最高工资为基数计算失业保险金替代率，且所列国家（地区）的失业保险金替代率都高于 50%，丹麦、卢森堡和瑞士等国家的失业保险金替代率更是达 80%。

**表 6-5　部分国家（地区）失业保险基金筹资来源及失业保险金替代率**

| 国家（地区） | 雇员缴费 | 雇主缴费 | 政府补贴 | 失业保险金替代率 | 计算失业保险金替代率的工资基数 |
| --- | --- | --- | --- | --- | --- |
| 中国 | 2% | 1% | 负担管理费用 | 17. 90% | 在岗职工平均月工资 |
| 韩国 | 0. 55% | 0. 8%—1. 4% | 无 | 50% | 本人失业前日均工资 |
| 泰国 | 0. 50% | 0. 50% | 0. 25% | 50% | 失业前 9 个月中收入最高 3 个月的平均工资 |
| 美国 | 只有 3 个州雇员缴费 | 0%—10% | 负担管理费用 | 50% | 本人失业前平均工资 |
| 日本 | 0. 85%—1. 05% | 0. 5%—0. 6% | 失业保险金和特殊津贴支出的 13. 8% | 50%—80% | 本人失业前日均工资 |
| 加拿大 | 1. 88% | 2. 63% | 无 | 55% | 本人失业前周平均工资 |
| 法国 | 2. 40% | 4. 30% | 无 | 57. 4%—75% | 失业前 12 个月的日平均工资 |
| 越南 | 1% | 1% | 1. 00% | 60% | 失业前 6 个月的平均工资 |
| 埃及 | 无 | 2% | 基金不足时给予财政补贴 | 60% | 失业前 1 个月的工资 |
| 中国台湾 | 0. 20% | 0. 70% | 提供 0. 1% 财政补贴，负担管理费用 | 60% | 本人失业前月平均工资 |
| 瑞士 | 1. 60% | 1. 60% | 0. 159% 以及就业服务补贴等 | 70%—80% | 本人失业前平均工资 |

续表

| 国家（地区） | 雇员缴费 | 雇主缴费 | 政府补贴 | 失业保险金替代率 | 计算失业保险金替代率的工资基数 |
|---|---|---|---|---|---|
| 卢森堡 | 通过一种特殊的团结税交纳 | 无 | 中央政府和地方政府提供补贴 | 80%—85% | 本人失业前平均工资 |
| 丹麦 | 8% | 雇主提供一定的补贴 | 政府提供一定补贴 | 90% | 失业前 12 周的平均工资 |

注：各个国家（地区）计算失业保险金替代率的基数不同。
资料来源：根据美国社会保障署“Social Security Programs Throughout the World”相关数据整理，参见 http：//www. ssa. gov/policy/docs/progdesc/ssptw/。

## （二）失业保险金难以保障失业者基本生活

失业保险金占城镇居民人均可支配收入的比重和失业保险金占城镇居民人均现金消费支出的比重，是衡量失业保险金保障失业者基本生活程度的指标。中国人均失业保险金支出占城镇居民人均可支配收入的比重近年来都维持在 20%以下，人均失业保险金支出占城镇居民人均现金消费支出的比重则维持在 30%以下（见表 6-6）。2013 年全国月人均失业保险金为 767 元①，仅为当年全国城镇居民月人均可支配收入的 33. 9%，不足城镇居民人均可支配收入的一半。中国失业保险金平均水平过低，将失业保险金全部用来消费，也难以满足失业者的现金消费支出。

**表 6-6 人均失业保险金支出、城镇居民人均可支配收入和人均消费支出**

| 年 份 | 人均失业保险金支出（元/年）(1) | 城镇居民人均可支配收入（元/年）(2) | 城镇居民人均现金消费支出（元/年）(3) | (1)/(2) | (1)/(3) |
|---|---|---|---|---|---|
| 1995 | 314 | 4283 | 3538 | 7. 3% | 8. 9% |

① 《我国失业保险制度面临四大待解难题》，2015 年 3 月 3 日，参见 http：//finance. sina. com. cn/money/insurance/bxsd/20150303/060021629568. shtml。

续表

| 年　份 | 人均失业保险金支出（元/年）（1） | 城镇居民人均可支配收入（元/年）（2） | 城镇居民人均现金消费支出（元/年）（3） | （1）/（2） | （1）/（3） |
|---|---|---|---|---|---|
| 2000 | 1704 | 6280 | 4998 | 27.1% | 34.1% |
| 2010 | 3254 | 19109 | 13472 | 17.0% | 24.2% |
| 2011 | 4053 | 21810 | 15161 | 18.6% | 26.7% |
| 2012 | 4648 | 24565 | 16674 | 18.9% | 27.9% |
| 2013 | 4877 | 26955 | 18023 | 18.1% | 27.1% |

资料来源：根据中华人民共和国国家统计局《中国统计年鉴 2014》相关数据计算整理而得，参见 http：//www.stats.gov.cn/tjsj/ndsj/2014/indexch.htm。

按照我国现行失业保险金的计算方法，如果失业者完全依赖失业保险金生活，失业者只能维持在最低生活标准上，而不是失业保险制度所谓的保障失业者的基本生活，如果再进一步考虑到他们的家庭成员的生活和物价上涨等因素，失业保险金发挥的消费平滑作用将会更小。[①] 以上分析都表明，中国目前的失业保险保险金给付标准过低。

此外，中国在确定失业保险金给付标准时未考虑失业者的家庭状况。失业保险金的主要作用是提供劳动者的基本生活费用。当一个正常工作的劳动者失业后，他所面临的一个直接打击就是收入来源的中断，而这无疑会影响到其个人的生活状况。对于那些作为家庭收入主要来源者的失业人员来说，由于还要负担其配偶及未成年子女乃至老人的生活开支，失业的痛苦则会波及其家庭成员，导致整个家庭生活水平的急剧下降。因此，为失业者及其家庭提供基本的生活保障，就成为失业保险的一个主要功能。对家属的额外补贴，有的国家是通过提高失业者本人的津贴额来补偿的，有的国家则根据家庭的具体情况

① 聂爱霞：《中国失业保险制度与再就业问题研究》，中国社会科学出版社 2014 年版，第 141 页。

支付一笔家庭补助，而最常见的是将二者结合起来①。

### （三）中国失业保险金给付期限与失业率不相关

目前中国采用的是根据缴费年限确定失业保险金的给付期限，失业保险金给付期限不与经济周期关联，其反经济周期功能较弱。一方面，中国失业保险金给付期限过长。目前中国失业保险金最长给付期限为 24 个月，是美国一般失业保险金给付期限（26 周）的 4 倍。过长的失业保险金给付期限带来就业负激励问题，同时加重失业保险金领取者的隐性就业问题。另一方面，中国失业保险金给付期限与失业率状况不相关，而仅与个人的失业保险缴费年限挂钩。与缴费年限挂钩的失业保险金给付期限调整机制的出发点在于增强失业保险缴费激励，同时也体现了缴费义务和领取失业保险金权利之间的相对对等，但是并没有体现失业保险制度应对失业风险的本质功能。因为对于那些交纳失业保险费时间更长，就业更为稳定的职工而言，其失业风险往往更小，其对失业保险金的需求更低；相反的，对于连续交纳失业保险费年数较少、就业不稳定的参保者而言，过短的失业保险金给付期限和过低的失业保险金给付标准使得其失业后的基本生活难以得到保障。

## 二、缺乏完善的失业保险金给付标准确定机制

中国失业保险金给付标准过低的重要原因在于失业保险制度改革过程中一直未建立起完善的失业保险金给付标准确定机制。在中国失业保险制度发展过程中，失业保险金给付标准确定方法得到不断修订。1986 年《国营企业职工待业保险暂行规定》确定的待业保险金发放标准以本人的标准工资为基数计算，且在待业保险金发放期限内

① 杨伟民：《失业保险》，中国人民大学出版社 2000 年版，第 99 页。

递减，具体为：领取待业保险金的第 1 至 12 个月，发放标准为本人标准工资的 60%至 75%；领取待业保险金的第 13 至第 24 个月，发放标准为本人标准工资的 50%。此时的待业保险金与待业工人的标准工资相挂钩，待业保险金是对待业职工待业前工资的直接替代，替代率较高。

1993 年的《国有企业职工待业保险规定》规定的待业保险金发放标准为社会救济标准 120%至 150%。1995 年颁布的《劳动法》制定了法定最低工资标准，1999 年颁布的《失业保险条例》以法定最低工资标准为参照，规定失业保险金给付标准的最低限和最高限分别为城市居民最低生活保障标准和法定最低工资标准，各地的给付标准由各地政府负责确定。由于我国法定最低工资标准一般只相当于当地社会平均工资的 30%，以此为基准计算的失业保险金给付标准就更低①。2010 年实施的《中华人民共和国社会保险法》取消了失业保险金给付标准低于最低工资标准的规定，但是没有制定更为详细的计算失业保险金给付标准的方法，各地也未出台科学确定失业保险金给付标准的具体方案。

以上对中国不同阶段采用的失业保险金给付标准确定方法的梳理表明，除了 1986 年规定的待业保险金与待业职工的标准工资挂钩、采用薪资比例法确定待业保险金标准外，自 1993 年以来的失业保险制度文件只是模糊地规定的失业保险金给付标准介于城市最低生活保障标准和法定最低工资标准之间，并未将失业保险金给付标准与失业者的工资相关联。由于我国城镇最低生活保障标准和法定最低工资标准过低，使得各地的失业保险金给付标准普遍过低。

---

① 聂爱霞：《中国失业保险制度与再就业问题研究》，中国社会科学出版社 2014 年版，第 145 页。

## 第四节　使用扩展线性支出系统模型测算失业保险金替代率

改革中国失业保险金给付标准均一制的确定方法，采用薪资比例法，还原失业保险制度的收入替代功能，是完善中国失业保险制度的题中应有之义。

由于我国各地规定了社会保险缴费基数的上限和下限，因此失业保险平均缴费基数和职工的实际工资之间可能存在着区别。如江苏省规定失业保险缴费基数下限为当地上一年职工平均工资的 60%，失业保险缴费基数上限为当地上一年职工平均工资的 300%。对于工资水平在当地上一年职工平均工资 60%—300%之间的职工而言，其用人单位和职工本人按照实际工资的一定比例交纳失业保险费；工资水平低于当地上一年职工平均工资 60%的职工则以上一年度职工平均工资的 60%为基数交纳失业保险费；高于当地上一年职工平均工资 300%的职工则按照上一年度职工平均工资的 300%交纳失业保险费。

对于工资水平过低或者工资水平过高的职工而言，月平均失业保险缴费基数和月平均工资之间存在着差别。因此，在采用薪资比例法确定失业保险金给付标准时，工资水平低于上一年职工平均工资 60%的失业者，其实际的失业保险金替代率（失业保险金占本人失业前平均工资的比例）高于既定的失业保险金替代率，而工资水平高于上一年度职工平均工资 300%的失业者，其实际的失业保险金替代率低于既定的失业保险金替代率。这体现了失业保险制度的再分配性，即低收入者实际的失业保险金替代率高，而高收入者实际的失业保险金替代率低。

因此，采用薪资比例法计算失业保险金时，以失业者失业前 12 个月的月平均缴费工资既能比较准确地反映失业者失业前的平均收入水平，同时能够体现失业保险制度的社会再分配功能。

在明确了将失业者失业前一定时期的平均工资作为失业保险金给付标准的计算基数后，需要确定失业保险金替代率。失业保险制度的基本目的在于保障失业者的基本生活。由此，确定失业保险金替代率的关键在于测算出保障失业者基本生活水平所需的收入。

我国目前实行的失业保险制度覆盖的对象主要是城镇职工，由于缺乏对城镇职工的收入和各项消费支出的统计数据，因此本研究采用城镇居民的收入和生活消费支出数据作为城镇职工的近似替代，运用扩展线性支出系统模型（Extended Linear Expenditure System，ELES），测算出城镇居民的基本生活消费支出，并以此测算失业保险金维持失业者基本生活的失业保险金替代率。

## 一、模型介绍

英国计量经济学家斯通（Stone）在 1954 年提出一种需求函数系统，即线性支出系统（Linear Expenditure System）①。线性支出系统模型的一般形式为：

$$p_i x_i = p_i x_i^0 + \beta_i (v - \sum_{k=1}^{n} p_k x_k^0) \tag{6-1}$$

在公式（6-1）中，$i=1, 2, \cdots, n$。$p_i$ 表示消费者购买第 $i$ 类商品的价格，$x_i$ 表示购买第 $i$ 类商品的数量，$x_i^0$ 表示对第 $i$ 类商品的基本

① Stone, A. R., "Linear Expenditure Systems and Demand Analysis: an Application to the British Demand", *Economic Journal*, Vol. 64 (1954), pp. 511-527.

需求量。$p_i x_i$ 和 $p_i x_i^0$ 分别表示对第 $i$ 类商品的实际需求支出和基本需求支出。$\beta_i$ 表示边际预算份额，$v$ 表示预算总支出。

该系统可以解释为：消费者对每种商品的支出 $p_i x_i$ 都可以分解为两部分：第一部分 $p_i x_i^0$ 表示消费者对第 $i$ 类商品的基本消费支出，第二部分 $\beta_i(v - \sum_{k=1}^{n} p_k x_k^0)$ 为超出基本消费支出部分。在线性支出系统中，由于预算总支出 $v$ 是内生变量，这使得线性支出模型中的参数难以被估计。

1973 年美国经济学家朗茨（Lluch C.）提出了扩展线性支出系统模型①。他在线性支出模型的基础上做了两点改进：以收入 $y$ 代替预算总支出 $v$；以边际消费倾向代替边际预算份额。扩展线性支出系统模型的经济涵义可以表述为：在一定时期内，在给定收入和价格的前提下，消费者首先满足其基本生活需求支出，扣除基本需求支出之后的收入按比例在各类商品支出及储蓄之间进行分配。

扩展线性支出系统模型的基本形式为：

$$p_i x_i = p_i x_i^0 + \beta_i(y - \sum_{k=1}^{n} p_k x_k^0) \tag{6-2}$$

令 $C_i = p_i x_i$，$C_i^0 = p_i x_i^0$ 分别表示对第 $i$ 类商品的实际消费支出和基本消费支出。则公式（6-2）可以表示为：

$$C_i = C_i^0 + \beta_i(y - \sum_{k=1}^{n} C_k^0) \tag{6-3}$$

进而，公式（6-3）变形可得：

$$C_i = (C_i^0 - \beta_i \sum_{k=1}^{n} C_k^0) + \beta_i y \tag{6-4}$$

在使用截面数据时，可以假设在同一截面上，商品价格对于不同

① Lluch, C.,“The Extended Linear Expenditure System”, *European Economic Review*, Vol. 4 (1973), pp. 21-32.

的收入组基本相同，即 $C_i^0$ 和 $\sum_{k=1}^{n} C_k^0$ 都是常数，这样可以使扩展线性支出系统模型的参数估计较为简单。令 $\alpha_i = C_i^0 - \beta_i \sum_{k=1}^{n} C_k^0$，则公式（6-4）可以改写成计量经济学模型：

$$C_i = \alpha_i + \beta_i y + \mu_i \tag{6-5}$$

其中 $\alpha_i$ 和 $\beta_i$ 是待估参数，$\mu_i$ 为随机干扰项。采用最小二乘法对公式（6-5）中的参数进行估计，得到参数估计值。

对 $\alpha_i = C_i^0 - \beta_i \sum_{k=1}^{n} C_k^0$ 两边进行求和，得到：

$$\sum_{i=1}^{n} \alpha_i = (1 - \sum_{i=1}^{n} \beta_i) \sum_{i=1}^{n} C_i^0 \tag{6-6}$$

即基本生活消费支出等于：

$$\sum_{i=1}^{n} C_i^0 = \frac{\sum_{i=1}^{n} \alpha_i}{1 - \sum_{i=1}^{n} \beta_i} \tag{6-7}$$

将 $\alpha_i$ 和 $\beta_i$ 的估计值 $\widehat{\alpha_i}$ 和 $\widehat{\beta_i}$ 代入即可求得对各种商品的基本消费支出。

## 二、数据来源

在估计参数 $\alpha_i$ 和 $\beta_i$ 时，我们采用历年《中国统计年鉴》中按收入分组的城镇居民家庭人均可支配收入和按收入分组的城镇居民全年消费性支出数据作为截面数据。人均可支配收入能够更准确地反映城镇居民的实际购买力。收入分组分为最低收入户、低收入户、中等偏下收入户、中等收入户、中等偏上收入户、高收入户、最高收入户七组。由于数据可得性限制，本研究利用扩展线性支出模型对城镇居民的基本生活消费支出的测算时间范围为2004—2012年。

## 三、模型参数估计

将 2004—2012 年按收入分组的城镇居民人均可支配收入数据和按收入分组的城镇居民人均分类消费支出数据代入扩展线性支出模型公式（6-5），利用 Stata 软件，采用最小二乘法（OLS），计算各项消费支出的参数 $\alpha_i$ 和 $\beta_i$ 的估计值 $\widehat{\alpha_i}$ 和 $\widehat{\beta_i}$。城镇居民消费性支出分为食品、衣着、居住、家庭设备及用品、交通通信、文教娱乐、医疗保健和其他八大类。各项消费支出的参数 $\alpha_i$ 和 $\beta_i$ 的估计值 $\widehat{\alpha_i}$ 和 $\widehat{\beta_i}$ 如表 6-7 所示。

**表 6-7　中国城镇居民基本生活消费支出 ELES 模型参数估计结果**

| 年份 | 参数值 | 食品 | 衣着 | 居住 | 家庭设备及用品 | 交通通信 | 文教娱乐 | 医疗保健 | 其他 |
|---|---|---|---|---|---|---|---|---|---|
| 2004 | $\widehat{\alpha_i}$ | 1234.96 | 155.11 | 111.69 | −55.90 | −232.22 | 38.80 | 87.06 | −25.38 |
| | (SE) | 137.31 | 59.01 | 13.13 | 5.45 | 89.14 | 18.86 | 29.45 | 7.17 |
| | $\widehat{\beta_i}$ | 0.153 | 0.055 | 0.066 | 0.049 | 0.115 | 0.106 | 0.046 | 0.028 |
| | (SE) | 0.011 | 0.005 | 0.001 | 0.000 | 0.007 | 0.001 | 0.002 | 0.001 |
| | $R^2$ | 0.976 | 0.965 | 0.999 | 1.000 | 0.982 | 0.999 | 0.988 | 0.998 |
| 2005 | $\widehat{\alpha_i}$ | 1302.79 | 172.58 | 188.11 | −39.62 | −407.78 | 55.19 | 147.87 | −48.65 |
| | (SE) | 165.75 | 63.57 | 7.58 | 5.86 | 163.13 | 21.46 | 53.89 | 15.69 |
| | $\widehat{\beta_i}$ | 0.150 | 0.058 | 0.059 | 0.046 | 0.136 | 0.099 | 0.043 | 0.031 |
| | (SE) | 0.012 | 0.004 | 0.001 | 0.000 | 0.011 | 0.001 | 0.004 | 0.001 |
| | $R^2$ | 0.971 | 0.972 | 1.000 | 1.000 | 0.966 | 0.999 | 0.963 | 0.994 |
| 2006 | $\widehat{\alpha_i}$ | 1373.49 | 207.26 | 174.64 | −32.71 | −484.99 | 48.61 | 161.61 | −45.08 |
| | (SE) | 167.49 | 65.35 | 19.54 | 8.86 | 185.31 | 15.48 | 53.28 | 11.42 |
| | $\widehat{\beta_i}$ | 0.145 | 0.057 | 0.062 | 0.045 | 0.141 | 0.098 | 0.039 | 0.030 |
| | SE | 0.010 | 0.004 | 0.001 | 0.001 | 0.012 | 0.001 | 0.003 | 0.001 |
| | $R^2$ | 0.975 | 0.975 | 0.998 | 0.999 | 0.967 | 1.000 | 0.964 | 0.997 |
| 2007 | $\widehat{\alpha_i}$ | 1686.87 | 271.99 | 219.01 | −2.03 | −517.14 | 29.80 | 178.16 | −37.02 |
| | (SE) | 204.49 | 77.51 | 17.22 | 8.68 | 161.11 | 17.45 | 48.87 | 8.76 |
| | $\widehat{\beta_i}$ | 0.138 | 0.055 | 0.056 | 0.044 | 0.139 | 0.094 | 0.037 | 0.029 |
| | (SE) | 0.011 | 0.004 | 0.001 | 0.000 | 0.009 | 0.001 | 0.003 | 0.000 |
| | $R^2$ | 0.969 | 0.971 | 0.999 | 0.999 | 0.981 | 1.000 | 0.976 | 0.999 |

续表

| 年份 | 参数值 | 食品 | 衣着 | 居住 | 家庭设备及用品 | 交通通信 | 文教娱乐 | 医疗保健 | 其他 |
|---|---|---|---|---|---|---|---|---|---|
| 2008 | $\widehat{\alpha}_i$ | 1924.18 | 242.14 | 279.61 | -16.69 | -455.69 | -80.94 | 256.76 | -73.91 |
| | (SE) | 235.57 | 70.14 | 30.46 | 15.43 | 124.69 | 31.26 | 64.49 | 17.88 |
| | $\widehat{\beta}_i$ | 0.145 | 0.058 | 0.055 | 0.045 | 0.121 | 0.092 | 0.033 | 0.032 |
| | (SE) | 0.011 | 0.003 | 0.001 | 0.001 | 0.006 | 0.001 | 0.003 | 0.001 |
| | $R^2$ | 0.973 | 0.985 | 0.997 | 0.999 | 0.989 | 0.999 | 0.962 | 0.997 |
| 2009 | $\widehat{\alpha}_i$ | 2038.19 | 311.94 | 286.06 | 3.69 | -587.12 | -45.58 | 271.43 | -53.44 |
| | (SE) | 264.95 | 84.09 | 26.89 | 13.40 | 128.92 | 15.51 | 59.46 | 13.60 |
| | $\widehat{\beta}_i$ | 0.139 | 0.055 | 0.055 | 0.046 | 0.134 | 0.089 | 0.034 | 0.031 |
| | (SE) | 0.011 | 0.004 | 0.001 | 0.001 | 0.005 | 0.001 | 0.003 | 0.001 |
| | $R^2$ | 0.968 | 0.980 | 0.998 | 0.999 | 0.992 | 1.000 | 0.973 | 0.998 |
| 2010 | $\widehat{\alpha}_i$ | 2241.16 | 330.31 | 330.06 | 19.81 | -688.38 | -73.00 | 246.79 | -95.98 |
| | (SE) | 294.83 | 87.28 | 24.47 | 17.54 | 135.88 | 23.80 | 45.33 | 23.99 |
| | $\widehat{\beta}_i$ | 0.131 | 0.057 | 0.052 | 0.046 | 0.142 | 0.089 | 0.032 | 0.031 |
| | (SE) | 0.011 | 0.003 | 0.001 | 0.001 | 0.005 | 0.001 | 0.002 | 0.001 |
| | $R^2$ | 0.964 | 0.983 | 0.998 | 0.999 | 0.993 | 1.000 | 0.986 | 0.996 |
| 2011 | $\widehat{\alpha}_i$ | 2619.38 | 365.54 | 334.25 | 42.99 | -562.39 | -29.91 | 327.10 | -178.82 |
| | (SE) | 351.35 | 94.63 | 33.82 | 39.45 | 92.69 | 44.46 | 57.27 | 48.90 |
| | $\widehat{\beta}_i$ | 0.129 | 0.059 | 0.050 | 0.045 | 0.126 | 0.087 | 0.029 | 0.035 |
| | (SE) | 0.012 | 0.003 | 0.001 | 0.001 | 0.003 | 0.001 | 0.002 | 0.002 |
| | $R^2$ | 0.960 | 0.986 | 0.997 | 0.996 | 0.997 | 0.999 | 0.979 | 0.989 |
| 2012 | $\widehat{\alpha}_i$ | 2864.03 | 395.11 | 450.88 | 43.13 | -794.19 | -63.83 | 420.23 | -207.18 |
| | (SE) | 399.68 | 87.11 | 23.46 | 20.43 | 160.41 | 50.93 | 75.32 | 44.20 |
| | $\widehat{\beta}_i$ | 0.127 | 0.057 | 0.042 | 0.044 | 0.134 | 0.086 | 0.026 | 0.036 |
| | (SE) | 0.012 | 0.003 | 0.001 | 0.001 | 0.005 | 0.002 | 0.002 | 0.001 |
| | $R^2$ | 0.956 | 0.989 | 0.999 | 0.999 | 0.993 | 0.998 | 0.962 | 0.993 |

注：SE 表示估计值的标准误差，$R^2$ 反映模型的拟合优度。

资料来源：根据 2005—2013 年《中国统计年鉴》中的相关数据测算而得，参见 http://www.stats.gov.cn/tjsj/ndsj/。

## 四、失业保险金基准替代率测算

将表 6-7 中 $\alpha_i$ 和 $\beta_i$ 的估计值 $\widehat{\alpha_i}$ 和 $\widehat{\beta_i}$ 代入公式（6-7），可以计算出中国城镇居民的基本消费支出数据，具体如表 6-8 所示。失业保险金是对失业者工资收入的部分替代，因此本研究采用人均工资性收入数据，计算基本生活消费支出占人均工资性收入的比重。2004—2012年城镇居民基本生活消费支出占工资性收入的比重有所下降，但是基本维持在40%左右。因此，以人均工资性收入为基数计算的城镇职工失业保险金平均替代率不应低于40%。

**表6-8　中国城镇居民基本生活消费支出测算**

| 年份 | $\sum_{i=1}^{n}\alpha_i$ | $1-\sum_{i=1}^{n}\beta_i$ | 人均基本生活消费支出（元/年） | 人均工资性收入（元/年） | 基本生活消费支出占工资性收入的比重 |
|---|---|---|---|---|---|
| 2004 | 1314.13 | 0.381 | 3451 | 7153 | 48.2% |
| 2005 | 1370.50 | 0.377 | 3631 | 7798 | 46.6% |
| 2006 | 1402.82 | 0.382 | 3669 | 8767 | 41.8% |
| 2007 | 1829.63 | 0.409 | 4475 | 10235 | 43.7% |
| 2008 | 2075.46 | 0.420 | 4940 | 11299 | 43.7% |
| 2009 | 2225.17 | 0.418 | 5326 | 12382 | 43.0% |
| 2010 | 2310.76 | 0.418 | 5531 | 13708 | 40.35% |
| 2011 | 2918.13 | 0.439 | 6641 | 15412 | 43.09% |
| 2012 | 3108.17 | 0.449 | 6925 | 17336 | 39.95% |

资料来源：人均工资性收入数据来自《中国统计年鉴》，参见 http://www.stats.gov.cn/tjsj/ndsj/；其他数据根据本研究ELES模型测算得到。

## 五、考虑就业者负担人数时的失业保险金替代率测算

考虑到失业保险金不仅影响到失业者失业后的基本生活，而且会影响到其家庭收入来源和家庭成员的生活状况，因此，在测算失业保险金给付标准时，不仅应考虑失业者自身的基本生活消费支出，同时要考虑其负担的人数。在此我们考虑就业者平均负担人数，测算失业者及其负担人数的总生活消费支出。就业者平均负担人数是指包括就业者在内平均需要负担的人数，该数据来自历年《中国统计年鉴》。

需要注意的是，在使用就业者平均负担人数数据时，需要考虑失业者及其家庭成员之间存在的规模经济效应（Economies of Scale）。规模经济效应是指适度的规模所产生的最佳经济效益，在微观经济学理论中它是指由于生产规模扩大而导致的长期平均成本下降的现象。在分析研究失业保险金给付标准时考虑的规模经济效应，指的是失业者及其家庭成员的基本生活消费总支出应该小于人均基本生活消费支出与人数的乘积。家庭成员之间的规模经济效应受到家庭规模大小、家庭总收入、家庭消费习惯、家庭消费水平等多因素的综合影响。

学者在研究收入分配以及贫困问题时注重对家庭的规模经济效应进行分析。鲍曼（Buhman，1988）[①] 较早对家庭的规模经济效应进行研究，提出以下计算家庭人均可支配收入的公式：

$$EI = D/ S^e \tag{6-8}$$

其中 $EI$ 为家庭人均可支配收入，$D$ 为家庭可支配总收入，$S$ 为家庭规模，用家庭人口数表示，$e$ 表示家庭规模经济效应的大小。$e$ 的取值范围为 0—1，0 和 1 分别是 $e$ 的两个极端值：当 $e$ 等于 1 时，表示家庭成员之间不存在着规模经济效应，人均可支配收入等于家庭可支配总收入与家庭人数之比；当 $e$ 等于 0 时，表示家庭成员之间存在着完全的规模效应，即每个成员的可支配收入等于家庭可支配总收入；当 $e$ 等于 0—1 之间的某个取值时，表示存在着一定的家庭规模经济效应，且 $e$ 的值越接近 0，家庭规模经济效应越大，$e$ 的值越接近 1，家庭规模经济效应越小。一般情况下，学者通常假定家庭规模经

① Buhmann，B.，Rainwater，L.，Schmaus，G. etal，“Eqivalence Scales，Well-being，Inequality，and Poverty：Sensitivity Estimates Across Ten Countries Using the Luembourg Income Study Database”，*The Review of Income and Wealth*，Vol. 34（1988），pp. 115-142.

济效应处于中等水平，即将 $e$ 取值为 0.5（如：拉格尔斯（Ruggles，1990）①、福斯特（Forster，1990）②、库尔特等（Coulter 等，1992）③、哈格那斯等（Hagenaars 等，1994）④）。

为此，本研究考虑就业者负担人数及规模经济效应对失业保险金替代率进行测算时，将 $e$ 的值定为 0.5，并将公式（6-8）改写成：

$$E = AE \cdot N^{0.5} \tag{6-9}$$

其中 $E$ 表示就业者及其负担者的总基本生活消费支出，$AE$ 表示人均基本生活消费支出，$N$ 表示就业者平均负担人数（包括就业者自身）。

由此，我们将 2004—2012 年期间就业者平均负担人数、人均基本生活消费支出数据代入公式（6-9），测算就业者及其负担人数的基本生活消费支出以及此时的失业保险金替代率，得到的数据如表 6-9 所示。考虑规模经济效应时，2012 年就业者及其负担者的总生活消费支出占人均工资性收入的比重为 55.3%。这表明，当失业保险金不仅考虑保障失业者自身失业期间的基本生活，而且考虑其负担者的基本生活，则失业保险金的平均替代率需达 55.3%。

---

① Ruggles，P.，*Drawing the Line：Alternative Poverty Measures and Their Implications for Public Policy*. Washington，DC：The Urban Institute Press，1990.

② Forster，M.，"Measure of Low Incomes and Poverty in a Perspective of International Comparisons"，Labor Market and Social Policy Occasional Paper No. 14，OECD，Paris，1990.

③ Coulter，F. A. S.，F. A. Cowell，and S. B. Jenkins，"Equivalent Scale Relativities and the Extent of Inequality and Poverty"，*The Economic Journal*，Vol. 102（1992），pp. 1067-1082.

④ Hagenaars，A. J. M.，K. de Vos，and M. A. Zaidi.，"Patterns of Poverty in Europe"，paper presented at the 23rd General Conference of the IARIW，St. Andrews，Canada，August 1994.

**表 6-9　考虑就业者负担人数的基本生活消费支出测算**

| 年份 | 就业者平均负担人数 N（人） | 考虑规模效应的就业者负担人数（人） | 人均基本生活消费支出 AE（元/年） | 就业者及其负担者的总生活消费支出 E（元/年） | 总生活消费支出占工资性收入的比重 |
|---|---|---|---|---|---|
| 2004 | 1.91 | 1.38 | 3451 | 4770 | 66.7% |
| 2005 | 1.96 | 1.40 | 3631 | 5084 | 65.2% |
| 2006 | 1.93 | 1.39 | 3669 | 5097 | 58.1% |
| 2007 | 1.89 | 1.37 | 4475 | 6152 | 60.1% |
| 2008 | 1.97 | 1.40 | 4940 | 6927 | 61.3% |
| 2009 | 1.94 | 1.39 | 5326 | 7418 | 59.9% |
| 2010 | 1.93 | 1.39 | 5531 | 7690 | 56.1% |
| 2011 | 1.94 | 1.39 | 6641 | 9248 | 60.0% |
| 2012 | 1.92 | 1.39 | 6925 | 9594 | 55.3% |

资料来源：就业者平均负担人数数据来自《中国统计年鉴》，参见 http：//www.stats.gov.cn/tjsj/ndsj/。其他数据根据本研究测算得到。

本部分通过采用扩展线性支出系统模型对城镇居民生活消费支出进行测算，结果表明城镇居民人均基本生活消费支出占工资性收入的比重基本维持在 40%左右；当考虑就业者负担人数和家庭规模经济效应时，就业者及其负担者的总基本生活消费支出占人均工资性收入的比重为 55.3%。这两个替代率数据的测算为各地制定科学合理的失业保险金给付标准提供了依据和参考。本研究对失业保险金替代率的测算结果与国际劳工组织规定的失业保险金替代率较为相近。国际劳工组织第 168 号公约要求各国的失业保险金给付标准达到失业者失业前工资收入的 50%。大量实证研究表明该水平的失业保险金替代率能够满足失业者家庭的生活必需品支出需要，即保障失业者家庭的基本生活①。

① O'Leary，J. C.，Wandner，A. S.，*Unemployment Insurance in the United States：Analysis of Policy Issues*，Kalamazoo：W. E. UPJOHN Institute for Employment Research，1997，p. 178.

## 第五节　完善失业保险金给付标准调整机制

失业保险金不仅在于保障失业者的基本生活，同时在于激励失业者尽快实现再就业。因此，设置与失业者年龄关联的递增的失业保险金替代率调整机制，同时在失业保险金给付期限内设置递减的失业保险金替代率调整机制，有助于更好地保障失业者的基本生活，同时激励失业者再就业。

首先，根据失业者的年龄增长设置递增的失业保险金替代率。

在实现再就业的过程中，由于存在着工作搜寻摩擦，失业者需要付出再就业成本。一个理性的失业者是否会选择寻找工作，取决于寻找工作付出的成本和再次就业带来的收益的对比。在生命周期的不同阶段，一个人的劳动力市场工资率是在不断变化的，因而人们在一生当中不断调整自己在劳动力市场上的劳动供给时间（如图6-1所示）。在一个人刚刚成年的时候，他们的劳动力市场工资率刚开始时是很低的，但是会随着年龄的增长而迅速提高，到了一定的阶段，一个人的劳动力市场工资率就会保持在一定的水平上不再有明显的增长，到了晚年时期，人的市场工资率甚至会有所降低①。一个人在生命的不同时期所面临的市场工资率不同，其劳动力供给水平也不同，市场工资率高时，劳动力供给水平也较高，反之则低。

相对来说，年轻劳动力再就业后的市场工资率通常高于年老劳动力再就业后的市场工资率，其再就业的意愿和再就业的能力也相对较

① 董克用、刘昕：《劳动经济学》，中国人民大学出版社2011年版，第78页。

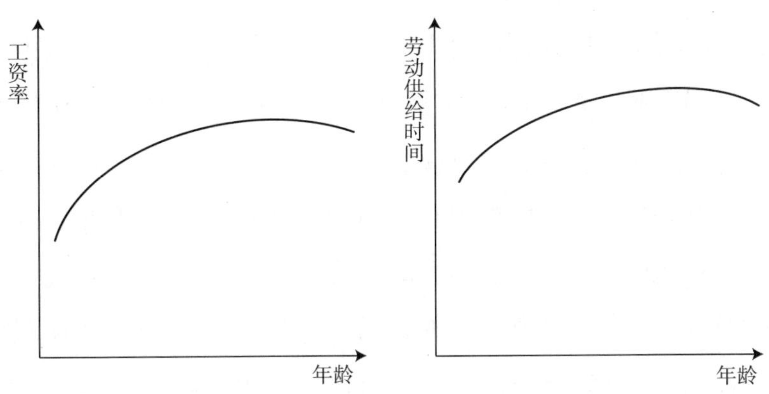


**图 6-1　生命周期中的工资率与劳动力供给时间变化轨迹**

强。切蒂（Chetty，2008）[①] 关于美国失业保险金对年轻劳动力和年老劳动力影响的实证研究表明，失业保险金水平对年轻失业者的再就业率影响较小，这主要是因为年轻失业者具有较强的再就业意愿。与此相反，年老失业者再就业的动力不足。很多 OECD 国家放松对年老失业者积极寻找工作以获得继续领取失业保险金资格的要求，比如比利时、芬兰、法国等国家规定年老劳动力达到一定年龄之后，则不受失业后继续寻找工作的规定约束。[②] 而且在这些欧洲国家，老年失业者可以一直领取失业保险金直至其达到法定退休年龄，由此失业保险成为提前退休的一种方式[③]。根据失业者的年龄增长设置递增的失业保险金替代率，有助于保障尚未达到退休年龄的年老劳动力失业期间的基本生活。

① Chetty，R.，"Moral Hazard VersusLiquidity and Optimal Unemployment Insurance"，*Journal of Political Economy*，Vol. 116，No. 2（2008），pp. 173–234.

② Hairault，J. O.，Langot，F.，Menard S.，et al.，"Optimal Unemployment Insurance for Older Workers"，*Journal of Public Economics*，Vol. 96，No. 5–6（2012），p. 509.

③ Gruber，J.，Wise，D.，"Social Security and Retirement：an International Comparison"，*American Economic Review*，Vol. 88，No. 2（1998），pp. 158–163.

其次，在失业保险金给付期限内设置递减的失业保险金替代率。

失业保险的主要目的是给失业者提供收入保障，然而失业保险金给付同时影响到失业者的工作搜寻努力程度和失业者的保留工资水平，由此带来再就业负激励效应。当然，如果政府（失业保险管理机构）能够对失业者的工作搜寻行为进行有效的监管，失业者的道德风险问题将不存在。但是，事实上政府难以对失业者的工作搜寻行为进行有效的控制，而且监管的成本高昂。在失业保险金给付期限内设置递减支付的失业保险金给付方式，可以提供更强的工作搜寻激励。

# 第七章　失业保险金给付期限问题研究

本章从失业持续时间和失业率变动的角度分析失业保险金给付期限的确定与调整机制，指出确定失业保险金给付期限时应该考虑平均失业持续时间，并随着失业率的变动对失业保险金给付期限进行调整。以上改革旨在提高失业保险基金的使用效率，并增强失业保险制度反经济周期的功能。

## 第一节　失业保险金给付期限的确定与调整概述

失业保险金给付期限是指失业保险金持续发放的时间期限。限定失业保险金的给付期限，是为了既保障失业期间的基本生活又激励失业者尽快实现再就业。失业保险给付等待期的设定，一方面为失业保险经办机构提供了一定时间对失业保险金申请者的状况进行核查，另一方面有助于降低失业保险制度中的道德风险。由于失业保险金申请者在申请失业保险金和得到失业保险金之间存在时间差，进而增加了其申请成本，一定意义上降低了其自愿失业的动力和申请失业保险金时的道德风险。

确定失业保险金给付期限，应以促使大多数失业者重新就业前不过多地减少收入为原则。因为失业保险金的基本功能在于为失业者失业期提供一定水平的工资收入替代，失业保险金给付期限过短，则难以为失业者提供足够长的寻找工作的时间。此外，由于失业发生在一定时期范围内，因此失业保险金不能像其他社会保险项目一样无限期地给付，失业保险金给付期限过长，则会降低失业者再就业的积极性，因此建立了失业保险制度的各个国家都明确规定了该国失业保险金的最长给付期限。

国际劳工组织第 44 号公约规定，无论是按收入津贴还是补助，给付期因为每年至少 156 个工作日，在任何情况下，也不能少于 78 个工作日；据此确定的最低水平失业津贴至少支付 13 周；或者意外事故期间收入不超过限定条件的居民得到保护时，失业津贴在 12 个月中至少应支付 26 周。①

失业保险金给付期限的规定会影响到失业者再就业，因此失业保险金给付期限的设置既要考虑为失业者提供足够长时间以寻找工作，同时要尽量降低过长失业保险金给付期限带来的就业负激励效应。因为，过短的失业保险金给付期限将无法保证失业者找到真正适合自己的工作，容易促使失业者仓促就业，起不到优化劳动力资源配置的作用；同时过短的失业保险金给付期限也无法支持低技能和知识结构欠缺的失业者进行必要的就业培训②。但是过长的失业保险金给付期限会导致失业保险金领取者对失业保险制度的过度依赖而引发道德风险。因此，建立了失业保险制度的国家一般都对该国失业保险金的最长给付期限进行规定。

---

① 孙光德、董克用：《社会保障概论（第五版）》，中国人民大学出版社 2015 年版，第 138 页。

② 聂爱霞：《中国失业保险制度与再就业问题研究》，中国社会科学出版社 2014 年版，第 188 页。

表7-1列出了部分国家（地区）的失业保险金最长给付期限的一般规定，并根据各国家（地区）失业保险金最长给付期限在半年以内、一年以内、两年以内，将其分为三类。其中，第一类国家（地区）失业保险金最长给付期限一般为6个月左右，如中国台湾、泰国、美国规定的失业保险金最长给付期限一般情况下为6个月；第二类国家的失业保险金最长给付期限一般情况下不超过12个月，如韩国、加拿大、日本、越南、卢森堡、俄罗斯等；第三类国家失业保险金最长给付期限较长，一般为24个月，如意大利、瑞士、波兰、德国、挪威、丹麦和法国等欧洲发达国家规定的失业保险金给付期限都较长，此外中国规定的失业保险金最长给付期限也为24个月。

**表7-1 部分国家（地区）失业保险金最长给付期限的一般规定**

| 类 型 | 国家（地区） | 最长给付期限的一般规定 |
|---|---|---|
| 一类 | 中国台湾 | 6个月 |
| | 泰 国 | 6个月 |
| | 美 国 | 6个月 |
| 二类 | 韩 国 | 8个月 |
| | 加拿大 | 10.5个月（45周） |
| | 日 本 | 11个月 |
| | 越 南 | 12个月 |
| | 卢森堡 | 12个月 |
| | 俄罗斯 | 12个月 |
| 三类 | 意大利 | 14个月 |
| | 瑞 士 | 17.3个月（520天） |
| | 波 兰 | 18个月 |
| | 德 国 | 24个月 |
| | 挪 威 | 24个月 |
| | 丹 麦 | 24个月 |
| | 法 国 | 24个月 |
| | 中 国 | 24个月 |

资料来源：根据美国社会保障署“Social Security Programs Throughout the World”相关资料整理而得，参见http://www.ssa.gov/policy/docs/progdesc/ssptw/。

从部分国家的失业保险金给付期限的确定与调整依据来看，失业保险金给付期限的确定与调整方法主要有以下四种：由政府确定统一的给付期限、根据失业保险交税情况确定、根据失业者的年龄调整、根据失业率调整等（见表 7-2）。

**表 7-2　部分国家（地区）失业保险金给付期限的确定与调整方法**

| 确定与调整依据 | 确定与调整方法 | 采用的国家或地区 |
| --- | --- | --- |
| 由政府确定统一的最长给付期限 | 考虑特殊情况下的调整 | 中国台湾、泰国、美国、卢森堡、俄罗斯、丹麦 |
| 依据失业保险税（费）缴纳记录或工作记录确定 | 与缴纳年数（月数）或工作年数正相关 | 中国、韩国、日本、越南、德国、加拿大、瑞士、法国 |
| 根据失业者年龄进行调整 | 超过一定年龄者延长给付期限 | 中国台湾地区、日本、卢森堡、波兰、意大利、德国、丹麦、法国 |
| 根据失业率变动进行调整 | 延长失业率较高时的给付期限 | 美国、加拿大、瑞士 |

资料来源：根据美国社会保障署"Social Security Programs Throughout the World"相关资料整理而得，参见 http：//www. ssa. gov/policy/docs/progdesc/ssptw/。

失业保险金给付期限确定与调整方法中，第一种方法是由国家规定统一的失业保险金最长给付期限，同时调整特殊情况下的给付期限。如中国台湾地区规定失业保险金最长给付期限一般为 6 个月，同时规定 45 岁以上的失业者给付期限可达 9 个月；美国规定失业保险金最长给付期限一般为 6 个月，同时根据失业率变动调整给付期限。

第二种方法是根据失业前的失业保险缴费年数（月数）记录或者工作记录确定失业保险金给付期限。采用这一方法确定失业保险金给付期限的国家较多，如中国、韩国、日本、越南、德国、加拿大、瑞士和法国等都采用了这一方法。与缴费年限挂钩的失业保险金给付期限确定方法体现了交纳失业保险税的义务和享受失业保险金的权利之间的关联性。

第三种方法是根据失业者年龄调整年老失业者的失业保险金给付期限。如法国规定50岁以上的失业者失业保险金给付期限长达36个月；丹麦规定55—59岁的失业者可以领取失业保险金至退休（60岁）；波兰规定50岁以下者给付期限为8个月，50—55岁者为12个月，55岁以上者为14个月。延长年老失业者的失业保险金给付期限原因在于年老失业者的再就业能力相对较弱，而且其再就业意愿往往较低。

第四种方法是根据失业率的变动调整失业保险金给付期限。目前美国、加拿大和瑞士根据失业率的变动调整失业保险金的给付期限。如表7-3所示，加拿大的失业保险金给付期限根据地区失业率和失业保险参保者工作小时数来确定给付期限：当地区失业率小于6%时，失业保险金给付期限在14—36周内，在参保时间内工作小时数在700—734小时之间，最长给付期限为14周，在参保时间内工作小时数在1820小时以上的，给付期限最长为36周。以失业率为参照，延长失业率较高时期的失业保险金给付期限的原因在于，高失业率时期，由于宏观经济形势的影响，失业者的再就业难度增大。

**表7-3　加拿大与地区失业率关联的失业保险金给付期限**

| 地区失业率 | 失业保险金给付期限（周） |
|---|---|
| 小于6% | 14—36 |
| 6%至7% | 15—38 |
| 7%至8% | 17—40 |
| 8%至9% | 18—42 |
| 9%至10% | 20—44 |
| 10%至11% | 21—45 |
| 11%至12% | 23—45 |

续表

| 地区失业率 | 失业保险金给付期限（周） |
|---|---|
| 12%至 13% | 24—45 |
| 13%至 14% | 26—45 |
| 14%—15% | 28—45 |
| 15%至 16% | 30—45 |
| 大于 16% | 32—45 |

资料来源：Government of Canada，“EI Regular Benefits-How much you could receive”，https：//www. canada. ca/en/services/benefits/ei/ei-outside-canada. html.

需要注意的是，部分国家同时采用多种方法确定与调整失业保险金给付期限，如：卢森堡和丹麦由政府确定统一的失业保险金给付期限，同时根据失业者的年龄对给付期限进行调整；德国和法国根据失业者的失业保险交纳情况确定失业保险金给付期限，同时根据失业者的年龄调整失业保险金给付期限。

此外，以上四种方法中，确定失业保险金给付期限的依据主要有三个：失业保险税（费）缴纳情况（或者是工作记录）、失业者的年龄、失业率。前文对失业保险金给付期限的确定与调整方法的分析表明，失业保险金给付期限确定依据的选择体现了不同的价值理念，如失业保险权利与义务的对等、对年老失业者的政策倾斜、考虑经济状况（失业率）对再就业的影响。但是从失业保险制度应对失业风险的功能出发，失业保险金给付期限是否科学合理，与失业者的失业持续时间密切相关。

失业者的失业持续时间受到多方面的因素影响，如经济状况（失业率）、失业者的人力资本（受教育水平、工作技能水平、健康状况等）、失业者的社会资本、失业者工作搜寻努力程度、失业者保留工资水平等。因此失业者个体的失业持续时间存在差异，而平均失业持续时间能够反映社会整体的就业和失业状况。因此，科学合理的失业保险金给付期限不仅要考虑失业保险税（费）缴纳情况以及失业者的年龄差别等因素，同时应该与平均失业持续时间相关联。

因此，笔者建议首先根据一定时期内的平均失业持续时间确定基准的失业保险金给付期限，然后考虑失业者的失业保险税（费）缴纳情况、失业者的年龄以及失业率等因素对失业保险金给付期限进行特殊调整。其中根据失业率对失业保险金给付期限进行调整，能够增强失业保险制度的反经济周期功能。本章接下来将重点分析根据失业率调整失业保险金给付期限这一问题。

## 第二节　中国失业保险金给付期限确定方法及存在的问题

目前中国采用的是根据缴费年限划分的固定给付期限的失业保险制度，1999 年《失业保险条例》规定的失业保险金给付期限为：按照规定累计缴费时间满 1 年不足 5 年的，领取失业保险金的期限最长为 12 个月；累计缴费时间满 5 年不足 10 年的，领取失业保险金的期限最长为 18 个月；累计缴费时间 10 年以上的，领取失业保险金的期限最长为 24 个月；重新就业后，再次失业的，缴费时间重新计算，领取失业保险金的期限可以与前次失业应领取而尚未领取的失业保险金的期限合并计算，但是最长不得超过 24 个月。

中国各地在《失业保险条例》的基础上制定了本地的失业保险实施办法，细化了对失业保险给付期限的规定。例如，2014 年北京市根据失业保险累计缴费年限分段，将失业保险给付期限设定在 3—24 个月之间（详见表 7-4）。

**表 7-4　北京市失业保险金给付期限**

| 累计缴费年限 | 失业保险金领取期限 |
| --- | --- |
| 满 1 年以上不满 2 年 | 3 个月 |
| 满 2 年以上不满 3 年 | 6 个月 |
| 满 3 年以上不满 4 年 | 9 个月 |
| 满 4 年以上不满 5 年 | 12 个月 |
| 满 5 年以上不满 6 年 | 13 个月 |
| 满 6 年以上不满 7 年 | 14 个月 |
| 满 7 年以上不满 8 年 | 15 个月 |
| 满 8 年以上不满 9 年 | 16 个月 |
| 满 9 年以上不满 10 年 | 17 个月 |
| 满 10 年以上不满 11 年 | 18 个月 |
| 满 11 年以上不满 12 年 | 19 个月 |
| 满 12 年以上不满 13 年 | 20 个月 |
| 满 13 年以上不满 14 年 | 21 个月 |
| 满 14 年以上不满 15 年 | 22 个月 |
| 满 15 年以上不满 16 年 | 23 个月 |
| 满 16 年以上 | 24 个月 |

资料来源：根据《北京市失业保险规定》整理而得，参见 http：//www.bjld.gov.cn/LDJAPP/search/fgdetail.jsp？no=2186。

上海市失业保险金给付期限根据参保者缴费年限的不同，分为 2 个月至 24 个月（见表 7-5）。此外，为了照顾大龄失业人员，上海市规定失业人员领取失业保险金期满，距法定退休年龄不足 2 年或者因特殊原因确需放宽的，可以继续享受失业保险待遇至其到达法定退休年龄，从而使失业保险金给付期限延长至 4 年。

**表 7-5　上海市失业保险金给付期限**

| 累计缴费年限 | 失业保险金领取期限 |
| --- | --- |
| 满 1 年以上不满 2 年 | 2 个月 |
| 满 2 年以上不满 3 年 | 4 个月 |

续表

| 累计缴费年限 | 失业保险金领取期限 |
|---|---|
| 满 3 年以上不满 4 年 | 6 个月 |
| 满 4 年以上不满 5 年 | 8 个月 |
| 满 5 年以上不满 6 年 | 10 个月 |
| 满 6 年以上不满 7 年 | 12 个月 |
| 满 7 年以上不满 8 年 | 14 个月 |
| 满 8 年以上不满 9 年 | 16 个月 |
| 满 9 年以上不满 10 年 | 18 个月 |
| 满 10 年以上不满 11 年 | 20 个月 |
| 满 11 年以上不满 12 年 | 22 个月 |
| 12 年以上 | 24 个月 |

资料来源：根据《上海市失业保险办法》整理而得，参见 http：//www. 12333sh. gov. cn/wsbs/wsbg/sybx/03/200712/t20071226_ 1043435. shtml。

中国失业保险金给付期限不与经济周期关联，其反经济周期功能较弱。一方面，中国失业保险金给付期限过长。目前中国失业保险金最长给付期限为 24 个月，是美国一般失业保险金给付期限（26 周）的 4 倍。过长的失业保险金给付期限带来就业负激励问题，同时加重失业保险金领取者的隐性就业问题。另一方面，中国失业保险金给付期限与失业率状况不相关，而仅与个人的失业保险缴费年限挂钩。与缴费年限挂钩的失业保险金给付期限调整机制的出发点在于增强失业保险缴费激励，同时也体现了缴费义务和领取失业保险金权利之间的相对对等，但是并没有体现失业保险制度应对失业风险的本质功能。因为对于那些交纳失业保险费时间更长，就业更为稳定的职工而言，其失业风险往往更小，其对失业保险金的需求更低；相反的，对于连续交纳失业保险费年数较少、就业不稳定的参保者而言，过短的失业保险金给付期限和过低的失业保险金给付标准使得其失业后的基本生活难以得到保障。

失业保险给付期限和失业率状况不相关，也体现在失业保险基金支出及累积结余与经济周期不相关。从失业保险制度的本质功能来看，失业保险制度应对的是失业风险，而失业风险和经济周期密切相关。因此，从理论上说，失业保险基金累积结余在经济不景气时期随着失业人数和失业保险金领取人数增加而降低，在经济繁荣时期则实现基金累积结余的增长。在此，本研究对中国失业保险基金累积结余与中国经济周期的变动趋势进行分析。

常用的测定经济周期的方法有三种：速度法、移动平均法和一阶对数法①。速度法是一种直接以经济增长率指标来测定经济周期的方法。用速度法绘制的周期波动图存在一定的干扰因素，但是其优点是简单明了，很直观②。移动平均法是对经济增长率进行数年移动平均处理来测定经济周期的方法。通过移动平均法处理的数据，可以在一定程度上消除短期随机波动的影响，但是这种方法使得处理过的数据存在明显的滞后现象，移动平均的年份过长也会导致研究数据过多的缺失③。一阶对数法是以产出水平的一阶差分值为指标来测定经济周期波动的方法。本研究使用 GDP 增长率指标来分析中国经济周期波动。

数据表明，中国失业保险基金累积结余并没有随着经济周期变动而变动（见图 7-1）。表 7-6 列出了 1989—2015 年各年的失业保险基金累积结余和各年的 GDP 增长率数据。基于表 7-6 数据绘制的图 7-1 更为直观地反映了 1989—2015 年期间中国失业保险基金累积结余和 GDP 增长率的变动趋势及关系变化。与中国失业保险基金累积

① 陈乐一：《我国经济周期阶段与持续繁荣》，人民出版社 2007 年版，第 3 页。
② 陈乐一：《我国经济周期阶段与持续繁荣》，人民出版社 2007 年版，第 3 页。
③ 陈乐一：《我国经济周期阶段与持续繁荣》，人民出版社 2007 年版，第 3 页。

结余基本维持单向的增长趋势不同（只有 2002 年的失业保险基金累积结余略低于 2001 年的值），GDP 增长率在 1989—2015 年期间经历了以下几个周期：1990—1999 年的“谷—谷”时期，在 1992 年左右达到峰值；1999—2009 年的“谷—谷”时期，在 2006 年左右达到峰值；2010 年的 GDP 增长率略有回升，2011—2015 年期间逐年下降，至 2015 年为 6.9%。

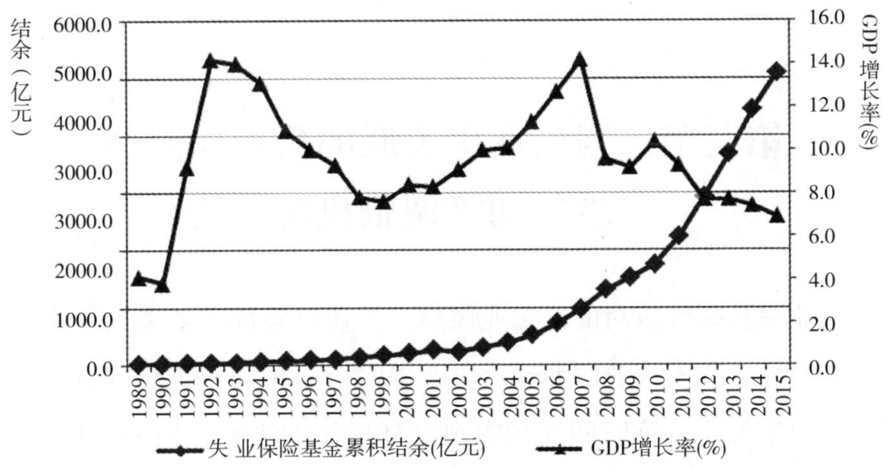


图 7-1　1989—2015 年中国失业保险基金状况及 GDP 增长率变动趋势

表 7-6　1989—2015 年中国失业保险基金状况及 GDP 增长率

| 年份 | 失业保险基金累积结余(亿元) | GDP 增长率（%） | 年份 | 失业保险基金累积结余(亿元) | GDP 增长率（%） | 年份 | 失业保险基金累积结余(亿元) | GDP 增长率（%） |
|---|---|---|---|---|---|---|---|---|
| 1989 | 13.6 | 4.1 | 1998 | 133.4 | 7.8 | 2007 | 979.1 | 14.2 |
| 1990 | 19.5 | 3.8 | 1999 | 159.9 | 7.6 | 2008 | 1310.1 | 9.6 |
| 1991 | 25.7 | 9.2 | 2000 | 195.9 | 8.4 | 2009 | 1523.6 | 9.2 |
| 1992 | 32.1 | 14.2 | 2001 | 253.8 | 8.3 | 2010 | 1749.8 | 10.4 |
| 1993 | 40.8 | 14.0 | 2002 | 226.2 | 9.1 | 2011 | 2240.2 | 9.3 |
| 1994 | 52.0 | 13.1 | 2003 | 303.5 | 10.0 | 2012 | 2929.0 | 7.7 |

续表

| 年份 | 失业保险基金累积结余(亿元) | GDP 增长率（%） | 年份 | 失业保险基金累积结余(亿元) | GDP 增长率（%） | 年份 | 失业保险基金累积结余(亿元) | GDP 增长率（%） |
|---|---|---|---|---|---|---|---|---|
| 1995 | 68.4 | 10.9 | 2004 | 385.8 | 10.1 | 2013 | 3685.9 | 7.7 |
| 1996 | 86.4 | 10.0 | 2005 | 519.0 | 11.3 | 2014 | 4451.5 | 7.4 |
| 1997 | 97.0 | 9.3 | 2006 | 724.8 | 12.7 | 2015 | 5083.0 | 6.9 |

资料来源：根据中华人民共和国国家统计局《中国统计年鉴 2016》相关数据整理而得，参见 http：//www.stats.gov.cn/tjsj/ndsj/2014/indexch.htm。

## 第三节　与失业率关联的失业保险金给付期限调整机制分析

失业保险制度应对的是失业风险，失业风险即失业率具有明显的经济周期性。随着失业率变动对失业保险金给付期限进行调整有其合理性：由于失业持续时间受到宏观经济形势的影响，经济危机时期，失业率提高，非自愿失业持续时间延长，失业者再就业比例更低；延长失业保险给付能使失业保险制度更好地应对失业带来的就业收入减少的风险，增强失业者的购买力，使那些领取完既定失业保险金但仍然失业者的消费水平不出现明显降低，从而发挥失业保险制度稳定经济发展以及反经济周期的功能①②③。

美国根据失业率状况调整失业保险金给付期限。在 2007—2011

① Gruber，J.，"The Consumption Smoothing Benefits of Unemployment Insurance"，*American Economic Review*，Vol. 87（1997），pp. 192-205.

② Browning，M.，Thomas，C.，"Unemployment Insurance Benefit Levels and Consumption Changes"，*Journal of Public Economics*，Vol. 80（2001），pp. 1-23.

③ Congressional Budget Office，"Family Income of Unemployment Insurance Recipients：Policy Brief"，2004 March，http：//www.cbo.gov/publication/15338.

年经济下滑时期，美国的失业保险金最长给付期限延长至 99 周，且每周失业保险金水平提高了 25 美元[①]。由于失业保险金给付期限延长，美国领取失业保险金的家庭所占比例从 2007 年的 4.1%增长至 2010 年的 9.6%；如果没有失业保险制度，2010 年美国贫困人口将增加 320 万人[②]。美国根据失业率变动调整失业保险金给付期限的做法极大地增强了失业保险制度的反经济周期功能。本研究接下来将对美国失业保险制度体系构成以及失业保险制度体系中的补充失业保险和应急失业保险根据失业率调整失业保险金给付期限的机制进行具体分析。

## 一、美国失业保险制度体系构成及失业保险金给付期限规定

美国失业保险制度体系由一般失业保险、补充失业保险和应急失业保险三项制度构成。三项失业保险制度的筹资来源、管理主体、给付条件、给付标准和给付期限等都存在着区别（见表 7-7）。美国一般失业保险金最长给付期限较短且较为固定，而补充失业保险金和应急失业保险金给付期限则与失业率挂钩，进而实现对失业保险总给付期限的调整。

具体来看，一般失业保险金给付期限基本保持在 26 周左右，且与失业率无关，是一项常规性的制度安排。只要符合一般失业保险制度规定的失业者就可以申请领取一般失业保险金。补充失业保险和应

① Jeremy S.，"Do Temporary Extensions to Unemployment Insurance Benefits Matter? The Effects of the US Standby Extended Benefit Program"，*Applied Economics*，Vol. 9（2013），pp. 1167-1183.

② The United States Government Printing Office："2012Economic Report of the President"，http：//www. gpo. gov/fdsys/pkg/ERP-2012/content-detail. html.

急失业保险则是为了应对经济危机以及长期失业问题而建立，二者功能定位相近，但是作用机制略有差别：前者由国会制定可供各州选择的启动标准，由各州选择启动标准中的一项决定启动实施补充失业保险，并由联邦政府和州政府共同负担支出；后者则由国会根据失业状况启动实施，并完全由联邦政府负责该项开支。

**表 7-7　美国三项失业保险制度比较**

| | 筹资来源 | 管理主体 | 发放条件 | 发放标准 | 发放期限 |
|---|---|---|---|---|---|
| 一般失业保险 | 雇主交纳失业保险税 | 各州政府 | 非自愿失业、有就业能力和就业意愿的失业者 | 平均替代率为 50%[(1)] | 26 周 |
| 补充失业保险 | 联邦政府和州政府各自负担 50% | 联邦政府和州政府共同管理 | 失业率达到一定水平[(2)]；领取完一般失业保险金者 | 与一般失业保险金给付标准相同 | 13—20 周 |
| 应急失业保险 | 联邦政府负担全部支出 | 联邦政府 | 失业率达到一定水平[(2)]；领取完一般失业保险金者 | 根据应急失业保险法案规定确定给付标准 | 根据应急失业保险法案规定确定给付时间 |

注：（1）一般失业保险制度规定的失业保险金平均替代率为 50%，但是由于设定了计算失业保险金最低和最高基数，同时设定了失业保险金的最低和最高标准，因此失业保险金实际替代率可能低于该标准。（2）不同时期的补充失业保险和应急失业保险制度设定的失业率水平存在着差异。

美国一般失业保险制度（Regular Program）是随着 1935 年美国《社会保障法案》（*Social Security Act*）颁布而产生。该制度是在联邦政府指导和监督下，根据《联邦失业税收法案》（*Federal Unemployment Tax Act*，FUTA）建立，并由各州负责具体实施的失业保险制度。一般失业保险制度通过征收失业保险税的方式筹资，并由雇主交纳。由于一般失业保险制度由各州负责具体实施，其失业保险缴费基数、具体缴费比例以及失业保险金水平等存在差异。一般失业保险金给付期限虽历经调整，且由各州确定，但基本维持在 26 周。2012 年美国共有 886 万人领取一般失业保险金。2012 年各州一般失业保险金平均水平为 303 美元每周，其平均工资替代率为 32%左右，且平均领取时间为 17 周。

美国联邦政府从 20 世纪 50 年代经济危机开始，为各州领取完一般失业保险金的失业者发放应急失业保险金。由于应急失业保险制度具有较大的随意性，联邦政府认识到建立系统而永久的，且给付期限与失业率关联的补充失业保险金制度尤为必要。因此，联邦政府于 1970 年通过联邦和州补充失业保险法案（Federal-State Extended Unemployment Compensation Act），建立补充失业保险制度（Extended Benefit Program）。补充失业保险制度由联邦政府和州政府共同建立，由联邦政府和各州政府各自负担 50%，并分别从联邦失业保险基金和各州失业保险基金账户中列支。补充失业保险制度建立初期的给付期限为 13 周或 20 周，且补充失业保险给付水平与一般失业保险给付水平相同。2012 年年底各州补充失业保险金的平均给付水平为 304 美元每周，平均领取周数为 16 周。

应急失业保险制度是一项完全由联邦政府负担，在经济危机时期，为那些已经领取完一般失业保险金和补充失业保险金的失业者提供的失业保险金。应急失业保险制度于 1958 年通过《应急失业保险金法案》（*Temporary Unemployment Compensation Act*）建立。此后，联邦政府多次在经济危机时期实行应急失业保险制度，1958—2013 年期间共实施九次。经济危机时期，美国国会往往通过启动应急失业保险制度的方式延长失业者失业保险金给付期限①。每一次应急失业保

① Wayne, V., Wenger, J., Woodbury S A., "Extended Unemployment Benefits. Employment Research", 2003, http: //research. upjohn. org/empl_ research/vol10/iss2/2.

险制度名称、发放期限以及资金来源等各有不同，且应急失业保险制度都有一定的生效和失效时间规定。1958—1972 年实行的四次应急失业保险制度持续时间为 1 年左右，发放 13 周的失业保险金。1975 年之后的五次应急失业保险制度持续时间更长，为 3—5 年左右；而且根据失业率状况分层次计算应急失业保险金给付周数，给付期限最长达 53 周。

美国三层次的失业保险制度体系，具有较大的灵活性。三项失业保险制度都是在经济危机背景下产生，补充失业保险制度和应急失业保险制度都是为了弥补一般失业保险制度给付期限较短，难以保障经济危机时期失业者的基本生活而建立。应急失业保险制度则是对一般失业保险和补充失业保险的再补充，但是由于各州启动补充失业保险制度的积极性降低，从 2002 年开始，美国联邦政府允许各州对符合要求的失业者先发放应急失业保险金，然后再发放补充失业保险金。

## 二、美国补充失业保险金和应急失业保险金给付期限调整机制分析

美国的补充失业保险金和应急失业保险金给付期限根据失业率的变动进行调整，接下来重点分析这两项制度延长给付期限的启动标准和启动机制。

美国补充失业保险制度建立初期，其启动标准与失业保险参加者失业率（Insured Unemployment Rate，IUR）挂钩。其中 IUR 是指参加失业保险制度的失业人数占失业保险参加总人数之比。具体启动标准为：全国 IUR 超过 4%；或者各州 IUR 超过 4%，且高于过去两年同时期 IUR20%，则启动补充失业保险给付机制。补充失业保险制度的

以上两个给付启动标准，兼顾了全国性的失业率水平以及各州之间的失业率差异，各州可以根据两项标准中的一项决定是否启动该州补充失业保险给付。由于 20 世纪 70 年代严重的经济危机的影响，几乎所有的州都启动了补充失业保险给付①。在此阶段，补充失业保险制度为失业者提供了收入来源。1976 年美国国会规定，当州 IUR 超过 5% 时也可以启动补充失业保险给付，该项标准没有失业率增长比例要求。

1980 年和 1981 年美国国会对补充失业保险给付启动机制进行调整（见表 7-8）。首先，废除了全国性的 IUR 标准，而根据各州 IUR 和各州总失业率（Total Unemployment Rate，TUR）确定启动标准。其中 TUR 是指失业总人数和就业总人数之比。其次，提高了补充失业保险给付启动标准，即州 IUR 超过 5%，且高于过去两年同时期 IUR20%，或者州 IUR 超过 6%。此次补充失业保险给付启动标准的调整使得领取补充失业保险金的人数降低了 25%—30%。

20 世纪 80 年代的补充失业保险给付启动标准被认为过于严格，为了提高补充失业保险给付制度的作用，美国国会于 1992 年 6 月在原有两个标准基础上增加了一个可选标准，即州 TUR 超过 6.5%，且高于过去两年中至少一年同时期的 TUR10%②。从此，各州只要满足补充失业保险三项启动标准中的一项，则可向领取完一般失业保险金者发放补充失业保险金。

① Woodbury, S. A., Rubin, M., "The Duration of Benefits", In *Unemployment Insurance in the United States: Analysis of Policy Issues*, Christopher J. O'Leary, and Stephen A. Wandner (eds.), Kalamazoo: W. E. Upjohn Institute for Employment Research, 1997, pp. 211-283.

② Wayne, V., Wenger, J., Woodbury, S. A., "Extended Unemployment Benefits. Employment Research", 2003, http://research.upjohn.org/empl_research/vol10/iss2/2.

表 7-8 不同阶段美国补充失业保险启动标准

| 时间 | 可选启动标准 |
| --- | --- |
| 1970.8—1981.8 | 全国 IUR 超过 4%；<br>州 IUR 超过 4%，且高于过去两年同时期 IUR20% |
| 1976.—1981.8 | 全国 IUR 超过 4%；<br>州 IUR 超过 4%，且高于过去两年同时期 IUR20%；<br>州 IUR 超过 5% |
| 1981.8 —至今 | 州 IUR 超过 5%，且高于过去两年同时期 IUR20%；<br>州 IUR 超过 6% |
| 1992.6 —至今 | 州 IUR 超过 5%，且高于过去两年同时期 IUR20%；<br>州 IUR 超过 6%；<br>州 TUR 超过 6.5%，同时比过去两年中至少一年同时期的失业率高 10% |

注：其中 IUR 为 Insured Unemployment Rate，是指参加失业保险制度的失业人数占失业保险参加总人数之比；TUR 为 Total Unemployment Rate，是指失业总人数和就业总人数之比。

资料来源：Wayne，V.，Wenger，J.，Woodbury，S. A.，"Extended Unemployment Benefits. Employment Research"，2003，http：//research. upjohn. org/empl_ research/vol10/iss2/2.

在此以 2008 年国际金融危机时期美国实施的应急失业保险制度（Emergency Unemployment Compensation，EUC）为例分析其应急失业保险给付调整机制。EUC 于 2008 年 6 月 30 日开始实施，并多次延长其有效时间。2012 年的《美国纳税人缓税法案》（*the American Taxpayer Relief Act*）将应急失业保险给付制度延期至 2013 年 12 月 28 日。如表 7-9 所示，EUC 在 2008 年刚开始实施时，为所有各州领取完一般失业保险金者提供 13 周的应急失业保险给付。自 2008 年 11 月开始，除了为各州提供统一的 20 周的应急失业保险金外，根据各州 TUR 情况，提供第二层次的应急失业保险金。从 2009 年 11 月开始根据失业率的不同，提供四个层次的不同给付周数的应急失业保险金，且各层次的应急失业保险金给付周数可以累加。2011 年年底，EUC 提供的失业保险金为 291 美元每周。

表 7-9 美国 2008 年应急失业保险启动标准及给付周数

| 时 间 | EUC 不同层次下的给付周数和启动标准 | | | | 总计最长给付周数 |
|---|---|---|---|---|---|
| | 第一层次 | 第二层次 | 第三层次 | 第四层次 | |
| 2008. 6—2008. 11 | 13 | | | | 13 |
| 2008. 11—2009. 11 | 20 | 13[a] | | | 33 |
| 2009. 11—2012. 5 | 20 | 14 | 13[b] | 6[c] | 53 |
| 2012. 5 —2012. 9 | 20 | 14[b] | 13[d] | 6[e] | 53 |
| 2012. 9 —2012. 12 | 14 | 14[b] | 9[d] | 10[e] | 47 |

注：a 表示州总失业率 TUR>6%；b 表示州 TUR≥6%；c 表示州 TUR≥8. 5%；d 表示州 TUR≥7%；e 表示州 TUR≥9%。

资料来源：Julie M. Whittaker，Katelin P. Isaacs，“Unemployment Insurance：Programs and Benefits”，2014，http：//digitalcommons. ilr. cornell. edu/key_ workplace/1233/.

虽然应急失业保险金给付层次、给付周数以及启动标准经过多次调整，其调整思路可归结为：根据各州的失业率状况对启动标准和给付周数进行调整。如 2009 年 11 月开始，对所有各州领取完一般失业保险金后仍然失业者提供的应急失业保险金增加至 34 周；同时根据州 TUR 大于等于 6%和大于等于 8. 5%两个标准，分别提供 13 周和 6 周的应急失业保险金。2012 年 5 月至 2012 年 9 月期间，仍然按照四个给付层次发放应急失业保险金，且保持给付周数总额不变，但是在此阶段启动标准有所提高，后三层次的应急失业保险金的启动标准分别为州 TUR 大于等于 6%、大于等于 7%和大于等于 9%。随着美国失业率下降，2012 年 9 月之后，则保持启动标准不变，缩短第一层次和第三层次应急失业保险金给付周数。

## 三、美国失业保险期限调整机制评析

美国建立了三层次的失业保险制度体系，同时根据失业率状况对补充失业保险金给付期限和应急失业保险金给付期限进行动态调整。

从理论上看，美国失业保险制度设计能够更好地发挥失业保险制度反经济周期的功能。但是由于补充失业保险制度以及应急失业保险制度中存在以下问题，美国失业保险制度体系的反经济周期作用有所减弱。

美国补充失业保险制度旨在弥补一般失业保险制度给付期限较短而难以应对长期失业风险的不足。但是随着 1980 年和 1981 年各州补充失业保险启动标准的提高，补充失业保险制度发挥的作用越来越小。20 世纪 90 年代初期经济危机时，美国仅有 10 个州启动实施补充失业保险给付①。在 2001 年经济危机之后，补充失业保险制度仅在美国 6 个州实施②。虽然 1992 年美国国会重新采用州 TUR 的启动标准，由于各州具有选择启动标准的主动权，在 2008 年 4 月，仍仅有 11 个州采用了更为宽松的州 TUR 的启动标准③。虽然美国补充失业保险制度启动标准与失业率挂钩，旨在提高失业保险制度体系的反经济周期功能，但是该项制度实际上发挥的反经济周期功能极弱④。

---

① Woodbury, S. A., Rubin, M., "The Duration of Benefits", In *Unemployment Insurance in the United States: Analysis of Policy Issues*, Christopher J. O'Leary, and Stephen A. Wandner (eds.), Kalamazoo: W. E. Upjohn Institute for Employment Research, 1997, pp. 211-283.

② Burtless, G. T., "Trends in the Structure of the Labor Market and Unemployment: Implications for US Unemployment Insurance", IMPAQ International, 2009, http://wdr.doleta.gov/research/FullText_Documents/Trends%20in%20the%20Structure%20of%20the%20Labor%20Market%20and%20Unemployment%20-%20Implications%20for%20U.S.%20Unemployment%20Insurance.pdf.

③ Burtless, G. T., "Trends in the Structure of the Labor Market and Unemployment: Implications for US Unemployment Insurance". IMPAQ International, 2009, http://wdr.doleta.gov/research/FullText_Documents/Trends%20in%20the%20Structure%20of%20the%20Labor%20Market%20and%20Unemployment%20-%20Implications%20for%20U.S.%20Unemployment%20Insurance.pdf.

④ Wayne, V., Wenger, J., Woodbury, S. A., "Extended Unemployment Benefits. Employment Research", 2003, http://research.upjohn.org/empl_research/vol10/iss2/2.

补充失业保险制度的失效，归根结底在于补充失业保险制度和应急失业保险制度中联邦政府和各州政府责任分担机制的不同。补充失业保险制度由联邦政府和州政府共同负担，而应急失业保险制度则完全由联邦政府负担，因此，各州实施补充失业保险的动力不足，往往采用更为严格的补充失业保险启动标准。延长失业保险给付的财政支出责任更多地由州政府转移到了联邦政府负担的应急失业保险给付制度。

由于 2008 年经济危机的严重影响，2009 年 2 月颁布的《美国复苏与再投资法案》（*American Recovery and Reinvestment Act*，ARRA）对失业保险制度进行了调整，规定至 2013 年 12 月，补充失业保险金完全由联邦政府负担，各州政府不再负担补充失业保险金支出。该项改革激励更多的州采用更为宽松的补充失业保险启动标准，以在各州启动补充失业保险制度①。2009 年年初，美国只有 3 个州实施了补充失业保险制度，而到 2009 年 6 月，则有 35 个州启动实施补充失业保险制度。罗特施泰因（Rothstein，2011）的研究还表明，2009 年后美国各州实施补充失业保险制度的时间和应急失业保险金给付期限到期时间基本一致。各州往往选择在应急失业保险制度即将到期时启动补充失业保险制度，进而延长总的失业保险金领取周数②。

美国应急失业保险制度的启动机制也与失业率相关。但是该制度与补充失业保险制度启动机制的主要区别在于，该项制度的启动标准由美国国会确定，同时由美国联邦政府完全负担该项支出。在严重经济危机时期，应急失业保险制度为失业者提供了更长的失业保险金。

① Rothstein，J.，“Unemployment Insurance and Job Search in the Great Recession”，NBER Working Paper 17534，2011，http：//www. nber. org/papers/w17534.

② Rothstein，J.，“Unemployment Insurance and Job Search in the Great Recession”，NBER Working Paper 17534，2011，http：//www. nber. org/papers/w17534.

但是由于应急失业保险制度规定越来越复杂，使得实施和管理难度加大，同时也使得失业者也难以理解制度规定①。由于受到“认知滞后”的影响，美国国会往往在经济危机之后启动应急失业保险制度，使得经济危机和应急失业保险给付之间存在着时间差②。

## 第四节　中国失业保险金给付期限调整机制改革

建立与失业率挂钩的失业保险金给付期限调整机制，有助于增强中国失业保险制度的反经济周期功能。但是，在完善中国失业保险金给付期限调整机制时，需要重点考虑以下问题：如何确定科学合理的失业保险金给付期限？如何确定延长失业保险金给付期限资金来源？建立全国统一的还是地方性的延长失业保险给付启动标准？笔者围绕以上问题，提出如下完善中国失业保险金给付期限调整机制的改革建议。

### 一、建立与失业率关联的失业保险金给付期限调整机制

目前中国实行单一的失业保险制度，而且规定的失业保险金给付期限较长。在采用薪资比例法确定失业保险金替代率，提高失业保险

---

① Woodbury, S. A., Rubin, M., “The Duration of Benefits”, In *Unemployment Insurance in the United States: Analysis of Policy Issues*, Christopher J. O'Leary, and Stephen A. Wandner (eds.), Kalamazoo: W. E. Upjohn Institute for Employment Research, 1997, pp. 211-283.

② Wayne, V., Wenger, J., Woodbury, S. A., “Extended Unemployment Benefits. Employment Research”, 2003, http://research.upjohn.org/empl_research/vol10/iss2/2.

金给付标准后，将平均失业持续时间作为确定失业保险金基准给付期限的重要依据，同时建立与失业率关联的失业保险金给付期限调整机制。目前我们仅能获取国家统计局统计的各个失业持续时间段失业人数占总失业人数比重的数据，尚无对失业者个体的失业持续时间的统计。为此，在科学地确定中国失业保险金给付期限时，首先需获取失业者个体的失业持续时间，以计算失业总时间，进而计算一定时间范围内的平均（人均）失业持续时间。其次，弱化或者取消与失业保险缴费年限挂钩的失业保险金给付期限确定方法，而只规定领取失业保险金的最短缴费年限。达到最短缴费年限规定的符合失业保险金领取资格要求的失业者，都可以申请领取一定期限的失业保险金。再次，以失业率变动为参照，缩短经济较好时期失业保险金给付期限，延长失业率较高时期的失业保险金给付期限，进而实现失业保险金给付期限与失业率关联。

## 二、建立兼顾全国失业率和省级失业率的延长给付期限的启动机制

在延长失业保险金给付期限启动标准方面，美国国会力图兼顾全国的失业状况和各州的失业率差异，建立与全国失业率和各州失业率相关的延长给付期限的启动标准。此外根据不同时期失业率变动对启动标准进行调整，各州具有选择补充失业保险启动标准的自主权。美国补充失业保险启动标准具有较大的灵活性，考虑了横向上各州失业率的地区差异以及纵向上失业率随时间的变动。但是由于联邦财政和地方财政责任分担以及补充失业保险制度和应急失业保险制度之间的互相影响，各州启动实施补充失业保险制度的动力不足。

由于中国各地的经济发展水平以及失业率水平存在着巨大差异，

因此，难以实行全国统一的失业率标准。笔者建议借鉴美国的做法，同时采用全国失业率标准和各省份失业率标准，中央政府可以定期发布统一的失业率参考值，各省份则根据省情调整适用于该省份范围内的失业率标准，由此将延长失业保险金给付期限启动标准的自主权交给地方政府。

## 三、建立全国性的失业保险应急基金

在延长失业保险金给付期限资金来源方面，美国补充失业保险制度由联邦政府和各州政府各自负担50%，而在2009—2013年期间，由联邦政府完全承担该项支出。美国应急失业保险制度由联邦政府负责，其资金来源多元化和灵活化，如从联邦失业保险基金或联邦政府一般性收入中列支。

目前中国的失业保险基金主要来源于用人单位和职工个人交纳的失业保险费。由于中国的失业保险制度一直处于基金结余的状况，各级财政对失业保险制度的补贴极少。从优化中国失业保险制度的反经济周期功能的角度看，可以考虑建立全国统一的失业保险应急基金，用于经济危机时期延长失业保险金给付期限或者提高失业保险待遇方面的支出。由于失业保险应急基金应对的是宏观经济危机，其责任不宜转移到用人单位或者基层政府，而应采用中央财政负担或者中央财政和省级财政共同负担的方式。为了提高经济危机时期应急失业保险基金的效果，可以规定当全国失业率高于一定水平时，各省份必须对符合条件的失业者发放应急失业保险金。此外，通过中央财政和省级财政责任分担的方式激励各省份发放应急失业保险金。

# 第八章　失业保险金给付管理与再就业问题研究

本书的第六章和第七章分析了失业保险金给付相关的两个重要问题，分别是失业保险金给付标准和给付期限的确定和调整。这一章将分析与失业保险金给付有关的另外一个问题，即失业保险金给付管理，具体涉及失业保险金给付资格条件动态管理、失业保险金给付申领程序管理、失业保险金给付范围的调整等。

## 第一节　失业保险金给付资格条件及管理

建立了失业保险制度的国家都对失业保险给付资格条件进行规定：(1) 失业者处于法定的就业年龄，而未达到法定就业年龄或者已经达到退休年龄的不享有获得失业保险金的权利；(2) 失业是由非自愿失业引起的，凡自动离职而劳动者无充分理由者，或因本人原因而失业的，都不属于非自愿失业；(3) 有工作能力和就业意愿，失业者到规定的失业管理部门进行失业登记并接受合适的就业安置和职业培训；(4) 缴纳失业保险税（费）达到一定年限规定。

例如，美国将失业保险金领取条件分为货币性资格条件（Monetary Eligibility）和非货币性资格条件（Nonmonetary Eligibility）两类。货币性资格条件指的是某一段时间内，失业保险金申领者的工资收入达到特定的水平，或者工作时间达到特定的要求。货币性资格条件与失业者就业经历以及工资收入状况等相关。这方面的规定主要是为了保证那些领取失业保险金的失业者有足够的劳动力市场参与。例如，美国加利福尼亚州规定，过去基准年度内，至少有一个季度的工资收入不少于 1300 美元的失业者才有资格申请失业保险金①。美国规定的失业保险金非货币性资格条件主要包括以下两类：失业保险金申领者有工作的能力和意愿并且在积极寻找着工作；失业保险金申领者不因个人过失而失业。美国各州要求失业保险金申领者到就业服务机构进行登记，以证明其具备工作能力和工作意愿。此外申领者还必须积极寻找工作，并提交证明其在积极寻找工作的材料。如果失业保险金申领者拒绝就业服务机构推荐的合适工作，则其不再具备领取失业保险金的资格。

美国失业保险制度规定失业保险金只能发放给那些有再就业能力而且有再就业意愿的失业者。为此美国建立了工作核查制度（Work Test），该制度要求失业保险金领取者定期到就业服务机构进行登记，由就业服务机构为其推荐合适的工作。就业服务机构将没有按期到就业服务机构进行登记，或者拒绝就业服务机构推荐的合适工作的失业保险金领取者告知失业保险管理机构，由失业保险机构决定是否继续对此类失业保险金领取者发放失业保险金。工作核查是失业保险制度中降低失业保险金对失业者再就业负激励的一项重要措施，同时是降低失业保险金领取者道德风险的一项重要措施。

但是从长期趋势来看，美国各州逐渐放宽了到就业服务机构进行

① “A Guide to Unemployment Benefits in California”，2017－09－25，https://eligibility.com/unemployment/california.

工作核查的要求，部分州采用电话申请失业保险金的方式。1990 年，只有 33 个州要求失业者向就业服务机构报告寻找工作情况。降低工作核查要求反映了在美国逐渐发展起来的一种观念，即就业登记并不是尽快实现再就业的必要或者有效的方式。美国于 1993 年开始建立“失业者档案以及再就业服务系统”（Worker Profiling and Reemployment Services），1994 年开始建立“一站式就业服务中心”（One-stop Career Centers），以获取关于失业保险金申领者的准确信息，从而对失业人群进行细分，并提供咨询服务、求职指导、求职培训以及提供就业信息等一站式服务，以提高失业保险金的使用效率和促进失业者尽快实现再就业。

加拿大《就业保险法》规定失业保险金给付资格条件为：失业保险参保者面临就业收入中断问题；符合工作时间长度要求。加拿大将失业保险金给付资格条件和失业率相关联，考虑了宏观经济状况对劳动者就业及失业率的影响，较为科学。如表 8-1 所示：加拿大规定了不同的地区失业率水平下，失业保险参保者在过去 52 周内的工作时间要求，以获得失业保险金申领资格。例如，当地区失业率小于 6%时，失业保险金申请者过去 52 周内的工作时数要大于 700 小时，才具备申领资格；当地区失业率大于 13%时，工作小时数要大于 420 小时。

**表 8-1　加拿大与地区失业率关联的失业保险金给付资格要求**

| 地区失业率 | 工作小时数要求（小时） |
| --- | --- |
| 小于 6% | 700 |
| 6%至 7% | 665 |
| 7%至 8% | 630 |
| 8%至 9% | 595 |
| 9%至 10% | 560 |
| 10%至 11% | 525 |

续表

| 地区失业率 | 工作小时数要求（小时） |
|---|---|
| 11%至 12% | 490 |
| 12%至 13% | 455 |
| 大于 13% | 420 |

资料来源：Government of Canada，*Employment Insurance Act*（Version of document from 2017-03-12 to 2017-04-12），http：//laws-lois. justice. gc. ca/eng/acts/e-5. 6/20170312/P1TT3xt3. html.

此外，加拿大注重对失业保险金申领者资格条件的动态管理。加拿大《就业保险法》规定，失业保险金申领者有意填报错误信息或者误导性信息的行为将被记录到其就业保险档案中，并将此称为违规记录。违规记录分为轻度违规、中度违规、严重违规和并发违规四类，并明确规定了各类违规行为需要增加的工作时数，以获得再次领取失业保险金的资格。如表 8-2 所示，轻度违规时，需要增加 25%的工作时数；中度违规时，增加 50%的工作时数；严重违规时，增加 75%的工作时数；并发违规时，增加 100%的工作时数。由此，失业保险金申请者有违规记录时，与地区失业率关联的失业保险金给付资格工作时数要求如表 8-3 所示。

**表 8-2 加拿大失业保险违规记录类型及相应的失业保险金给付资格工作时数要求**

| 违规类型 | 超额支付的失业保险金额 | 再次获得失业保险金给付资格需要延长的工作时数 |
|---|---|---|
| 轻度违规 | 1000 元以下 | 增加 25%的工作时数 |
| 中度违规 | 1000—4999 元 | 增加 50%的工作时数 |
| 严重违规 | 5000 元以上 | 增加 75%的工作时数 |
| 并发违规 | 一次以上的违规记录（不管金额大小） | 增加 100%的工作时数 |

注：超额支付的失业保险金额等于实际支付的失业保险金金额加上因欺诈而获得的失业保险金额的一部分。

资料来源："Employment Insurance and Fraud"，https：//www. canada. ca/en/employment-social-development/programs/ei/ei-list/reports/fraud-serious. html.

**表 8-3　有违规记录时与地区失业率关联的失业保险金给付资格工作时数要求**

单位：小时

| 地区失业率 | 轻度违规 | 中度违规 | 严重违规 | 并发违规 |
| --- | --- | --- | --- | --- |
| 小于 6% | 875 | 1050 | 1225 | 1400 |
| 6%至 7% | 831 | 998 | 1164 | 1330 |
| 7%至 8% | 788 | 945 | 1103 | 1260 |
| 8%至 9% | 744 | 893 | 1041 | 1190 |
| 9%至 10% | 700 | 840 | 980 | 1120 |
| 10%至 11% | 656 | 788 | 919 | 1050 |
| 11%至 12% | 613 | 735 | 858 | 980 |
| 12%至 13% | 569 | 683 | 796 | 910 |
| 大于 13% | 525 | 630 | 735 | 840 |

资料来源：Government of Canada，*Employment Insurance Act*（Version of document from 2017-03-12 to 2017-04-12），http：//laws-lois. justice. gc. ca/eng/acts/e-5. 6/20170312/P1TT3xt3. html.

中国失业保险给付条件和其他国家的规定基本相同，即同时符合以下三个条件的失业者可以申请失业保险金：（1）按照规定参加失业保险，且缴费满一年的；（2）非本人意愿中断就业的；（3）已办理失业登记并有求职要求的。

非本人意愿中断就业具体指的是什么？包括哪些情形？2013 年 11 月修订的《广东省失业保险条例》第十六条明确了非因本人意愿中断就业包括下列情形①：

（1）依照《中华人民共和国劳动合同法》第四十四条第一项、第四项、第五项规定终止劳动合同的；②

（2）用人单位依照《中华人民共和国劳动合同法》第三十九条、

① 《广东省失业保险条例》，2013 年 11 月 21 日，参见 http：//www. gdhrss. gov. cn/zcfgk/20131121/11864. html。

② 《中华人民共和国劳动合同法》第四十四条第一项、第四项、第五项规定劳动合同终止的情形：“（一）劳动合同期满的；（四）用人单位被依法宣告破产的；（五）用人单位被吊销营业执照、责令关闭、撤销或者用人单位决定提前解散的。”

第四十条、第四十一条规定解除劳动合同的；①

（3）用人单位依照《中华人民共和国劳动合同法》第三十六条规定向劳动者提出解除劳动合同并与劳动者协商一致解除劳动合同的；②

（4）用人单位提出解除聘用合同或者被用人单位辞退、除名、开除的；

（5）劳动者本人依照《中华人民共和国劳动合同法》第三十八条规定解除劳动合同的；③

（6）法律、法规、规章规定的其他情形。

---

① 《中华人民共和国劳动合同法》第三十九条：劳动者有下列情形之一的，用人单位可以解除劳动合同：（一）在试用期间被证明不符合录用条件的；（二）严重违反用人单位的规章制度的；（三）严重失职，营私舞弊，给用人单位造成重大损害的；（四）劳动者同时与其他用人单位建立劳动关系，对完成本单位的工作任务造成严重影响，或者经用人单位提出，拒不改正的；（五）因本法第二十六条第一款第一项规定的情形致使劳动合同无效的；（六）被依法追究刑事责任的。第四十条　有下列情形之一的，用人单位提前三十日以书面形式通知劳动者本人或者额外支付劳动者一个月工资后，可以解除劳动合同：（一）劳动者患病或者非因工负伤，在规定的医疗期满后不能从事原工作，也不能从事由用人单位另行安排的工作的；（二）劳动者不能胜任工作，经过培训或者调整工作岗位，仍不能胜任工作的；（三）劳动合同订立时所依据的客观情况发生重大变化，致使劳动合同无法履行，经用人单位与劳动者协商，未能就变更劳动合同内容达成协议的。第四十一条　有下列情形之一，需要裁减人员二十人以上或者裁减不足二十人但占企业职工总数百分之十以上的，用人单位提前三十日向工会或者全体职工说明情况，听取工会或者职工的意见后，裁减人员方案经向劳动行政部门报告，可以裁减人员：（一）依照企业破产法规定进行重整的；（二）生产经营发生严重困难的；（三）企业转产、重大技术革新或者经营方式调整，经变更劳动合同后，仍需裁减人员的；（四）其他因劳动合同订立时所依据的客观经济情况发生重大变化，致使劳动合同无法履行的。

② 《中华人民共和国劳动合同法》第三十六条：用人单位与劳动者协商一致，可以解除劳动合同。

③ 《中华人民共和国劳动合同法》第三十八条：用人单位有下列情形之一的，劳动者可以解除劳动合同：（一）未按照劳动合同约定提供劳动保护或者劳动条件的；（二）未及时足额支付劳动报酬的；（三）未依法为劳动者缴纳社会保险费的；（四）用人单位的规章制度违反法律、法规的规定，损害劳动者权益的；（五）因本法第二十六条第一款规定的情形致使劳动合同无效的；（六）法律、行政法规规定劳动者可以解除劳动合同的其他情形。用人单位以暴力、威胁或者非法限制人身自由的手段强迫劳动者劳动的，或者用人单位违章指挥、强令冒险作业危及劳动者人身安全的，劳动者可以立即解除劳动合同，不需事先告知用人单位。

综上，可以将非因本人意愿中断就业归纳为两类情况：一是用人单位主动解雇员工；二是用人单位有违法行为，导致员工利益受损，员工被迫主动提出解除劳动合同。

通过对美国、加拿大和中国失业保险金给付资格条件规定的简要对比可知，美国和加拿大规定特定时间段的工资收入水平或工作小时数的方式能够更好地适应劳动力市场就业方式多样化的发展趋势。我国最低缴费年限为 1 年的规定过长，难以适应市场经济条件下劳动力就业的灵活性和多样性的特点，特别是农民工流动性和季节性的特点。

## 第二节　中国失业保险金申领管理及受益率现状

失业保险金申领管理是失业保险制度有效运行的重要保障。按照我国《社会保险法》第五十条规定，申领失业保险金的程序是①：

（1）用人单位应当及时为失业人员出具终止或者解除劳动关系的证明，并将失业人员的名单自终止或者解除劳动关系之日起 15 日内告知社会保险经办机构。

（2）失业人员应当持本单位为其出具的终止或者解除劳动关系的证明，及时到指定的公共就业服务机构办理失业登记。

（3）失业人员凭失业登记证明和个人身份证明，到社会保险经办机构办理领取失业保险金的手续。失业保险金领取期限自办理失业登记之日起计算。

① 《中华人民共和国社会保险法》（主席令第三十五号），2010 年 10 月 28 日，参见 http：//www. gov. cn/zxft/ft209/content_ 1748773. htm。

各地根据《社会保险法》的规定，制定了详细的申领流程，有的地方还根据实际情况简化了申领手续，以便失业人员能够方便快捷地及时领取到失业保险金，享受失业保险待遇。

我国领取失业保险金的人数有多少？失业保险的受益面如何？在此通过失业保险受益率这一指标来分析。失业保险受益率是指领取失业保险金人数占失业总人数的比重。失业保险受益率与失业保险基金支出直接相关，失业保险受益率越高，表明失业人员中实际领取失业保险金人数越多，失业保险金支出越大。

失业保险受益率有狭义和广义两个概念。狭义的失业保险受益率是指失业保险金领取人数占参加失业保险的失业人数的比重；广义的失业保险受益率是指失业保险金领取人数占所有失业人员的比重。二者的区别在于参加失业保险的失业人数和所有的失业人数的不同。狭义的失业保险受益率能够反映我国现行城镇职工失业保险制度规定下，参加失业保险的失业人员中领取失业保险金的比重；广义的失业保险受益率则能从更为宏观的角度反映所有失业人员中实际享受失业保险的比重。由于我国失业保险制度未能实现全覆盖，因此参加失业保险的失业人数往往小于所有的失业人数。

在中国城镇登记失业人员中，尚未区分参加失业保险的失业人员和未参加失业保险的失业人员，因此我们不能获取准确的参加失业保险的失业人员数据，难以计算狭义的失业保险受益率。本研究接下来分别以中国城镇登记失业人数和估测的城乡失业人数为基数，计算广义的失业保险受益率。

2000—2015 年相关数据表明，中国失业保险金领取人数变化曲线和城镇登记失业人数变化曲线之间形成一个“剪刀口”，并有逐年扩大的趋势（见图 8-1），这表明中国失业保险受益人数增长率未能实现和城镇登记失业人数增长率同步变化，以城镇登记失业人数为基数计算的失业保险受益率降低。具体来看，中国失业保险金领取人数呈现抛物线型变化：2000—2004年期间我国领取失业保险金的人数不断增加，2000年领取失业保险金人数为330万人，至2004年达到最高值754万人（见图8-1）。形成这一高峰的原因在于，2002—2004年国有企业改革产生的大量下岗职工离开“待业中心”，使得领取失业保险金的人数激增①。此后失业保险金领取人数不断下降，在2007年和2008年国际金融危机期间也连年走低，2013年下降至417万人，2014年和2015年略有回升（见图8-1）。与此相反，中国的城镇登记失业人数基本维持上升趋势，2000年城镇登记失业人数为595万人，2015年增长至966万人（见图8-1）。

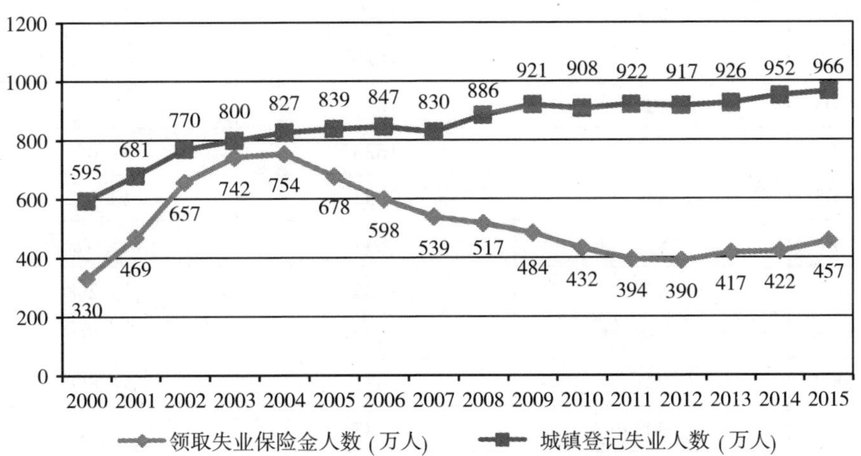


**图8-1　2000—2015年中国领取失业保险金人数和城镇登记失业人数**

注：失业保险金领取人数为历年中全年不同期限的失业保险金领取人数，而非年末领取失业保险金人数。

资料来源：中华人民共和国国家统计局历年《中国统计年鉴》，参见 http：//www. stats. gov. cn/tjsj/ndsj/；中国人力资源和社会保障部历年《人力资源和社会保障事业发展统计公报》，参见 http：//www. mohrss. gov. cn/SYrlzyhshbzb/zwgk/szrs/tjgb/。

① 郑秉文：《中国失业保险基金增长原因分析及其政策选择——从中外比较的角度兼论投资体制改革》，《经济社会体制比较》2010年第6期，第6页。

为了从更为宏观的角度分析所有失业人员中享受失业保险金人数所占的比重，本研究接下来估算城乡失业人员总数进而计算广义失业保险受益率。由于目前缺乏中国城乡失业总人数的统计数据，我们首先需要估测出中国的城乡失业总人数，即通过中国经济活动人口和城乡就业人数的差来估算城乡失业总人数。如表 8-4 所示，我国历年城镇登记失业人数远低于估测的城乡失业人数，城镇登记失业人数占估测的城乡失业人数的比重不足 50%，2015 年仅为 36. 6%。

**表 8-4　2000—2015 年中国城镇登记失业人数和城乡失业人数估测**

| 年　份 | 城镇登记失业人数（万人） | 城乡失业人数估测值（万人） | 登记失业人数占城乡失业人数比例 |
|---|---|---|---|
| 2000 | 595 | 1907 | 31. 2% |
| 2001 | 681 | 1407 | 48. 4% |
| 2002 | 770 | 1620 | 47. 5% |
| 2003 | 800 | 1643 | 48. 7% |
| 2004 | 827 | 1623 | 51. 0% |
| 2005 | 839 | 2052 | 40. 9% |
| 2006 | 847 | 1844 | 45. 9% |
| 2007 | 830 | 1655 | 50. 2% |
| 2008 | 886 | 1482 | 59. 8% |
| 2009 | 921 | 1682 | 54. 8% |
| 2010 | 908 | 2283 | 39. 8% |
| 2011 | 922 | 2159 | 42. 7% |
| 2012 | 917 | 2190 | 41. 9% |
| 2013 | 926 | 2323 | 39. 9% |
| 2014 | 952 | 2437 | 39. 1% |
| 2015 | 966 | 2640 | 36. 6% |

资料来源：中华人民共和国国家统计局历年《中国统计年鉴》，参见 http：//www. stats. gov. cn/tjsj/ndsj/。

2000年领取失业保险金人数占城镇登记失业人数的比重为55.4%，至2003年达到最高值，为92.7%，此后则逐渐下降，2015年该值为47.3%（见图8-2）。以估测的城乡失业总人数为基数计算的失业保险金受益率表明我国总失业人口中享受失业保险金人数所占比例极低，2015年仅为17.3%（见图8-2）。具体来看，领取失业保险金人数占城乡失业人数比重的变化趋势和领取失业保险金人数占城镇登记失业人数比重的变化趋势基本相同，但是比重远低于后者。2000年，领取失业保险金人数仅占城乡失业人数的17.3%，此后虽然随着失业保险参保人数以及失业保险金领取人数的增加而有所提高，但是在2004年达到最高点时仍然只有46.4%，此后下降至2015年的17.3%，与2000年的水平持平（见图8-2）。

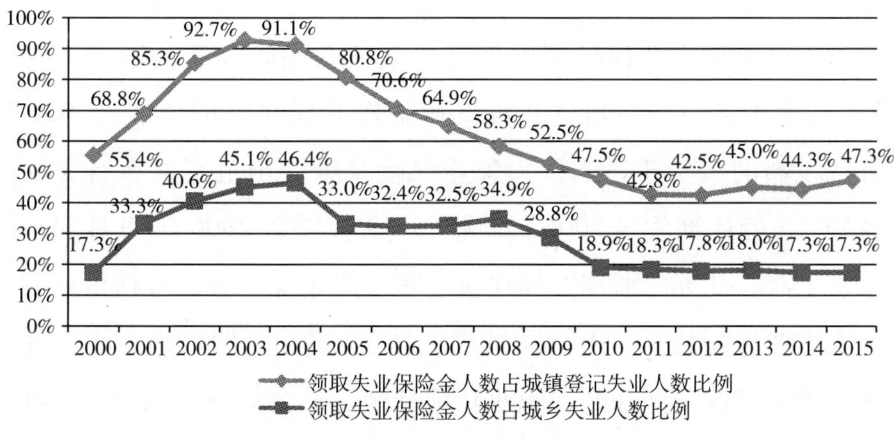


**图8-2　2000—2015年中国失业保险受益率**

资料来源：中华人民共和国国家统计局历年《中国统计年鉴》，参见http：//www.stats.gov.cn/tjsj/ndsj/。

通过以上分析可见，我国实际领取失业保险金人数占失业人数的比重过低，失业保险制度未能有效地发挥其作用。我国失业保险受益率低，一方面与我国失业保险参保率低，尚未实现应保尽保的现状相关；另一方面与我国失业保险待遇偏低、申领手续烦琐有关。

## 第三节　失业保险金支出范围与再就业服务

1999年颁布的《失业保险条例》规定，失业保险基金的支出项目包括：(1) 失业保险金；(2) 领取失业保险金期间的医疗补助金；(3) 领取失业保险金期间死亡的失业人员的丧葬补助金和其供养的配偶、直系亲属的抚恤金；(4) 领取失业保险金期间接受职业培训、职业介绍的补贴；(5) 国务院规定或者批准的与失业保险有关的其他费用。其中，失业保险金支出是失业保险基金支出的绝大部分。

为充分发挥失业保险制度促进再就业、预防失业的功能，配合《国务院关于进一步加强就业再就业工作的通知》的落实，2006年国务院发布的《关于适当扩大失业保险基金支出范围试点有关问题的通知》(劳社部发〔2006〕5号)，要求“自2006年1月起，在北京、上海、江苏、浙江、福建、山东、广东等7省、直辖市开展适当扩大失业保险基金支出范围试点工作”。其中，明确规定将失业保险基金用于职业培训补贴、职业介绍补贴、社会保险补贴、岗位补贴和小额担保贷款贴息支出，且享受对象为领取失业保险金期间的失业人员。

2008年金融危机时期，针对当年国际金融危机对我国经济的影响不断加深，人力资源和社会保障部联合财政部下发的《关于采取积极措施减轻企业负担稳定就业局势有关问题的通知》(人社部发

〔2008〕117号）规定：失业保险实行“一缓一减两补贴”，即“允许困难企业在一定期限内缓缴社会保险费”“阶段性降低四项社会保险费率”“使用失业保险基金帮助困难企业稳定就业岗位”和“鼓励困难企业通过开展职工在岗培训等方式稳定职工队伍”[①]。该文件要求失业保险基金结余较多的统筹地区在确保当前和今后一个时期按时足额支付失业保险待遇的前提下，在一定阶段内一次性降低失业保险费率以及扩大失业保险基金支出范围，鼓励企业尽量不裁员或者少裁员，实现保就业、保增长、保稳定的目标。对采取在岗培训、轮班工作、协商薪酬等办法稳定员工队伍，并保证不裁员或少裁员的困难企业，使用失业保险基金支付社会保险补贴和岗位补贴[②]。社会保险补贴标准参照当地就业资金对就业困难人员的社会保险补贴标准执行，岗位补贴标准参照当地失业保险金标准确定。据统计，2009年“五缓四减三补贴”政策共减轻企业负担410亿元，其中涉及失业保险资金近200亿元，失业保险费缓减120亿元，用于支付社会保险补贴和岗位补贴为80亿元[③]。

2009年东部7省（市）扩大失业保险基金支出范围试点期限3年过去后，为进一步发挥失业保险基金预防失业、促进就业的作用，人力资源和社会保障部联合财政部下发了《关于延长东部7省（市）扩大失业保险基金支出范围试点政策有关问题的通知》（人社发〔2009〕97号），要求试点地区努力提高失业保险基金统筹层次，继

① 《关于进一步做好减轻企业负担稳定就业局势有关工作的通知》（人社部发〔2009〕175号），2009年12月16日，参见 http://www.chinatax.gov.cn/n810341/n810765/n812166/n812602/c1086442/content.html。

② 孟颖颖、李慧丽：《改革开放以来我国失业保险制度的政策回顾与述评》，《社会保障研究》2015年第5期，第78页。

③ 聂爱霞：《中国失业保险制度与再就业问题研究》，中国社会科学出版社2014年版，第73页。

续完善省级调剂金制度，加大省级调剂金筹集和调剂使用力度①。以上措施有助于在更大的统筹范围内，发挥失业保险基金应对失业风险和调剂使用的作用。

2012年，人力资源和社会保障部、财政部又出台了《关于东部7省（市）扩大失业保险基金支出范围试点有关问题的通知》（人社部发〔2012〕32号），明确了失业保险基金促进就业的支出项目包括职业培训补贴、职业介绍补贴、职业技能鉴定补贴、社会保险补贴、岗位补贴、小额贷款担保基金、小额贷款担保贴息；要进一步完善失业保险费率动态调整机制，适当降低失业保险费率，减轻企业负担；明确将2011年年底到期的东部7省（市）扩大失业保险基金支出范围试点政策延长至修订的《失业保险条例》正式实施之日②。人社部发〔2012〕32号文件相较于劳社部发〔2006〕5号文件，增加了职业技能鉴定补贴和小额贷款担保基金两类支出。

值得注意的是，人社部发〔2012〕32号文件规定失业保险基金促进就业的支出项目包括职业培训补贴、职业介绍补贴、职业技能鉴定补贴、社会保险补贴、岗位补贴、小额贷款担保基金、小额贷款担保贴息七项。2011年财政部、人力资源和社会保障部印发的《关于进一步加强就业专项资金管理有关问题的通知》（财社〔2011〕64号）规定的就业专项支出项目包括职业介绍补贴、职业培训补贴、职业技能鉴定补贴、社会保险补贴、公益性岗位补贴、就业见习补贴、

---

① 《关于延长东部7省（市）扩大失业保险基金支出范围试点政策有关问题的通知》，2014年7月17日，参见 http：//www.mohrss.gov.cn/gkml/xxgk/201407/t20140717_136167.htm。

② 《人社部关于东部7省（市）扩大失业保险基金支出范围试点有关问题的通知》（人社部发〔2012〕32号），参见 http：//www.87188718.com/8718-utils-Content-166-61541-811.html。

特定就业政策补助、扶持公共就业服务、小额贷款担保基金和小额担保贷款贴息共十项。从名称上看，两项资金在使用上高度重合。就业专项资金和失业保险基金性质是不同的。前者来源于财政转移支付，后者来源于企业与职工的缴费。失业保险基金可以用于预防失业、促进就业的工作，但是要体现权利和义务的相对对等原则。因此，需要明确就业专项资金和失业保险基金促进就业支出项目的职能分工。

2017年11月人力资源和社会保障部公布的《失业保险条例（修订草案征求意见稿）》进一步明确失业保险基金用于下列支出：（1）失业保险金；（2）领取失业保险金期间失业人员应当缴纳的基本养老保险费和基本医疗保险费；（3）技能提升补贴；（4）在上年失业保险基金滚存结余具备12个月以上支付能力的统筹地区，失业人员领取失业保险金期间可以享受职业培训补贴、职业技能鉴定补贴、创业补贴；（5）领取失业保险金期间死亡的失业人员的丧葬补助金和其供养的配偶、直系亲属的抚恤金；（6）稳定岗位补贴；（7）国务院规定或者批准的与失业保险有关的其他费用。① 根据此征求意见稿，失业保险基金的支出范围作了一定调整，主要体现在以下方面：一是保留了失业保险金、丧葬补助金和抚恤金、职业培训补贴；二是取消了职业介绍补贴，将职业介绍补贴归并到公共就业服务支出中；三是将医疗补助金调整为代缴医疗保险费；四是增加了代缴养老保险费、技能提升补贴、稳定岗位补贴、职业技能鉴定补贴和创业补贴。

① 《人力资源社会保障部关于〈失业保险条例（修订草案征求意见稿）〉公开征求意见的通知》，2017年11月10日，参见 http://www.mohrss.gov.cn/SYrlzyhshbzb/zcfg/SYzhengqiuyijian/zq_ fgs/201711/t20171110_ 281451.html。

以上一系列政策文件的出台实施，调整和规范了失业保险基金支出范围，实现了失业保险制度功能从“保生活、促就业”向“保生活、防失业、促就业”的转变，而且每个功能领域的内容更加丰富。

首先，在保障失业者基本生活方面，除了保留失业保险金、丧葬补助金和抚恤金之外，规定了失业保险基金可以用于代缴失业人员的基本养老保险费和基本医疗保险费，这对于保障失业者领取失业保险金期间的医疗需求和退休之后的养老需求具有重要意义。

其次，在预防失业方面，新增加了技能提升补贴和稳岗补贴，其中技能提升补贴针对参加失业保险的职工，稳岗补贴针对参保企业。这两项制度对于发挥失业保险制度预防失业的功能具有积极意义。

技能提升补贴是自2017年开始实行的一项新政策。2017年4月国务院发布《关于做好当前和今后一段时期就业创业工作的意见》（国发〔2017〕28号），规定“依法参加失业保险3年以上、当年取得职业资格证书或职业技能等级证书的企业职工，可申请参保职工技能提升补贴，所需资金按规定从失业保险基金中列支”①。2017年5月，人力资源和社会保障部、财政部发布《关于失业保险支持参保职工提升职业技能有关问题的通知》（人社部发〔2017〕40号），规定：“技能提升补贴的标准由省级人力资源社会保障部门、财政部门根据本地失业保险基金运行情况、职业技能培训、鉴定收费标准等因素综合确定，并适时调整。补贴标准应根据取得职业资格证书或职业技能

① 《国务院关于做好当前和今后一段时期就业创业工作的意见》（国发〔2017〕28号），2017年4月19日，参见 http://www.gov.cn/zhengce/content/2017-04/19/content_5187179.htm。

等级证书有所区别。职工取得初级（五级）职业资格证书或职业技能等级证书的，补贴标准一般不超过1000元；职工取得中级（四级）职业资格证书或职业技能等级证书的，补贴标准一般不超过1500元；职工取得高级（三级）职业资格证书或职业技能等级证书的，补贴标准一般不超过2000元。各省（自治区、直辖市）可根据本地产业发展方向和人力资源市场需求，研究制定本地区紧缺急需的职业（工种）目录。技能提升补贴标准可向地区紧缺急需职业（工种）予以倾斜。”① 技能提升补贴有助于激励失业保险参保职工学习职业技能、提高职业竞争力、降低失业风险。

稳岗补贴是指对采取有效措施不裁员、少裁员，稳定就业岗位的企业，由失业保险基金给予的稳定岗位补贴。2014年11月，人力资源和社会保障部、财政部、发展和改革委员会、工业和信息化部联合发布《关于失业保险支持企业稳定岗位有关问题的通知》（人社部发〔2014〕76号），失业保险基金滚存结余具备一年以上支付能力和失业保险基金使用管理规范的地区，对采取有效措施不裁员、少裁员和稳定就业岗位的实施兼并重组企业、化解产能过剩企业、淘汰落后产能企业这三类企业给予“稳岗补贴”，“稳岗补贴”主要用于职工生活补助、交纳社会保险费、转岗培训、技能提升培训等相关支出，该政策执行到2020年年底②。2014年11月，根据党的十八届三中全会关于增强失业保险制度预防失业促进就业功能的精神，经国务院批

① 《人力资源社会保障部财政部关于失业保险支持参保职工提升职业技能有关问题的通知》（人社部发〔2017〕40号），2017年5月18日，参见http：//www.mohrss.gov.cn/SYrlzyhshbzb/shehuibaozhang/zcwj/shiye/201705/t20170518_271006.html。

② 《关于失业保险支持企业稳定岗位有关问题的通知》（人社部发〔2014〕76号），2014年11月17日，参见http：//www.mohrss.gov.cn/sybxs/SYBXSzhengcewenjian/201411/t20141117_144453.htm.

准，人力资源和社会保障部会同财政部、发改委、工信部印发了《关于失业保险支持企业稳定岗位有关问题的通知》（人社部发〔2014〕76号），对在兼并重组、化解产能过剩、淘汰落后产能中采取措施稳定职工队伍的企业，由失业保险基金给予稳岗补贴，补贴标准为不超过本企业及其职工上年度实际交纳失业保险费的50%，享受条件主要是企业依法参保并且上年度未裁员或裁员率低于统筹地区（当地）城镇登记失业率。2015年4月，国务院印发了《国务院关于进一步做好新形势下就业创业工作的意见》（国发〔2015〕23号），要求将失业保险支持企业稳岗补贴政策实施范围由兼并重组企业、化解产能过剩企业、淘汰落后产能企业这三类企业扩大到所有符合条件的企业。在经济下行压力增大、企业面临转型升级，职工失业风险加大的情况下，发挥了失业保险预防失业、稳定就业岗位的政策导向作用。

再次，在促进就业方面，保留了职业培训补贴，新增失业人员职业技能鉴定补贴和创业补贴。加强职业培训、提升职业技能和鼓励创业是促进就业的几项重要举措，扩大失业保险基金在这几方面的支出，有助于解决就业问题。

2008年以来，我国失业保险基金支出规模不断增加，基金总支出由253.5亿元增加至2016年的976.1亿元，其中保生活支出由157.5亿元增加至2016年的421.6亿元；防失业促就业支出由96亿元增加至554.5亿元（详见表8-5）。我国失业保险基金支出结构不断调整，保生活支出占比由2008年的62.1%降至2016年的43.2，预防失业和促进就业支出占比由2008年的37.9%上升至2016年的56.8%，超过失业保险基金总支出的一半。同时各省份也扩大失业保险基金支出范围，发挥失业保险制度预防失业和促进再就业的功能。

例如，2006—2014 年北京市失业保险基金促就业支出占同期失业保险基金支出的比例由 18%提高到 82%，该比例在浙江省由 25.6%上升到 57.2%①。

**表 8-5　2008—2016 年失业保险基金支出情况**

| 年　份 | 总支出（亿元） | 保障生活支出 | | 防失业、促就业支出 | |
|---|---|---|---|---|---|
| | | 金额（亿元） | 比　重 | 金额（亿元） | 比　重 |
| 2008 | 253.5 | 157.5 | 62.1% | 96.0 | 37.9% |
| 2009 | 366.8 | 165.1 | 45.0% | 201.7 | 55.0% |
| 2010 | 423.3 | 160.0 | 37.8% | 263.3 | 62.2% |
| 2011 | 432.8 | 191.0 | 44.1% | 241.8 | 55.9% |
| 2012 | 450.6 | 234.7 | 52.1% | 215.9 | 47.9% |
| 2013 | 531.6 | 266.7 | 50.2% | 264.9 | 49.8% |
| 2014 | 614.7 | 309.2 | 50.3% | 305.5 | 49.7% |
| 2015 | 736.4 | 362.0 | 49.2% | 374.4 | 50.8% |
| 2016 | 976.1 | 421.6 | 43.2% | 554.5 | 56.8% |

资料来源：田大洲、梁敏：《积极的失业保险政策研究：理念与实践探索》，《中国劳动》2018 年第 7 期，第 10 页。

① 米海杰、汪泽英、费平、李常印：《扩大失业保险基金支出范围问题研究》，《中国劳动》2016 年第 14 期，第 53 页。

# 第九章 结论与政策建议

本研究以中国失业保险制度为研究对象，以失业保险基金管理为研究视角，以失业保险基金收支为研究主线，分析影响中国失业保险基金收支的重大问题。本研究重点从失业保险覆盖面、失业保险筹资方式、失业保险金给付标准和失业保险金给付期限等方面提出优化中国失业保险制度设计和提高失业保险基金运行效率的对策建议。

1. 扩大失业保险覆盖面，提高失业保险参保率

目前中国失业保险参保率低，且覆盖人群失衡：一半以上的城镇就业人员没有参加失业保险制度，且参加失业保险的人群集中在失业风险较小的国有企业和其他大型企业以及事业单位职工，而失业风险较大的农民工等非正规就业群体的失业保险参保率较低。此外，城市化进程中产生的大量失地农民面临着较大的失地又失业风险，亟须失业保险制度提供制度化的保障。

将失地农民纳入失业保险制度体系，一方面可以扩大失业保险制度覆盖面，扩充失业保险基金来源；另一方面通过发放失业保险金的方式保障农民失地又失业时的基本生活，可以提升失业保险基金的使用效率。

2. 完善相应配套措施，改革失业保险统一费率制度

失业保险统一费率制度和失业保险覆盖人群失衡是中国失业保险基金累积结余过大的重要原因。失业率较低的国有企业和其他大型企

业以及事业单位职工占失业保险参保人数的比重大，其按失业保险统一费率交纳的失业保险费是失业保险基金的重要来源，而该部分人群极少领取失业保险金，使得失业保险缴费群体和受益群体不匹配，失业保险基金累积结余不断增长。在中国失业保险基金累积结余量过大，就业压力较大的背景下，部分地区试点下调失业保险费率，但是缺乏科学的失业保险费率调整机制，盲目下调失业保险费率的改革实践将影响到失业保险基金的财务可持续性。

与失业风险关联的失业保险经验税率制度能在一定程度上规避失业保险统一费率制度带来的参保负激励问题，同时能够实现失业保险税率的自动化调整。在中国实行失业保险经验税率制度有待建立和完善一系列配套措施，如建立对中国各行业的失业率的动态调查统计，完善我国各用人单位及其职工失业保险缴费、失业保险金申请、失业保险金发放等各环节的信息库建设和管理，规范失业保险经验费率计算方法，确定合理的失业保险费率调整上下限。

失业保险经验税率的实施将降低失业风险较低的国有企业和其他大型企业、事业单位及其职工的失业保险费率，由此减少该部分群体的失业保险缴费。相比而言，由于非正规就业人群面临的失业风险更大，其用人单位和非正规就业人群自身将面临更高的失业保险费率，实施失业保险经验税率制度可能会影响失业保险制度扩面的顺利推进。因此，需要进一步加强对失业保险扩面工作中的监督和管理，强制用人单位和职工交纳失业保险费。

3. 采用薪资比例法确定失业保险金给付标准，并科学测算替代率水平

中国绝大部分省份参照城镇最低生活保障标准或城镇最低工资标准确定的失业保险金给付标准过低。2013 年全国月平均失业保险金

仅占在岗职工月平均工资的17.9%，仅占当年全国城镇居民月人均可支配收入的33.9 %。这表明，中国失业保险金平均水平过低，将失业保险金全部用来消费，也不足城镇居民人均可支配收入的一半。

本研究建议采用薪资比例法确定失业保险金给付标准，同时运用扩展线性支出系统（ELES）模型测算失业保险金基准替代率。由于缺乏失业者生活消费支出的统计数据，本研究以城镇居民的基本生活消费支出近似估测城镇失业者的基本生活消费支出，测算结果表明城镇居民基本生活消费支出占工资性收入的比重基本维持在40%左右，考虑就业者负担人数和家庭规模经济效应时，就业者及其负担者的总生活消费支出占人均工资性收入的比重为55.3%。

4. 将平均失业持续时间作为确定失业保险金给付期限的重要依据，并建立与失业率关联的失业保险金给付期限调整机制

失业保险金给付期限的设置既要考虑为失业者提供足够长时间以寻找工作，同时要尽量降低过长失业保险金给付期限带来的就业负激励效应。科学合理的失业保险金给付期限应该与平均失业持续时间相关联。此外，建立与失业率关联的失业保险金给付期限调整机制，随着经济周期变动对失业保险金给付期限进行调整，有助于调节经济繁荣时期和经济危机时期的失业保险基金收入和支出，实现失业保险基金的动态平衡，提高失业保险基金的使用效率。中国建立随失业变动调整失业保险金给付期限的机制，需要建立与失业率关联的失业保险金给付期限调整机制、建立兼顾全国失业率和省级失业率的延长给付期限的启动机制、建立全国性的失业保险应急基金。

5. 完善中国失业及失业保险相关的统计调查数据库建设

由于受中国失业统计数据以及失业保险制度相关数据所限，本研究难以准确全面地分析中国目前的失业状况以及中国失业保险基金现

状，只能通过现有数据进行相应估测，如对中国失业保险参保率、失业保险受益率、失业保险金给付标准的基准替代率的估测。此外，本研究分析了根据失业持续时间确定失业保险给付期限的合理性，但是关于失业持续时间的统计数据尚缺。因此，失业及失业保险相关统计指标和统计数据的完善，直接关系到对中国失业保险制度效果和失业保险基金财务状况的客观科学评价。尽快建立和完善全国的劳动力抽样调查体系，建立专业队伍，完善方法制度，建立失业者的基本数据库，同时完善失业保险相关数据库建设，以动态监测和评估失业保险以及失业保险基金实施效果。

# 参考文献

## 一、英文部分

### 1. 专著

［1］ Becker, M. J. , *Experience Rating in Unemployment Insurance: An Experiment in Competitive Socialism*, Baltimore: The Johns Hopkins University Press, 1972.

［2］ Becker, M. J. , *Problem of Abuse in Unemployment Benefits: A Study in Limits*, New York: Columbia University Press, 1953.

［3］ Becker, M. J., *Unemployment Insurance Financing: An Evaluation*, Washington, D. C. : American Enterprise Institute for Public Policy Research, 1981.

［4］ Blaustein, S. J., *Job and Income Security for Unemployed Workers: Some New Directions*, Kalamazoo: W. E. Upjohn Institute for Employment Research, 1981.

［5］ Blaustein, S. J., *Unemployment Insurance in the United States: The First Half Century*, Kalamazoo: W. E. Upjohn Institute for Employment Research, 1993.

［6］ Burgess, P. L., *Incentives Approach to Improving the Unemployment Compensation System*, Kalamazoo: W. E. Upjohn Institute for Employment Research, 1987.

[7] Card, D. E., *Unemployment Insurance Taxes and the Cyclical Properties of Employment and Unemployment*, Princeton, N. J.: Industrial Relations Section, Princeton University, 1991.

[8] Cohen, J. W., *Unemployment Insurance and Agricultural Labor in Great Britain*, Washington: Committee on Social Security, Social Science Research Council, 1940.

[9] Haber, W., Merrill, M., *Unemployment Insurance in the American Economy*, Homewood: Richard D. Irwin, Inc, 1966.

[10] Hansen, W. L., Byers, F. J., *Unemployment Insurance: The Second Half Century*, Madison: The University of Wisconsin Press, 1990.

[11] Industrial Relations Counselors Inc., *A Historical Basis of Unemployment Insurance*, Minneapolis: the University of Minnesota Press, 1934.

[12] Mackin, P. J., *Benefit Financing in Unemployment Insurance: A Problem of Balancing Responsibilities*, Kalamazoo: W. E. Upjohn Institute for Employment Research, 1978.

[13] O'Leary, J. C., Wandner, A. S., *Unemployment Insurance in the United States: Analysis of Policy Issues*, Kalamazoo: W. E. UPJOHN Institute for Employment Research, 1997.

[14] O'Leary, C. J., *Personal Reemployment Accounts: Simulations for Planning Implementation*, Kalamazoo: W. E. Upjohn Institute for Employment Research, 2004.

[15] Rubinow, I. M., *Social Insurance with Special Reference to American Condition*, New York: Henry Holt and Company, 1913.

[16] Ruggles, P., *Drawing the Line: Alternative Poverty Measures*

*and Their Implications for Public Policy*, Washington, D. C.: The Urban Institute Press, 1990.

[17] U. S. Advisory Council on Unemployment Compensation, *Unemployment Insurance in the United States, Benefits, Financing, and Coverage: A Report to the President and Congress*, Kalamazoo: W. E. UPJOHN Institute for Employment Research, 1995.

[18] U. S. Dept. of Labor, *Extended UI Benefit Triggers*, Washington, D. C.: U. S. Dept. of Labor, Employment and Training Administration, 1994.

[19] Vroman, W., *The Funding Crisis in State Unemployment Insurance*, Michigan: The Urban Institute, 1986.

[20] Vroman, W., *Low benefit Recipiency in State Unemployment Insurance Programs*, Washington, D. C.: Urban Institute, 2002.

[21] Vroman, W., *Unemployment Compensation Throughout the World: A Comparative Analysis*, Kalamazoo: W. E. Upjohn Institute for Employment Research, 2005.

[22] Vroman, W., *Unemployment Insurance, Welfare and Federal-State Fiscal Interrelations: Final Report*, Washington, D. C.: U. S. Dept. of Labor, Employment and Training Administration, Unemployment Insurance Service, 1997.

[23] Yoo, K., Chang, J. (Editor), *Active Labor Market Polices and Unemployment Insurance in Selected Countries*, Seoul: Korea Labor Institute, 2002.

2. 连续出版物

[24] Anderson, P. M., Meyer, D. B., "The Unemployment In-

surance Payroll Tax and Interindustry and Interfirm Subsidies", In *Tax Policy and the Economy*, Poterba James, M. (ed.), Cambridge: MIT Press, 1993.

[25] Atkinson, B. A., Micklewright, J., "Unemployment Compensation and Labor Market Transitions: a Critical Review", *Journal of Economic Review*, 1991.

[26] Baily, M. N., "Unemployment-Insurance as Insurance for Workers", *Industrial & Labor Relations Review*, Vol. 30, No. 4, 1977.

[27] Blank, R. M., Card, D., "Recent Trends in Insured and Uninsured Unemployment: Is There an Explanation?", *The Quarterly Journal of Economics*, Vol. 106, No. 4, 1991.

[28] Browning, M., Thomas, C., "Unemployment Insurance Benefit Levels and Consumption Changes", *Journal of Public Economics*, Vol. 80, 2001.

[29] Browning, M., Crossley, T. F., "Unemployment Insurance Benefit Levels and Consumption Changes", *Journal of Public Economics*, Vol. 80, No. 1, 2001.

[30] Burdett, K., Wright, R., "Optimal Firm Size, Taxes and Unemployment", *Journal of Public Economics*, Vol. 39, 1989.

[31] Card, D., Levine, P. B., "Unemployment Insurance Taxes and the Cyclical and Seasonal Properties of Unemployment", *Journal of Public Economics*, Vol. 53, No. 1, 1994.

[32] Chetty, R., "Moral Hazard VersusLiquidity and Optimal Unemployment Insurance", *Journal of Political Economy*, Vol. 116, No. 2, 2008.

[33] Coulter, F. A. S. , F. A. Cowell, and S. B. Jenkins, "Equivalent Scale Relativities and the Extent of Inequality and Poverty", *The Economic Journal*, Vol. 102, 1992.

[34] Di Tella, R. , MacCulloch, J. R. , "The Determination of Unemployment Benefits", *Journal of Labor Economics*, Vol. 20, No. 2, 2002.

[35] Elterich, J. , Bieker, R. , "Cost Rates of Extending Unemployment Insurance to Agriculture", *American Journal of Agricultural Economics*, Vol. 57, No. 2, 1975.

[36] Fath, J. , Fuest, C. , "Unemployment Insurance and the Rate of Re-employment of Displaced Workers", *The Review of Economics and Statistics*, Vol. 6, No. 4 , 2005.

[37] Feldstein, M. , "Temporary Layoffs in the Theory of Unemployment", *Journal ofPoliticalEconomy*, Vol. 84, No. 5, 1976.

[38] Flemming, J. S., "Aspects of Optimal Unemployment Insurance: Search, Leisure, Savings and Capital-Market mperfections", *Journal of Public Economics*, Vol. 10, No. 3, 1978.

[39] Forster, M., "Measure of Low Incomes and Poverty in a Perspective of International Comparisons", Labor Market and Social Policy Occasional Paper No. 14, OECD, Paris, 1990.

[40] Gary, S., "Labor Supply Effects of Extended Unemployment Benefits", *Journal of Human Resources*, Vol. 14, 1979.

[41] Gruber, J. , "The Consumption Smoothing Benefits of Unemployment Insurance", *American Economic Review*, Vol. 87, 1997.

[42] Gruber, J. , Wise, D. , "Social Security and Retirement: An

International Comparison ", *American Economic Review*, Vol. 88, No. 2, 1998.

[43] Hairault, J. O., Langot, F., Menard, S., et al., "Optimal Unemployment Insurance for Older Workers", *Journal of Public Economics*, Vol. 96, No. 3, 2012.

[44] Ham, C. J., Rea, A. S., "Unemployment Insurance and Male Unemployment Duration in Canada", *Journal of Labor Economics*, 1987.

[45] Jeremy, S., "Do Temporary Extensions to Unemployment Insurance Benefits Matter? The effects of the US Standby Extended Benefit Program", *Applied Economics*, No. 9, 2003.

[46] Katz, L., Meyer, B., "Unemployment Insurance, Recall Expectations and Unemployment Outcomes ", *Quarterly Journal of Economics*, 1990.

[47] Lluch, C., "The Extended Linear Expenditure System", *European Economic Review*, Vol. 4, 1973.

[48] Meyer, B., " Unemployment Insurance and Unemployment Spells", *Econometrica*, No. 4, 1990.

[49] McCall, Brian, P., "The Impact of Unemployment Insurance Benefit Levels on Recipiency", *Journal of Business & Economic Statistics*, Vol. 13, No. 2, 1995.

[50] Moffitt, R., Nicholson, W., "The Effect of Unemployment Insurance on Unemployment: The Case of FederalSupplemental Benefits", *The Review of Economics and Statistics*, Vol. 64, No. 1, 1982.

[51] Shavell, S., Weiss, L., "The Optimal Payment of Unemployment Insurance Benefits over Time", *Journal of Political Economy*,

No. 6, 1979.

[52] Smith, D. L., Wenger, J. B., "State Unemployment Insurance Trust Solvency and Benefit Generosity", *Journal of Policy Analysis and Management*, Vol. 32, No. 3, 2013.

[53] Stone, A. R., "Linear Expenditure Systems and Demand Analysis: An Application to the British Demand", *Economic Journal*, Vol. 64, 1954.

[54] Wayne, V., Brusentsev V., "Replacement Rates and UC Benefit Generosity", Institute for the Study of Labor - Fondazione Rodolfo DeBenedetti (IZA - fRDB) workshop in Bonn, Germany, 2007.

3. 电子文献

[55] Alaska Unemployment Insurance Tax System, "The Unemployment Tax Calculation Cookbook", http://labor.alaska.gov/research/uiprog/Tax_Cookbook.pdf.

[56] Burtless, G. T., "Trends in the Structure of the Labor Market and Unemployment: Implications for US Unemployment Insurance", IMPAQ International, 2009, http://wdr.doleta.gov/research/FullText_Documents/Trends%20in%20the%20Structure%20of%20the%20Labor%20Market%20and%20Unemployment%20-%20Implications%20for%20U.S.%20Unemployment%20Insurance.pdf.

[57] "Comparison of State Unemployment Insurance Laws", http://www.oui.doleta.gov/unemploy/comparison2014.asp

[58] Congressional Budget Office, "Family Income of Unemployment Insurance Recipients", 2004 March, http://www.cbo.gov/publication/15338.

[59] "Current Employer UI Contribution Rates", http://www.labor.ny.gov/ui/bpta/contribution-rates.shtm.

[60] "Delaware State Tax Information", http://www.payroll-taxes.com/state-tax/delaware.

[61] "Experience Rating Contribution Rates", https://labor.ny.gov/formsdocs/ui/IA318.12.pdf.

[62] James Wilson., "Alaska's Unemployment Insurance", http://laborstats.alaska.gov/trends/Dec05art2.pdf.

[63] "Employment Insurance in Canada: History, Structure and Issues", http://www.mapleleafweb.com/features/employment-insurance-canada-history-structure-and-issues.html.

[64] Michelacci, C., Ruffo, H., "Optimal Life Cycle Unemployment Insurance", http://www.cemfi.es/~michela/.

[65] Rothstein, J., "Unemployment Insurance and Job Search in the Great Recession", NBER Working Paper 17534, 2011. http://www.nber.org/papers/w17534.

[66] "Social Security Programs Throughout the World: Asia and the Pacific, 2012", http://www.ssa.gov/policy/docs/progdesc/ssptw/.

[67] "Social Security Programs Throughout the World: Europe, 2014", http://www.ssa.gov/policy/docs/progdesc/ssptw/.

[68] The United States Government Printing Office, "2012 Economic Report of the President", http://www.gpo.gov/fdsys/pkg/ERP-2012/content-detail.html.

[69] "Unemployment Insurance Tax Rates", http://www.twc.state.tx.us/ui/tax/your-tax-rates.html.

[70] Viprey, M., "Canada From Unemployment Insurance to Employment Insurance: the Disengagement of the State", http://www.etui.org/content/download/21687/181092/file/.

[71] Wayne, V., Wenger, J., Woodbury, S. A., "Extended Unemployment Benefits. Employment Research", http://research.upjohn.org/empl_ research/vol10/iss2/2.

[72] Woodbury, S. A., Rubin, M., "The Duration of Benefits", In *Unemployment Insurance in the United States: Analysis of Policy Issues*, Christopher J. O'Leary, and Stephen A. Wandner (eds.), Kalamazoo: W. E. Upjohn Institute for Employment Research, 1997. http://research.upjohn.org/up_ bookchapters/534.

[73] Wu J., "Unemployment-Related Benefits System in the United Kingdom", www.legco.gov.hk/yr99-00/english/sec/library/e15.pdf.

## 二、中文部分

### 1. 专著

[74] 安立仁：《中国经济增长与失业问题研究》，中国经济出版社 2011 年版。

[75] 陈乐一：《我国经济周期阶段与持续繁荣》，人民出版社 2007 年版。

[76] 邓大松：《失业对策论》，中国劳动社会保障出版社 2002 年版。

[77] 丁建定：《科学技术进步与就业问题：20 世纪主要西方国家的就业与失业保障》，中国劳动社会保障出版社 2007 年版。

[78] 董克用、刘昕：《劳动经济学》，中国人民大学出版社 2011

年版。

［79］冯英、杨慧源：《外国的失业保障》，北京中国社会出版社2008年版。

［80］国务院研究室课题组：《中国农民工调研报告》，中国言实出版社2006年版。

［81］胡鞍钢：《扩大就业与挑战失业：中国就业政策评估：1949—2001年》，中国劳动社会保障出版社2002年版。

［82］胡晓义：《走向和谐：中国社会保障发展60年》，中国劳动社会保障出版社2009年版。

［83］凯恩斯：《就业利息与货币通论》，商务印书馆1963年版。

［84］［美］坎贝尔·R. 麦克南、［美］斯坦利·L. 布鲁、［美］大卫·A. 麦克菲逊：《当代劳动经济学》，人民邮电出版社2004年版。

［85］李腊云、王全兴：《我国失地农民权益保障研究》，载杨紫煊主编：《经济法研究（第四卷）》，北京大学出版社2005年版。

［86］李实：《经济转型的代价：中国城市失业、贫困、收入差距的经验分析》，中国财政经济出版社2004年版。

［87］李元春：《国外失业保险的历史与改革路径：政治经济学视角》，中国财政经济出版社2011年版。

［88］李珍：《社会保障理论（第三版）》，中国劳动社会保障出版社2013年版。

［89］林义：《社会保险》，中国金融出版社2003年版。

［90］吕学静：《各国失业保险与再就业》，经济管理出版社2000年版。

［91］穆怀中：《国民财富与社会保障收入再分配》，中国劳动社

会保障出版社 2003 年版。

［92］聂爱霞：《中国失业保险制度与再就业问题研究》，中国社会科学出版社 2014 年版。

［93］［美］乔治·鲍哈斯：《劳动经济学》，夏业良译，中国人民大学出版社 2010 年版。

［94］史柏年：《社会保障概论》，高等教育出版社 2012 年版。

［95］孙光德、董克用：《社会保障概论（第五版）》，中国人民大学出版社 2015 年版。

［96］杨伟国：《劳动经济学》，东北财经大学出版社 2013 年版。

［97］杨伟明、罗桂芬：《失业保险》，中国人民大学出版社 2000 年版。

［98］杨艳琳：《失业高峰问题研究》，科学出版社 2011 年版。

［99］杨宜勇：《就业理论与失业治理》，中国经济出版社 2000 年版。

［100］殷俊：《社会保障基金管理新论》，武汉大学出版社 2007 年版。

［101］袁志刚：《失业经济学》，格致出版社、上海三联书店、上海人民出版社 2014 年版。

［102］曾湘泉：《面向市场的中国就业与失业测量研究》，中国人民大学出版社 2006 年版。

2. 连续出版物

［103］蔡昉：《论就业在社会经济发展政策中的优先地位》，《中国人口科学》2003 年第 3 期。

［104］别朝霞：《西方失业保险理论：评述与启示》，《江西财经大学学报》2007 年第 2 期。

[105] 别朝霞:《最优失业保险理论述评》,《经济学动态》2008年第8期。

[106] 陈丰元:《失业保险基金大量结余问题分析》,《河南社会科学》2011年第3期。

[107] 陈世金、李佳:《我国失业保险金待遇调整探索——以河北省为例》,《人口与经济》2011年第4期。

[108] 丁煜:《完善我国失业保险制度的政策研究——以促进就业为导向》,《经济理论与经济管理》2008年第2期。

[109] 丁煜:《我国失业保险制度的演变、评估与发展建议》,《中国软科学》2005年第4期。

[110] 杜凤莲、鲍煜虹:《搜寻理论、失业救济金与中国城镇人口失业持续时间》,《经济理论与经济管理》2006年第3期。

[111] 段美枝:《构建我国大学生就业导向型失业保险制度研究》,《中国劳动关系学院学报》2014年第1期。

[112] 樊晓燕:《农民工失业保险需求影响因素研究——基于深圳市农民工调查的分析》,《西北人口》2010年第3期。

[113] 范围:《我国失业保险法律制度的问题及其完善——从〈失业保险条例〉到〈社会保险法(草案)〉》,《人口与经济》2010年第5期。

[114] 费平:《国外实施失业保险浮动费率的研究》,《中国劳动》2015年第1期。

[115] 高和荣、杜选:《我国农民工失业保险模式比较与选择——基于福建、江苏、广东三地的数据》,《中国人力资源开发》2014年第1期。

[116] 高和荣、廖小航:《我国失业保险制度的实施与普遍整

合》,《西北人口》2012 年第 1 期。

［117］苟兴朝:《我国失业保险制度的反经济周期功能研究》,《求实》2015 年第 8 期。

［118］顾昕:《通向普遍主义的艰难之路:中国城镇失业保险制度的覆盖面分析》,《东岳论丛》2006 年第 3 期。

［119］桂桢:《失业保险助力化解产能》,《中国人力资源社会保障》2016 年第 6 期。

［120］桂桢:《适应经济社会发展〈失业保险条例〉修订在即》,《中国人力资源社会保障》2016 年第 6 期。

［121］韩伟、徐蕾等:《农民工失业保险制度研究》,《中国软科学》2010 年第 8 期.

［122］韩伟、朱晓玲:《农民工对失业保险的潜在需求研究——基于河北省的社会调查》,《人口学刊》2011 年第 1 期。

［123］何灵、郭士征:《完善失业保险制度应对国际金融危机冲击——以上海市失业保险制度为例》,《经济纵横》2010 年第 3 期。

［124］胡舒、潘峰:《大学生失业保险制度建设初探》,《当代经济》2008 年第 3 期。

［125］纪韶:《失业保险基金收支平衡问题》,《中国人民大学学报》1999 年第 5 期。

［126］乐章、陈璇:《并轨过程中失业保险基金的支撑能力研究》,《中国人口科学》2002 年第 5 期。

［127］黎大有、张荣芳:《从失业保险到就业保险——中国失业保险制度改革的新路径》,《中南民族大学学报（人文社会科学版）》2015 年第 2 期。

［128］栗燕杰:《去产能背景下的失业保险制度改革契机》,《中

国人力资源社会保障》2016 年第 6 期。

［129］李通、刘慧侠、史蓉娟：《中国大学生失业保险的需求与供给研究》，《西北大学学报（哲学社会科学版）》2010 年第 6 期。

［130］李颖：《促进就业视角下的失业保险基金支出调整研究》，《市场周刊（理论研究）》2016 年第 7 期。

［131］李元春：《美国失业保险税对我国的启示》，《税务与经济》2008 年第 5 期。

［132］李珍、王海东：《完善失业保险之微观保障及宏观管理功能研究——基于金融危机的启示》，《保险研究》2010 年第 2 期。

［133］梁书毓、薛惠元：《费率降低背景下失业保险保障水平的确定——基于基金平衡的视角》，《西北人口》2016 年第 1 期。

［134］吕学静、牛博杰：《经济“新常态”失业保险应着力促进就业》，《中国人力资源社会保障》2015 年第 7 期。

［135］罗立满：《大学生就业问题与大学生失业保险制度的构建》，《闽南师范大学学报（哲学社会科学版）》2016 年第 2 期。

［136］柳清瑞、于婷婷：《中国失业保险支出水平的测度模型与实证分析》，《社会保障研究》2009 年第 1 期。

［137］吕学静：《探析中国失业保险基金面临的问题与对策》，《北京市经济管理干部学院学报》2001 年第 1 期。

［138］吕学静：《我国失业保险制度功能的改革与优化》，《中国社会保障》2010 年第 9 期。

［139］吕学静：《中国失业保险的稳定就业促进就业政策——从临时措施到长效机制的思考》，《社会保障研究》2010 年第 6 期。

［140］马驰骋、王元月、李然等：《失业保险是否会造成长期失业？运用生存模型对青岛市失业者的经验研究》，《南方经济》2006

年第 1 期。

［141］孟颖颖、李慧丽：《改革开放以来我国失业保险制度的政策回顾与述评》，《社会保障研究》2015 年第 5 期。

［142］米海杰、汪泽英、费平、李常印：《扩大失业保险基金支出范围问题研究》，《中国劳动》2016 年第 14 期。

［143］聂爱霞：《失业保险对失业持续时间影响研究综述》，《人口与发展》2008 年第 3 期。

［144］彭璧玉：《论我国失业保险的费率制度创新》，《华南师范大学学报（社会科学版）》2000 年第 5 期。

［145］乔雪、陈济冬：《失业保险政策对隐性就业规模和社会产出的影响》，《世界经济》2011 年第 2 期。

［146］孙洁、高博：《我国失业保险制度存在的问题和改革的思路》，《西北师大学报（社会科学版）》2011 年第 1 期。

［147］谭金可：《从失业保险转向就业保险的加拿大经验与启示》，《财经问题研究》2016 年第 3 期。

［148］田大洲、梁敏：《积极的失业保险政策研究：理念与实践探索》，《中国劳动》2018 年第 7 期。

［149］田书格、张伯生：《我国流动就业人员失业保险模式研究与设计》，《经济问题探索》2007 年第 10 期。

［150］王国洪、杨翠迎：《我国失业保险金标准的空间差异与影响因素分析——省级面板数据的空间计量》，《现代财经（天津财经大学学报）》2015 年第 1 期。

［151］王乔、李春根等：《我国失业保险金标准比较分析及科学确定》，《财政研究》2013 年第 1 期。

［152］王元月、马驰骋：《失业保险给付期限差异下的失业持续

时间研究》，《中国管理科学》2005 年第 6 期。

［153］魏莉、张晓歌：《国外失业保险制度的经验借鉴》，《中国财政》2016 年第 20 期。

［154］杨斌、丁建定：《国外就业保障的发展及对中国的启示——以美国、英国和德国为例》，《理论月刊》2016 年第 5 期。

［155］杨翠迎、王国洪：《我国失业保险金标准影响因素研究》，《商业研究》2014 年第 4 期。

［156］杨艳琳、兰荣蓉：《我国就业结构变化与失业保险制度创新》，《华中师范大学学报（人文社会科学版）》2003 年第 2 期。

［157］杨伟国、李光耀、李欣：《瑞典失业保障政策：历史、现状与述评》，《教学与研究》2015 年第 1 期。

［158］殷俊、陈天红：《失地农民失业保险制度需求影响因素以及方案设计——基于武汉市城郊的调查数据》，《当代经济管理》2014 年第 8 期。

［159］张车伟：《失业率定义的国际比较及中国城镇失业率》，《世界经济》2003 年第 5 期。

［160］张思锋、马伟：《人口“乡—城”流动下城镇失业保险基金支出预测：以西安市为例》，《西北人口》2010 年第 4 期。

［161］张燕、王元月、车翼等：《失业保险支付序列的变化对促进就业的影响》，《人口与经济》2008 年第 1 期。

［162］张燕、王元月、刘振宇等：《失业保险递减支付与固定支付模式的比较研究》，《中国海洋大学学报（社会科学版）》2007 年第 2 期。

［163］张燕、王元月：《中国最优失业保险水平设计的经验研究》，《数量经济技术经济研究》2008 年第 6 期。

[164] 郑秉文:《供给侧:降费对社会保险结构性改革的意义》,《中国人口科学》2016 年第 3 期。

[165] 郑秉文、杨长汉:《我国失业保险基金增长的政策选择》,《中国社会保障》2010 年第 9 期。

[166] 郑秉文:《中国失业保险基金增长原因分析及其政策选择——从中外比较的角度兼论投资体制改革》,《经济社会体制比较》2010 年第 6 期。

[167] 郑新业、王晗:《失业保险金标准的决定因素》,《世界经济》2011 年第 2 期。

# 图表索引

# 后 记

时光荏苒，岁月如梭，转眼之间，距离博士毕业已近四载。时至今日，我有幸将博士论文付梓。在修改、完善书稿的过程中，武汉大学八年和康奈尔大学一年的求学时光又浮现在我眼前。回望用心走过的每一段路程，有过困惑与焦虑，更有感动与喜悦，收获颇多。

此书的出版，我首先要感谢我的导师殷俊教授，感谢他这一路来对我的教导和鼓励！犹记得当我站在本科毕业的十字路口时，我对未来的选择感到困惑与迷茫。于是，我怀着忐忑的心情开始了与殷老师的一席长谈。谈话间，他平易近人、谦和诚恳、学识渊博等诸多品质很快感染了我。在此后硕博连读的五年时间里，殷老师为我提供了诸多的学习和锻炼机会，让我不断突破自我，不断成长。他正直而诚恳的待人之风、睿智而严谨的治学之态、诲人不倦的师德品质，潜移默化中熏陶和影响着我。殷老师身体力行，言传身教，不仅教会了我求学之道，更教会了我为人处世之道，这些都是我收获的宝贵财富。我的博士论文的顺利完成，更是离不开殷老师的悉心指导。从论文方向和选题的确定、论文框架的构建、论文初稿的完成以及论文的最后定稿，殷老师都投入了大量的时间和精力。在博士论文写作过程中，我曾碰到诸多难题，有时候甚至有放弃这个选题的想法。每当此时，殷老师总能给予我及时而有效的学术指导，并引导我调整心态，重树信心。

与此同时，我要感谢美国康奈尔大学政策分析与管理系 Richard

Burkhauser 教授和美国养老金政策研究中心主任 John Turner 先生。2013 年 8 月至 2014 年 8 月我在康奈尔大学进行联合培养学习时，两位先生不仅给予我专业知识和科学研究上的教导和指点，同时给予我生活上极大的帮助。两位先生年近七旬，却精神抖擞，并投入大量的时间和精力从事科研工作，乐此不疲。他们求知若渴、求真务实、科学严谨、谦逊平和的态度和品质深深地打动了我，同时激励着我不断进步。

感谢我的父母！他们永远是我最坚实的后盾。他们给予我自由，尊重和支持我的每一个选择。他（她）们勤劳、善良、谦逊、进取，是我人生道路上的楷模和榜样。父母养育之恩，定将涌泉相报。感谢我的姐姐、弟弟和妹妹，他（她）们一直关心和鼓励着我。感谢我的爱人戴隆贵博士。他的理解和支持，让我更踏实地选择了读博之路，让我更安心地去国外学习。特别是当我在美国学习期间，他不仅尽可能地关心和帮助我，同时承担起家庭的责任，常常看望双方父母，实属不易。我的博士论文的顺利完成，也离不开他的鼓励和帮助。学物理出身的他，曾不厌其烦地与我交流和探讨博士论文中的写作难点，并提出了诸多建设性意见，实属难能可贵。

本书能够顺利出版，还要感谢中共广东省委党校（广东行政学院）“岭南理论视野丛书”的专项经费资助，同时感谢人民出版社陈登副编审以及所有为此书出版而付出的工作人员。

由于我能力有限，书中存在不尽如人意之处，恳请批评指正，文责自负。

陈天红

2019 年 4 月 19 日

于广州

责任编辑:陈　登

**图书在版编目(CIP)数据**

基金管理视角下失业保险制度优化设计研究/陈天红 著. —北京:
人民出版社,2019.5
ISBN 978 - 7 - 01 - 020758 - 2

Ⅰ.①基…　Ⅱ.①陈…　Ⅲ.①失业保险制度-最优设计-研究-中国
Ⅳ.①F842.615

中国版本图书馆 CIP 数据核字(2019)第 080106 号

**基金管理视角下失业保险制度优化设计研究**

JIJIN GUANLI SHIJIAO XIA SHIYE BAOXIAN ZHIDU YOUHUA SHEJI YANJIU

陈天红　著

人民出版社 出版发行
(100706　北京市东城区隆福寺街 99 号)

中煤(北京)印务有限公司印刷　新华书店经销

2019 年 5 月第 1 版　2019 年 5 月北京第 1 次印刷
开本:710 毫米×1000 毫米 1/16　印张:18.5
字数:226 千字

ISBN 978 - 7 - 01 - 020758 - 2　定价:60.00 元

邮购地址 100706　北京市东城区隆福寺街 99 号
人民东方图书销售中心　电话 (010)65250042　65289539

版权所有・侵权必究
凡购买本社图书,如有印制质量问题,我社负责调换。
服务电话:(010)65250042